财务会计与企业管理研究

刘国庆 著

中国商务出版社
CHINA COMMERCE AND TRADE PRESS

图书在版编目（CIP）数据

财务会计与企业管理研究 / 刘国庆著. — 北京：中国商务出版社，2022.8

ISBN 978-7-5103-4404-6

Ⅰ. ①财… Ⅱ. ①刘… Ⅲ. ①财务会计②企业管理 Ⅳ. ①F234.4②F272

中国版本图书馆CIP数据核字(2022)第156816号

财务会计与企业管理研究
CAIWU KUAIJI YU QIYE GUANLI YANJIU

刘国庆　著

出　　版：	中国商务出版社		
地　　址：	北京市东城区安外东后巷28号	邮　编：	100710
责任部门：	发展事业部（010-64218072）		
责任编辑：	周青		
直销客服：	010-64515210		
总 发 行：	中国商务出版社发行部（010-64208388　64515150）		
网购零售：	中国商务出版社淘宝店（010-64286917）		
网　　址：	http://www.cctpress.com		
网　　店：	https://shop595663922.taobao.com		
邮　　箱：	295402859@qq.com		
排　　版：	北京宏进时代出版策划有限公司		
印　　刷：	廊坊市广阳区九洲印刷厂		
开　　本：	787毫米×1092毫米　1/16		
印　　张：	10.25	字　数：	200千字
版　　次：	2023年2月第1版	印　次：	2023年2月第1次印刷
书　　号：	ISBN 978-7-5103-4404-6		
定　　价：	63.00元		

凡所购本版图书如有印装质量问题，请与本社印制部联系（电话：010-64248236）

版权所有盗版必究（盗版侵权举报可发邮件到本社邮箱：cctp@cctpress.com）

前 言

随着经济的不断发展，企业的财务会计模式也需要不断调整，其中，企业财务会计管理机制是重点。探索现代企业财务会计管理模式是为了适应改革开放后，市场经济条件下我国企业的发展，是为了充分体现企业政企分开、产权明晰、权责相依的现代企业特点。一个企业的管理再先进、经营再红火，如果没有一个科学的财务会计管理模式，那么企业就会出现"漏斗"现象。因此，现代企业会计管理模式的构建与完善，是我国企业对外形成竞争力的有效保障，同时，对现代企业财务会计管理模式的构建提出了非常高的要求。

企业如何构建完善的财务会计管理模式呢？

本书分别对企业财务管理模式的理论基础、建立效能型财务会计管理体制与财务管理模式、多元化会计管理的核算模式、建立适应市场经济体制的会计核算规范、基于ERP的企业集成化财务管理模式、企业内部会计控制制度与内部审计、优化财务会计管理的措施、财务管理创新模式选择策略研究、网络环境下企业财务会计管理模式的创新和新经济环境背景下企业财务会计管理的信息化发展作了阐述。现代企业的经营应该有一定的自主性，享受相应的经济权益并承担一定的经济责任。现代企业经营范围广、分支机构多、物资流量和资金流量大。企业在经营中应适当划分各级管理权限，费用计划管理，资金有偿使用，以资本增值最大化为目标，为股东或投资者谋求最大的回报。对一个企业来说，一个成功的财务会计管理模式对企业能否及时取得真实可靠的财务信息与分析预测企业的前景并作出正确的决策，有着举足轻重的意义和不可忽视的影响。随着企业的运作日趋国际化，各国都纷纷对企业的财务会计管理模式作出新的规划。企业的财务会计管理模式也逐渐向着多元化、集团化经营、国际化趋势发展。目前，由若干企业通过资本结合而形成的企业集团已成为一种重要的经济主体。财务会计管理作为企业管理的重要组成部分，如今已成为集团管理的核心。然而，我国企业的财务会计管理体制仍存在一些问题，这些问题已经严重制约了企业集团的健康发展，因此，探索适合我国企业发展的财务会计管理体制，具有非常重要的现实意义。

作者从事企业财务会计管理多年，本书为其在企业财务管理领域努力的一项成果。在写作过程中，为了融合理论与实际，作者在若干企业做了实地调查，并对多人进行了深度访谈，也得到了同仁们的热心帮助。另外，作者参考、借鉴了学术界不少学者、专家的观点及成果，在此，作者对研究工作提供过帮助的企业及其他人士，一并致以谢意。

本书适用于高等院校或企业财务会计管理人士。由于作者学术水平有限，书中不免存在诸多不足,恳请各位读者提出宝贵的意见,以便今后不断完善。

编 者
2022 年 10 月

目 录

第一章 企业财务管理模式概述 ... 1
第一节 企业财务管理模式的研究现状 ... 1
第二节 企业财务管理模式的基本理论 ... 3

第二章 建立效能型财务会计管理体制与财务管理模式 ... 11
第一节 新时代社会主义市场经济对我国企业财务会计管理体制的要求 ... 11
第二节 我国企业财务会计管理体制存在的问题及改革重点 ... 18
第三节 现代企业制度下财务会计模式的转变 ... 21
第四节 我国企业财务会计管理体制的创新模式 ... 31

第三章 多元化会计管理的核算模式 ... 39
第一节 会计核算模式的基本框架 ... 39
第二节 会计核算模式发展分析 ... 50
第三节 代理制会计核算模式 ... 56

第四章 建立适应市场经济体制的会计核算规范制度 ... 62
第一节 会计核算规范化管理模式的概念和意义 ... 62
第二节 企业财务会计核算体系的规范化管理模式 ... 66
第三节 手工与计算机会计核算规范化管理模式的异同 ... 74

第五章 基于 ERP 的企业集成化财务管理模式 ... 79
第一节 ERP 与企业集成化相关理论的认识 ... 79
第二节 企业集成化财务管理模式的构建 ... 87

第六章 企业内部会计控制制度与内部审计 ... 107
第一节 企业内部会计控制制度 ... 107
第二节 企业内部审计 ... 113

第七章 优化财务会计管理的措施 ... 120
第一节 加强财务会计管理人员的培训 ... 120

第二节　全面深化企业的预算模式 122
　　第三节　优化企业会计环境 127

第八章　财务管理创新模式选择策略研究 136
　　第一节　财务管理模式选择策略研究的意义 136
　　第二节　财务管理创新影响因素与企业家导向的适配框架 138
　　第三节　企业家导向与财务管理创新模式的适配框架研究 141
　　第四节　财务管理创新模式适配模型的构建与检验研究 143

第九章　网络环境下企业财务会计管理模式的创新 150
　　第一节　网络财务会计的发展及其内涵 150
　　第二节　网络化财务会计管理模式的创新发展 158

第十章　新经济环境背景下企业财务会计管理的信息化发展 165
　　第一节　信息技术对财务管理的影响 165
　　第二节　会计信息化对企业财务管理的重要性分析 171
　　第三节　财务管理信息系统的建设 173
　　第四节　利用 Excel 进行财务分析的步骤与模型 182

参考文献 186

第一章 企业财务管理模式概述

现代企业制度的建立以及通过资产重组、行业联合、跨行业兼并形成的大型企业的出现,对企业的财务管理模式提出了新的要求。为了加快企业的发展,实现企业的科学化,企业的管理者必须结合具体的国情以及企业的运营环境,建立科学的企业财务管理模式。

第一节 企业财务管理模式的研究现状

一、什么是企业财务管理

当前我国的企业逐渐向着国际化的方向发展,而财务管理模式的发展也正处在改革中。所谓的模式主要是某事物标准形式或者是能够按照一定的标准实施的样式。所以企业的财务管理模式就是处在特定的社会环境中,企业所要实现的财务管理目标,并有效地结合企业组织结构以及管理的方式等进行构建的财务管理组织结构和运行机制的系统。企业财务管理模式从内容上来看,主要涵盖财务管理的组织机构以及管理的目标,还有财务管理模式和体制等方面;从自身特征来看,主要有管理模式的多样化、管理职能的多元化、管理内容的复杂性、管理方式的简单化等。本书在借鉴国内外企业财务管理理论的基础上,归纳综述企业财务管理的模式理论并总结出具有典型性的企业财务管理的模式,以期对企业财务管理模式的改善和推进可持续发展提供一些指导性的建议。

二、企业财务管理模式研究动态

（一）企业财务管理模式的内容及其分类

目前,学术界公认的财务管理模式有三种:集权型、分权型和相融型。许春华（2007）、芦妮（2008）认为,企业财务管理体制按管理权限的集中程度可分为集权型、分权型和相融型。

此外,学术界还有其他提法。

王巧云（2002）提出了"四统一分"法的财务管理模式,即:统一设立财务机构,统一管理财务人员,制定统一的财务制度,资金集中统一管理,分级管理核算。

杨美茹（2006）认为,国内企业的财务管理模式可分为"集权型""分权型"以及"集权与分权相结合的模式"。

熊建新（2008）认为，企业对内成员单位的财务管理模式可分为"集权型""分权型"和"总部指导下的分散管理"三种。

莫兰（2010）认为，国内企业的财务管理模式可以分为"集权型""分权型""集权与分权相结合的综合式"以及"相对集权型"四种。

杨建华（2011）认为，中国国内现行的财务管理模式主要有"集权型""分权型"及"适度集权"的财务管理模式。

（二）企业财务管理模式的选择与构建

杨建华（2011）将内蒙古机场企业作为研究对象，在系统地分析了财务管理模式选择的影响因素的基础上，结合内蒙古机场企业的自身特点和行业特性，得出"先集权后适度集权"的财务管理模式的结论。为了保障后期"适度集权"财务管理模式的实施，文章从财务经理委派制、建立信息一体化平台、加强预算管理、规范内部财务报告等方面提出保障措施。

冯春晓（2011）选取一家风电行业企业作为研究对象，在考虑了该企业的发展阶段及战略、信息化水平、业务结构等因素的基础上，根据该企业所在行业的特性选择了适合企业发展的财务集中管理模式，并从组织、制度、结构三大方面提出财务集中管理模式的构建。

曾雪清（2011）在传统企业财务管理体系的基础之上，结合国内外先进的财务管理的经验与知识，根据现行企业财务管理部门的需求与发展特点，提出切实可行的企业财务管理体系。

郑小燕（2011）选取 GY 为研究对象，具体分析了 GY 战略导向型财务管理模式的选择理由及实施方案，并详细对比了该财务管理模式实施前后企业的差别，同时针对财务管理模式实施后存在的问题，提出相应的解决策略。

黄妙红（2012）立足于广东电网公司现状，通过对财务管理模式进行分析，探索与广东电网公司战略相匹配的财务管理模式的选择和构建。

解云香（2006）认为，企业财务管理模式的选择受到众多内外因素的影响，具体来说主要包括产权制度、经济环境、企业的经营方式及特点、财务能力。

许春华（2007）认为，影响企业财务管理模式选择的因素众多。他选取了其中九个因素进行分析，具体包括：经济环境、企业组织结构、企业经营方式及特点、财务能力、企业战略、企业发展阶段、企业文化、企业员工素质、企业家个人风格。

马磊（2007）认为，企业对于集权和分权之间的权衡主要出于对以下几种因素的考虑：企业的发展战略、企业所处的竞争环境、企业的发展阶段、企业的产品战略等。

莫兰（2010）认为，企业选择财务管理模式受到多种因素的影响，主要包括：企业内部的组织结构、企业的发展战略、企业发展所处的阶段、企业的主营方向。

阳葵兰（2010）认为，企业发展战略、企业的股权结构、企业的竞争环境以及企业的规模都是影响企业财务管理模式选择的主要因素。

陈棕（2012）认为，影响企业财务管理模式选择的因素有客观和主观之分，客观因素包括企业文化、企业规模、企业生命周期、企业组织结构，主观因素包括投资者因素、经营者因素。

（三）企业财务管理分析

C.Bursk 等（1972）对美国的 98 家跨国公司进行问卷调查和实地走访后，对这些跨国公司的财务控制系统的现状、跨国公司财务控制与国内公司财务控制的不同、跨国公司财务控制的特殊化等问题进行了深入的探讨。

孙俊丽（2008）对一家特大型国有企业财务控制的现状及成因进行分析，并提出进一步完善该企业财务控制的若干建议。

张波（2008）选择一家 IT 企业作为研究对象，在深入了解该企业财务管理现状的基础上，对其财务管理中存在的问题及成因作进一步分析，并为该企业的财务管理理念、财务管理目标及财务管理对策提出一些参考建议，以期为其他 IT 企业的财务管理提供经验借鉴。

曹亮亮（2010）根据当前民营企业财务管理存在的主要问题，提出七条解决措施，以促进民营企业建立完善的现代企业制度。

张英（2011）以 H 企业面临的内部财务管理环境切入，从总部定位、财务管理目标引出 H 企业的财务管理现状，指出其中存在的问题，并针对存在的问题从六个方面提出提升财务管理水平的对策与建议。

常悦（2011）选择一家以工业为主的企业作为研究对象，细致地研究了该企业财务管理的现状及存在的问题，并在借鉴一些行业内优秀企业的财务管理经验的基础上，提出该企业财务控制的对策。

第二节　企业财务管理模式的基本理论

一、企业财务管理模式的内涵与特征

（一）企业财务管理模式的内涵

企业是以有控制地位的大型母公司为核心的、以控股子公司、参股公司及由母公司控制的其他公司或组织组成的公司联盟。总公司以资本输出为控制子公司和下属公司的主要手段。企业的成员公司保持着独立的法人地位，在法律上是平等的，但在经营管理上的地位则不平等，由核心企业起主导作用。这样的手段保证了成员公司的灵活性和创造性，有利于发挥各成员公司的积极性，保证各成员公司行为的一致性和协调性，有利于企业实现其整体发展战略。而企业成员在独立运作的同时，又在发展战略及某些重大决策方面保持一致或相互协调，从而使企业内部存在不同形式的监督约束机制。企业经营着规模庞大的资产，管理着众多的生产经营单位，类似于古代军队中的兵团。

（二）企业财务管理模式的特征

1. 企业的法律特征

企业是由多个具有法人资格的公司组成的联合体，包括作为企业核心的母公司，以及具有法人地位的被核心母公司所支配的子公司或其他公司。企业的母公司、子公司和其他成员公司均具有法人资格，为法人企业。母公司与子公司是股东与公司的关系，即母公司是子公司的股东，子公司是独立的公司法人。母公司和子公司在持股和义务上有特殊的规定：禁止互相持股；独立负责负债，不存在共同债务；除非特殊情况，母公司对子公司的债务承诺了担保。但企业的分公司与管理事业部都不是法人，是作为母公司的直属管理部门或组织存在的。同时，企业本身也不是一个法人，只是建立在控股、持股基础的法人联合体。

2. 企业的组织特征

现代企业是以内部核心和主要公司为依托，经过中心机构的协调、管理，在内部进行信息、人员、市场、技术、资金等方面的协调，从而实现紧密型联结与网络联结相结合的混合型经济组织。它们具有部分共同的组织结构特征，并随着环境的变化和经济实践的发展表现出一些显著的趋势，这些特征与趋势可归纳为：

首先，企业组织结构是分层的，即具有层次性特征。各层次之间的关系不是单纯的领导与被领导之间的关系，各成员公司在法律上的地位是平等的。

其次，尽管企业具有多层次的结构特征，但是在企业中起着主导作用的只能是核心母公司。核心母公司凭借较强的经济实力，通过控股、持股和生产经营协作关系所赋予的控制权，对子公司重要环节的经营活动施加影响，以维护企业行为的一致性和协调性，实现企业的整体发展战略。各子公司不仅要实现自身的利益，更要兼顾整个企业的利益。企业对其旗下组织享有如下权力：制定统一的发展战略和长期规划；生产规模的扩大和开拓新的竞争领域；产权转让和兼并其他公司。

3. 企业的经营特征

企业的经营规模一般都比较庞大，并且在不断扩大中，向多元化、综合化方向发展，许多企业跨地区、跨行业、跨部门，甚至跨国经营。其不仅带来产品和要素的充分流动，引发企业组织结构、业务流程等方面的深刻变化和调整，更引起管理制度、管理思想和企业文化的交汇和融合。

4. 企业的融资特征

企业的组织形态和规模决定了企业与金融机构有密切的联系，这些联系使企业拥有强大的融资能力。市场经济的发展，使企业离不开融资的支持。良好的融资环境对企业的发展尤为重要。企业需要发挥规模优势、拓宽融资渠道，通过对企业财务管理的把握，降低融资风险，为子公司提供更优质的融资资源，为企业的发展提供强有力的保证。

5. 企业的会计特征

企业是特殊的、非独立核算的会计主体，但需要编制以母公司为基础的合并会计报表。首先，合并会计报表可有效降低企业成本费用，保护人才，保障资金安全；实施财务集中核算，所有资金结算都由集中核算部门集中办理，所有费用票据均由集中核算部门统一审核入账，减少资金被挪用或被贪污的可能性，保证了资金安全。其次，合并会计报表有助于企业实现资金的统一筹集和调配，有效提高资金的使用效率和劳动功效；可减少银行借款，减少财务费用支出，又可减少内部资金的沉淀，有效地提高资金的使用效率。再次，基础会计信息的真实性得到保证，有利于企业正确决策；有利于政府、公众、股东对经营状况的了解和掌握。最后，会计管理责任明确，会计资料存放集中，有助于企业税款的足额缴纳。

二、企业财务管理模式的类型

企业财务管理模式是企业最常用的一种管理方式，指的是企业母子公司各种权利、政策、制度及管理方式和手段的组合，其实质是母子公司各种权利、责任和关系的分配。最终采取何种模式，企业要根据自身的具体情况来定夺。目前，我国企业财务管理的模式主要可以划分为三类：集权型财务管理模式、分权型财务管理模式及混合型财务管理模式。

（一）集权型财务管理模式

集权型财务管理模式是指企业中母公司的相关财务管理部门对子公司的所有决策都进行统一管理，子公司自身没有财务决策权的一种管理模式。在这种模式下，母公司垄断了企业的财务管理权限，不给子公司任何财务方面的决策空间，子公司只负责实施母公司统一规划的具体内容。作为一种较为极端的财务管理模式，集权型财务管理模式在企业组建的初期表现出较强的优越性，它既有利于宏观调控和整体战略方案的实施，也有利于提高企业财务的即时控制力，便于母公司掌握子公司的财务信息。但是，在这种财务管理模式下，企业没有给予子公司任何财务权限，极大地降低了子公司生产运作的积极性。同时，由于掌握财务决策权的母公司的最高决策群不在经营现场，其为子公司制定的财务决策极有可能由于掌握的信息质量不高而失之偏颇，带来决策的低效率，从而影响子公司效率的产出。特别是，当企业规模逐渐扩大后，母公司的财务管理部门如果仍然把精力过度放在子公司的日常财务活动的管理上，反而会顾此失彼，不利于企业整体财务战略的长远规划和发展。

（二）分权型财务管理模式

分权型财务管理模式是指母公司仅保留对子公司重大财务事项的决策权或审批权，而将除此之外的日常财务决策权与管理权下放到子公司的一种管理模式。在这种财务管理模式下，母公司对财务控制的权限相对降低，子公司在日常经营活动中获得了更多的财务决策权，这不仅有利于处在市场第一线的子公司根据市场环境的变化及时调整经营策略，而且有利于企业在内部做到合理分工，在减轻母公司烦琐的管理任务压力的同时较好地调动子公司的主观能动性。但值得注意的是，如果母公司对子公司的权力下放没有把握好"度"的话，就容易出现企业内部成员"各自为政"的现象，削弱企业的统筹功能。特别是各个子公司都出于维护自身利益的需要来干涉企业的整体决策，势必会牵制企业的决策效率，影响整体利益。因此，分权型财务管理模式的施行必须辅以一套完整的、切实可行的财务管理制度和财务审计制度对子公司的行为进行约束。

（三）混合型财务管理模式

混合型财务管理模式有效地克服了集权和分权财务管理模式的极端性，属于一种比较中庸的财务管理模式。这种模式的实质就是集权下的分权，母公司对子公司经营活动中的所有重大问题拥有绝对的决策权，而子公司拥有日常经济活动的相关决策权。混合型财务管理模式可以充分发挥集权型财务管理模式和分权型财务管理模式各自的优势，既可以提高母公司对子公司的财务管理度，又可以调动子公司的积极性和创造性。我国企业母公司在财务控制模式上大多采用以集权为主、分权为辅的混合型财务管理模式。为了防止母公司过度放权引起子公司"各自为政"的情况，企业实行统一的财务人员、资金、预算的集中管理，而计算机网络化技术、现代银行相关服务技术的日益发展也为这种模式的实施提供了便利条件。总之，企业采用这种模式的关键是把握好集权与分权的程度，既不能只为了追求母公司的整体统筹能力而造成过度集权，也不能只为了强调子公司的自主经营权而造成整个企业"集而不团"。

三、三种财务管理模式的利弊分析

（一）集权型财务管理模式的利弊

集权型财务管理模式是指母公司对子公司的筹资、投资、利润分配等财务事项拥有绝对的决策权，对子公司的财务数据也统一设置、核算，母公司以直接管理的方式控制子公司的经营活动，各子公司的财务部门无自主权。母公司财务部门成为企业财务的"总管"，子公司在财务上被设定为母公司的二级法人。总的来说，母公司拥有所有子公司重大财务决策事项的直接决策权以及对其所有财务机构设置与财务经理人员的任免权。

1. 集权型财务管理模式的优点

首先，企业可以集中资金完成战略性目标，使全部资金在子公司之间能得到优化、合理的资源配置，达到重点资金应用于重点子公司的目的，加强各子公司之间的合作意识，使企业具有强大的向心力和凝聚力，确保企业战略性目标的实现。其次，企业可以凭借优质的资产和良好的信誉，进行有效的融资决策。多种融资渠道，拓宽了企业的融资选择，保证企业融资资源足够优质。为具备一定条件的子公司提供融资担保，广泛、大量的筹集所需资金，保证整个企业资金的顺畅，有助于企业实现战略性目标。最后，企业在税务上实行统一核算和统一纳税，集中缴纳所得税，将亏损子公司与盈利子公司有机结合在一起，增强整体实力。

2. **集权型财务管理模式的缺点**

第一，企业决策信息不灵，容易造成效率低下。第二，企业决策的灵活性较差，难以应付复杂多变的环境，由于决策集中、效率降低，容易延误经营的商机。第三，企业制约了子公司理财的积极性、经营自主性和创造性，导致缺乏活力。第四，现代企业制度的建立受到限制，不能规范产权管理行为。第五，企业业绩评价体系无法完善，很难对子公司进行合理的业绩评价。

（二）**分权型财务管理模式的利弊**

分权型财务管理模式是指母公司与子公司之间达成分权协议，重大财务决策权归母公司，按重要性原则对控股公司与子公司的财务控制、管理、决策权进行适当划分；对于战术性问题，各成员公司自行运作管理，控股公司给予宏观指导；对于方向性、战略性的问题，母公司必须集中精力搞好市场调研，制定规划，把握发展方向。

1. **分权型财务管理模式的优点**

分权型财务管理模式和集权型财务管理模式是相对的两种模式，就是针对集权型财务管理模式的缺点而应运产生的。分权型财务管理模式有下列几个优点：第一，提高子公司对市场变化的反应速度，增强子公司灵活性；第二，让子公司自行融资，有利于培养子公司的理财能力和风险意识，使之更加谨慎地使用资金、重视资金；第三，促进子公司发挥充分主观能动性，增强子公司决策的灵活性，使之能够做到紧盯市场、抓住商机，可以创造更多的利润。

2. **分权型财务管理模式的缺点**

首先，企业的财务权力受到子公司经营自主权的影响，减弱了企业资金优化和资源配置的能力。其次，分权型财务管理模式必定会导致企业权力分散，使整体生产经营出现矛盾和不协调，导致资源重复浪费，减弱了企业的竞争力和向心力，不利于企业的发展、战略性目标的实现。再次，子公司拥有足够的权力，往往会各为其主，财务管理活动脱离企业初始目标，不规范地使用资金增大了使用资金的数量，削弱了资金的利用效率，使企业出现"一盘散沙"的局面。最后，子公司野心膨胀，假如监督不力，会出现私自建立小金库的现象。

（三）**混合型财务管理模式的利弊**

集权型财务管理模式和分权型财务管理模式的缺点和不足，促使一种新的财务管理模式产生：混合型财务管理模式。这种财务管理模式是一种集权与分权相组合的模式，同时强调两种模式的优点，又尽力克服两种模式的不足。强力控制是这种财务管理模式的要点，它不同于集权模式，并不追求过程管理，而是追求控制点的管理。混合型财务管理模式通过严密的逐级申报、审批制度，发挥企业各级人员的主观能动性，鼓励所有的下属公司参与到市场竞争的环节中,增强了企业的活力和竞争力。

1. 混合型财务管理模式的优点

混合型财务管理模式是集权型财务管理模式和分权型财务管理模式优点相结合的典范,通过统一指挥、统一安排、统一目标,降低行政管理成本,有利于内部所有公司发挥主观能动性,降低了企业集体风险,降低企业资金成本,提高资金使用效率。混合型财务管理模式增强了企业内部子公司的积极性、内部向心力和凝聚力、抗风险能力,使决策更加合理化,最终达到努力实现战略性目标的目的。

2. 混合型财务管理模式的缺点

企业由于不同子公司有各自的经营特点,对于整体利益的影响大小各异,因此应有针对性地选择集权或者分权模式,并对其财务管理的集权或分权程度加以权衡。所以,混合型财务管理模式也存在着一些问题,例如,名义上是集权与分权结合,实质上还是偏向于集权型财务管理,不利于发挥子公司的积极性、主动性或创造性。不当的制度和策略,容易使集权型财务管理和分权型财务管理相结合的制度名存实亡,并导致企业内部分化、瓦解,最终解散。

内部关系和管理特征,决定了企业必须使用分权型财务管理模式。但为了保证企业的规模效益,加强足够的风险防范意识,企业又必须重视集权型财务管理模式。把握企业特点,做出正确的决策和选择,是每个企业财务管理的难题。选择适合的财务管理模式,更是每个企业决策的重中之重。选择何种财务管理体制,要结合很多因素:企业母公司和子公司之间的资本情况、具体的业务往来、资源配置情况和母公司与子公司联系密切程度。综上所述,企业在选择财务管理模式时,不要去考虑其集权与分权的具体程度,而是要找一个适合自己,能够促使自身极大发展的模式。

四、影响企业财务管理模式选择的因素

目前,我国企业所采用的集权型、分权型及混合型财务管理模式都有其优缺点,不存在完美无缺的财务管理模式。并且,由于所处的市场环境变化莫测,企业选择的财务管理模式也不可能是固定不变的。企业应该充分了解自身情况及所处的市场环境,并据此选择一种适合的财务管理模式。

(一)财务管理目标对财务管理模式选择的影响

企业的财务管理目标可以简单地分为追求母公司的利益最大化与追求子公司的利益最大化两种。如果企业将财务管理目标定位为追求母公司利益最大化,那么企业将更倾向于选择集权型管理模式。相反,追求子公司利益最大化的企业会优先考虑子公司的利益,倾向于将权利下放到各个子公司,从而选择分权型财务管理模式。

(二)整体发展战略对财务管理模式选择的影响

企业的发展战略是企业的总设计和总规划。一般来说,企业的整体战略按照性质不

同可划分为发展型、稳定型和收缩型。在扩张发展战略下，企业需要鼓励子公司积极开拓市场，形成新的经济和利润增长点，这时企业核心领导层应注重权力的下放。在稳定发展的战略下，为了避免企业规模出现盲目扩张，企业的核心管理层可以从严控制投融资权力的下放，而对于其他权力如生产资金运营权力可以下放给子公司。在收缩型战略下，企业一般要严格控制资金的使用权，并强调企业内部的高度集权，减少甚至免除子公司的财务决策权。

（三）发展阶段对财务管理模式选择的影响

企业在不同发展阶段呈现不同的经营特征，因此应采用不同的财务管理模式与之相适应。一般而言，企业发展之初组织结构简单、资金活动量较少、业务活动单一，适合采用集权型财务管理模式。这种财务管理模式既便于企业宏观调控和整体战略方案的实施，较好地发挥统一决策和资源整合的优势，又利于母公司提高对子公司的财务控制力，防范经营风险。但是，随着业务的拓展及规模逐渐扩大，企业由初创期进入到成长期，集权型财务管理模式的弊端日益显露。在该模式下，子公司没有任何财务权限，必然会挫伤其经营的积极性和主动性。同时，业务的扩大使得母公司需要处理的事情更为繁杂，过于关注子公司的财务状况势必会牵扯精力，影响母公司宏观统筹能力的发挥，加之母公司不处于经营活动的"第一现场"，不能即时、全面地掌握子公司的经营情况，从而影响其决策的及时性与有效性。为了克服集权型财务管理模式的弊端，企业的核心管理层开始逐渐放权，只保留对子公司重大问题的决策权与审批权。在混合型财务管理模式下，子公司拥有一定的财务决策权，不但有利于处在市场第一线的子公司根据市场环境的变化及时调整经营策略，而且有利于企业在内部做到合理分工，在减轻母公司烦琐的管理任务压力的同时较好地调动子公司的主观能动性。另外，处在经营活动"第一现场"的子公司可以根据瞬息万变的市场情况及时做出战略调整，抓住盈利的机会，更好地立足于竞争激烈的市场中。因此，企业进入成长期后，一般会选择混合型财务管理模式。随着企业由成长期转入成熟期，内部的会计制度、监督机制已经相当健全，这时企业就会给予子公司更多的财务自由度，采用分权型财务管理模式。但是，为了避免过度放权情况的出现，母公司的高层管理者也会在经营过程中逐渐收权，以此来保证自身的统筹地位。

（四）成员企业与母公司之间的关系对财务管理模式选择的影响

根据产权关系上的紧密程度不同，企业内部母公司与分公司、子公司之间的关系有亲疏之别。对于全资分公司、子公司，企业总部就控制了其所有的经营、投资、财务决策权力，如此母公司与分公司、子公司之间就适合采用完全集权型的财务管理模式。对于全部或大部分股权被母公司控制的分公司、子公司，它们只拥有一部分或少量日常经营活动的决策权，因此总部与分公司、子公司之间就适合采用偏集权的混合型财务管理模式。对于母公司只持有一部分股份且不构成控股的分公司、子公司，母公司只有参与决策的权利，这种情况下总部与分公司、子公司之间就适合采用偏分权的混合型财务管理模式。对于财务决策上完全不受母公司控制的分公司、子公司，则比较适合采用完全分权的财务管理模式。

（五）母公司规模及实力对财务管理模式选择的影响

实力弱、规模小的母公司，因缺乏足够的资金来源和管理人员，对资源的整合能力弱，往往较多地把决策权交给子公司管理层，实行分权管理模式。实力强、规模较大的母公司，因拥有较强的经济实力、较多的管理人员和先进的信息化手段，可以实行集权型管理，通过系统的财务管理体系，控制分子公司的财务和经营活动。

（六）母公司文化、管理风格对财务管理模式选择的影响

企业在选择管理模式时，在相当程度上会受到母公司文化和管理风格的影响。企业文化意味着企业的价值观，是在企业长期经营活动中形成的，由企业全体员工共同遵守的经营宗旨和行为规范。如果一个企业的文化趋于保守、自我，则适合选择"集权型"的财务管理模式；如果一个企业的文化趋向于开放、民主，则适合选择"分权型"或"适度集权"的财务管理模式。另一方面，如果企业文化统一，员工的价值观和行为规范具有较多共性，会有利于实施集中管理；如果企业未形成统一的企业文化，集权管理的效率则会大大降低。

第二章　建立效能型财务会计管理体制与财务管理模式

随着社会主义市场经济体制的不断完善，我国企业得到了快速发展，随着规模的不断扩大，财务运作的内容和范围得到了相当大的延伸和拓展，同时在发展过程中出现了大量的问题，财务管理的模式和方法也处于激烈的变革之中。

第一节　新时代社会主义市场经济对我国企业财务会计管理体制的要求

一、从经济环境看财务会计的目标

财务会计目标指的是财务会计所要达到的预期目的，是构成会计理论的基础，在新时代社会主义市场经济环境下如果想制定好的财务会计制度，就一定要确立财务会计目标。财务会计目标为企业财务会计的发展指明了道路和方向，它的实现需要会计规范制度的大力支持。财务会计目标是灵活变动的，它的制定是根据我国的经济状况、财务会计学的发展和市场环境的变化而变化，一般在短期内不会发生太大变动。在新时期下，我国的财务会计目标一定要多引进国外一些先进的财务会计经验，并结合我国的实际情况，制定出适合自己发展的财务会计目标。财务会计目标的制定一定要切合实际，绝不能盲目地制定过高的财务会计目标，否则无法实现；也不能制定较低的目标，否则容易导致财务会计的职能得不到有效发挥。

（一）财务会计目标的基本内涵及发展

1. 财务会计目标的基本内涵

财务会计目标是一种抽象化的概念，是财务会计理论构建的前提与基础。财务会计目标要服务于整个会计行业，是联结会计理论与会计实践的桥梁。只有确定了目标，会计行业才会不断取得进步。在新时期下，财务会计目标的确定尤为困难，因为目前的经济环境比较复杂，不确定因素增多，所以财务会计目标也一直处于不断变化之中。财务会计目标的实现需要一个漫长的过程，需要在会计理论思想的指导下，通过不断实践来完成，同时还要兼顾内外协调一致的原则，将财务会计内部的环境与财务市场外部的环境积极结合起来。财务会计目标主要包括两方面的内容——财务会计所提供信息的对象和提供什么样的信息。前者侧重的是财务会计的目标，后者侧重的是财务会计信息的质量。一般情况下，我们以经济、实用、稳定三个方面来衡量财务会计目标的优越性。经济性主要指的是目标的实施一定要以降低成本为目的，同时还要考虑财务会计目标实施的经济效益。实用性指的是财务目标的制定和实施都要以满足财务会计的发展为目的，还要兼顾财务会计的实际情况，建立比较完整的财务会计体系。稳定性要求财务会计目标的实施具有稳定的特点，不会经常变动。

2. 财务会计目标的发展史

财务会计目标经历了相当长的发展时期，它起源于12世纪的欧洲沿海商业城市，当时正是资本主义萌芽时期，这种财务会计目标的产生主要是为了满足商业城市交易的需要，并提供一定的市场行情信息。随着经济的不断进步与发展，财务会计市场需求比原来大了很多，传统的财务会计已经远远不能胜任产业革命的需要，这时财务会计目标进入了第二个发展时期也就是产业革命时期。产业革命时期形成的财务会计目标比传统的会计目标更为明确，拥有独立的财务目标体系，在企业的经营状况和债务累计方面都相对完善，同时财务会计还可以将财务市场的最新消息及时传递给公司，以便公司制定相应的对策。自从改革开放以来，我国经济实现了飞速发展，金融市场也取得了巨大进步，财务会计工作变得越来越重要，尤其是证券市场应用最为广泛。但是我国的证券事业起步比较晚，属于舶来品，直到改革开放才开始引入我国，这给我国的财务会计带来了极大的挑战，因为证券市场的风险比其他金融产品市场风险还要高很多，波动性也比较大。在这个时期，我国的财务会计目标借鉴了国外比较先进的技术经验，形成了一个统一、明确的系统。我国所颁布的《企业会计准则》也明确规定了财务会计目标的实施是基于企业长期发展的需要而建立的。

（二）财务会计目标应该考虑的因素

1. 特定的会计环境

财务会计目标的实施需要一定的会计环境，并受限于会计环境，环境的变化会导致财务会计目标的变化，所以财务会计目标的制定需要充分考虑各种环境因素。特定的会计环境一般指的是跟会计产生、发展有着紧密联系的环境，同时还包括企业内部和外部特定的经营状况。在现代的市场经济条件下，很多资本市场交易的完成不再需要交易双方当面来完成，这就使财务会计工作比以前更为棘手，它不再是单纯地统计财务报表那么简单，而是还要综合考虑经营者的经营状况，并做出适当的投资决策。

2. 经济因素

经济因素是制约财务会计发展的关键因素，主要包括国家的经济发展状况、发展水平、经济组织等。在社会主义经济体制下，我国的财务会计目标的定位主要是满足社会主义市场经济的发展要求，同时在维护社会稳定和国家安全方面也具有重要的作用。经济因素是制约财务会计目标发展的重要因素，只有通过复杂的经济活动才能促进财务会计的完善与发展，同时财务会计的发展又可以带动经济的发展。在社会主义市场经济体制下，财务会计可以为企业经营者提供有效的决策依据，保证投资双方的合法权益和利益。

3. 财务会计的客观功能

财务会计的客观功能会对财务会计目标的实施产生重要影响，财务会计目标的制定是否合理受制于会计的职能。财务会计本身的职能是将已经发生的企业经营活动完整记录下来，加工成财务信息，并将这种信息及时反馈给企业的高层管理部门，以便他们制定合理的经营决策。对财务会计的监督管理主要是对财务会计活动的信息进行控制组合，以便使企业的经营活动能按照事先设计的计划进行。财务会计的客观功能是一种全面的、复杂的功能体系，在会计信息系统中具有重要地位，对于完善监督管理体制有很大的帮助，信息使用者只有正确理解与运用这些信息，才能达到财务会计的预期目标。

（三）财务会计目标构建的原则

财务会计目标的构建需要充分研究我国市场经济发展的环境，合理掌握会计市场的运行规律，并满足信息使用者的需求。负责人要根据财务会计目标的发展规律，考虑财务会计目标实施的可行性与可靠性，提高财务会计目标制定的整体质量，如果发现问题一定要及时处理，并制定出新的会计目标。随着经济全球化趋势的不断深入，全球财务会计取得了飞速发展，但是我国的财务会计创新力度还远远不够，跟其他发达国家的财务会计相比还存在一定的差距。针对这种情况，我们应该加强与国际会计之间的交流与合作，结合自身的实际情况，制定出合理的财务会计目标。

财务会计目标的制定一定要权衡利弊，综合考虑各种市场因素，根据国家的宏观调控政策，保护投资双方的利益。经济时代在促进财务会计目标发展的同时，也给财务会计目标的发展带来了更为严峻的挑战。我们只有抓住这一机会，迎接挑战，才会保证财务会计目标的顺利发展。

二、知识经济时代对财务人员的素质要求

（一）财务人员应具有的素质

21世纪以来，中国以更广阔的视野、更加博大的胸襟和更加开放的姿态，大踏步地融入世界经济发展的大潮。这个时期，人类社会已由工业经济时代向知识经济时代过渡，这种变化给人们的生活方式、思维方式、工作方式及经济发展方式等带来了剧烈而深刻的变革。在这场变革中，财务人员只有及时地提高自身素质，才能适应知识经济时代的要求。一名合格的财务人员，应该具备以下素质。

1. 通晓专业理论

人的能力主要取决于人的知识及知识转化为能力的程度。在知识经济时代中，财务人员必须具有相关的知识基础。

（1）熟悉会计基本理论。

一名出色的财务人员必须具有扎实的会计理论基础和娴熟的会计实务技能。会计基本理论主要是研究会计学质的规定性，它主要由两部分构成：一是会计学和会计工作中的一些基本概念，如资产、负债、所有者权益、收入、收益、费用、资金、营运资金、会计报表、合并报表等；二是会计工作质的规定性，如会计本质、会计属性、会计职能、会计对象、会计地位、会计任务等。这些都是基本性的理论问题，构成整个会计理论体系的基石。财务人员在实际工作中必须努力学习这些理论、熟悉这些理论，才能从较高的视角上把握工作的运行规律，提高财务分析能力，为领导决策提供有价值的建议。

（2）掌握会计应用理论

在熟悉会计基本理论的同时，财务人员还应掌握会计应用理论。会计应用理论是研究会计工作量的规定性，主要研究会计工作的运行规则及完善问题，对会计实务有着直接影响和指导作用，包括财务通则、财务制度、会计准则、会计制度。会计应用理论是会计基本理论的具体化，是联结会计基本理论与会计实践的桥梁和纽带。会计应用理论是与会计实务联系最密切、关系最直接的理论，包含许多政策性规定。对此，财务人员必须要达到准确掌握和运用的程度。

2. **擅长计算机操作**

计算机是知识经济的核心和支撑点，互联网是知识经济的高速公路，目前已大面积地渗透于各个经济领域和管理部门。因此，每一位财务人员不仅要具备会计专业知识，还必须熟练地掌握计算机在会计核算、资金预测等工作中的运用。计算机的使用和网络的发展，使得数据的获取更加全面快捷、计算更为精确。会计工作既是一种生成信息、供应信息的工作，也是一种利用信息参与管理的工作。在知识经济时代中，企业管理的信息化对财务人员的能力提出了更高的要求。财务人员要在思想上树立创新精神，并利用一切先进的技术，掌握全方位的信息，不断完善自己的知识结构。使用财务软件是我国企业信息化的起步，企业要想规范内部流程和完善内部控制，只能从理顺企业财务人手，因此，高素质的财务人员必须具有丰富的科学交叉知识，既要精通财务又要懂得管理，还要熟悉高新技术在财务工作中的运用。

3. **运用外语交流**

据有关权威机构统计，互联网信息中有93%的信息是以英文形式发布，常见的网页设计及程序也都以英文为基础。在会计信息实行电算化管理的今天，一名合格的财务人员如果在英语方面有所欠缺，何谈能够娴熟掌握计算机操作知识、常规使用和简单维护财务软件，发挥计算机在财务工作中的中枢工具作用？

4. **良好的职业道德**

财务人员的职业道德，就是财务人员在会计事务中需要正确处理的人与人之间经济关系的行为规范总和，即财务人员从事会计工作应遵循的道德标准。它体现了会计工作的特点和会计职业责任的要求，既是会计工作要遵守的行为规范和行为准则，也是衡量一个财务人员工作能力的标准。财务人员职业道德修养主要体现在以下四个方面：

（1）熟悉法规、依法办事。财经法规是财务人员职业道德规范的重要基础，财务工作涉及面广，为了处理各方的关系，财务人员要做到"不唯上、不唯权、不唯情、不唯钱、只唯法"。

（2）实事求是、客观公正。这是一种工作态度，也是财务人员追求的一种境界。

（3）恪守信用、保守秘密。财务人员应当始终如一地使自己的行为保持良好的信誉，不得有任何有损于职业信誉的行为，不参与或支持任何有可能影响职业信誉和泄密的活动。

（4）敬业爱岗、搞好服务。热爱自己的职业，是做好一切工作的出发点。财务人员明确了这个出发点，才会勤奋、努力地钻研业务技术，使自己的知识和技能适应从事财务工作的要求。

随着社会经济的发展、财务人员从业人数的增加，企业财务人员的素质成为企业管理层关注的重点问题。财务管理工作，作为企业生产经营过程中相对基础的工作，需要财务人员在与企业其他经济部门的合作下，对企业生产经营过程中发生的经济业务进行全面处理与分析，从而在确保企业财务管理不存在管理漏洞的基础之上，有效地对企业财务会计工作进行管理与发展。财务人员在工作中必须具备处理一定财务问题的基本能力及专业能力，并且能根据企业经济业务发展的需要，学习专业的知识理论，在专业知识以及相关财经法规的指导下，顺利地进行企业财务管理。

（二）在财务管理中提高财务人员素质的必要性

1. 企业资产安全管理的需要

资金是企业生存的重要保证，是企业获得长远发展的基本前提。在财务管理的过程中，财务人员应该合理运用企业资金，降低企业资金的使用风险，保证企业健康稳定地发展。财务人员因为每天都会接触大量金钱，所以要保持一种良好的心态，抵住金钱的诱惑，只有这样才能保证企业资金的合理有序运行。在现实生活中，由于财务人员经济犯罪导致企业资金流失的情况时有发生，给企业的发展带来了巨大阻碍。为了保证企业资金的安全与合理流动，财务人员素质的提升显得十分重要。

2. 信息社会发展的需要

随着科技的不断发展和计算机日益普及，计算机逐步成为财务人员的新工具。网络财务由于充分地利用了互联网，使得企业财务管理、会计核算从事后转变为实时，财务管理从静态走向动态，在本质上极大地提高了财务管理的质量。随着信息社会的发展，企业对财务人员的工作技能提出了越来越高的要求。大多数财务人员对信息化掌握的程度还不够，往往都是停留在简单的加减乘除计算上。虽然相关部门对财务人员的计算机水平进行了培训，但是成绩并不明显，财务人员的能力与当前信息社会的需求差距还很大。所以，面对当前计算机信息技术的普及，财务人员进一步强化工作素质势在必行。财务人员应该加强自身学习，要学会和自身岗位相符的计算机财务应用软件，以便能够更好地进行财务报表和财务分析，保证财务工作的有序进行。

3. 专业技术能力提高的要求

财务人员由于能力的不同，工作的效率也不尽相同。一般情况下，不同专业能力的财务人员有着不同的职业选择和判断，就会产生会计信息质量的差别。在财务工作过程中，有些财务人员由于自身专业知识和文化知识的缺乏，对财务改革和新的财务制度、财务准则很难做到熟练掌握和应用，所计算和分析出来的大量会计信息不符合新的财务制度、财务准则的要求，有的甚至出现大量技术性和基本原理的差错，以至于影响管理者的决策。为了能够保证财务工作的顺利开展，企业必须加强财务人员的专业技能和综合素质。

4. 应对当前财务犯罪的需要

随着当前改革开放的不断深入和市场经济体制的发展，利益主体出现了多元化的趋势，很多人经受不住利益的诱惑，出现了违法犯罪的行为。在当前的财务工作中，有些财务人员自身素质不高，经受不住利益和金钱的诱惑，擅自挪用贪污公款，出现了很多违法犯罪的问题，给企业和国家造成了很大损失。财务人员是财务工作的核心组成。为了能够有效防止财务犯罪的产生，企业一定要从财务人员入手，进一步强化财务人员的综合素质，优化财务人员的价值观念，保证财务工作的顺利开展。

（三）在财务管理中提升财务人员素质的策略

1. 提高财务人员的职业道德

财务人员在加强自身业务技能的同时，一定要不断强化自身的思想政治教育，加强纪律教育，不断提高职业道德。首先，加强思想政治理论学习。财务相关部门要定期举行思想政治理论学习，认清当前社会发展的主要形势，坚定不移贯彻落实党中央的基本方针政策，把党中央的基本政策和理论创新作为财务工作的行为准则。其次，大力提高财务人员的职业道德。在财务工作过程中，财务人员的职业道德是财务工作的具体体现，要不断强化财务人员的职业道德，做到原则明确、积极监督、努力生产、加强预测，从而保证财务工作的顺利进行。最后，在财务工作中，不管是财务人员还是财务整体工作一定要按照相关的法律法规制作各种财务账单，进而构建一个完善的财务制度来监督内部财务，依法执行自己的职责。

2. 强化财务人员的职业技能

随着科技的不断发展和计算机日益普及，会计电算化越来越深入到财务工作的每一个环节。在实际财务工作中，计算机已经取代了以往的算盘和笔，财务工作逐步进入到一个计算机操作的时代。首先，财务人员要加强计算机软件学习。随着信息社会的发展，财务人员一定要熟练掌握各种财务软件的操作，以便能够更好地进行财务报表和财务分析，保证财务工作的有序进行。其次，加强对财务人员的技能培训。企业、事业单位等相关部门要把对财务人员的培训工作放到一个重要的位置，定期举办各种培训，让财务人员不断掌握新的技术，使其能够更好地应对当前社会的发展，保证财务工作的准确度。最后，鼓励财务人员参加职称资格考试。为了适应时代的发展，相关部门要鼓励财务人员参加各种职称资格考试，大力支持财务人员通过财务专业函授学习或会计教育自学考试学习，提高财务人员的能力和水平。同时，相关部门要对成绩优秀的企业人员给予物质和精神上的奖励，从而保证整体财务人员素质的提高。

3. 加强财务人员的法治观念

面对当前财务人员犯罪问题的严重性，企业加强财务人员的法制观念势在必行。首先，要做到懂法。财务人员要加强对法律法规的学习，尤其是要熟悉涉及财务的法律法规，做到知法、懂法。其次，要做到依法办事。在财务工作中，财务人员每天会接触到大量金钱，如果财务人员不懂法律，往往会做出一些触及法律的问题。财务人员应该遵守相应的法律法规，时刻保持自身的纯洁性，从而保证财务信息的完整性、合法性和准确性，保证财务工作的顺利开展。最后，要学会利用法律武器抵制各种违法犯罪行为。在工作中，财务人员要时刻做到廉洁奉公、以身作则，坚决抵制享乐主义和拜金主义的侵蚀，保持自身的纯洁性；同时，要拿起法律武器，勇于同某些肆意违反国家财务政策及法律法规的行为做坚决的斗争，做到不合法的事情不办，有效维护国家的财产利益。

4. 建立良好的财务工作环境

在财务工作中，建立良好的工作环境具有十分重要的意义。在企业管理中，财务管理的中心地位，并不是指把财务部门的工作作为中心内容，也不是把财务人员作为中心，而是要求财务管理起到纲举目张的作用，通过抓财务管理带动企业各项管理工作的提高。首先，企业领导及有关人员共同参与。要想在一定程度上提高财务人员的整体素质，单靠财务人员自身是不行的，企业一定要不断加强单位领导和员工的共同参与，形成一个良好的工作环境，这样才能保证财务人员素质的有效提升。其次，领导要重视财务部门。在企业的发展过程中，企业领导要重视财务部门，重视财务人员，把财务工作放到重要的地位，认识到企业管理应以财务管理为中心，保证财务工作的顺利开展。最后，企业领导要关心财务人员，切实保障财务人员的合法权益。在财务管理工作中，企业领导要加强对财务人员的鼓励，对于取得优异成绩的员工进行物质和精神奖励，不断提高财务人员的积极性、主动性和创造性，从而保证财务工作的顺利开展。

随着市场经济的快速发展，财务管理在企业管理中的地位越来越重要，对企业的长远发展有着不可替代的作用。财务人员的综合素质一方面是财务管理的重要内容，另一方面也是提高企业经营管理工作的关键所在。在财务工作中，财务人员要不断加强自身能力水平，不断优化和完善自身的业务素质。只有提高了财务人员素质，企业财务管理才能适应市场经济和改革开放的需求，企业的经营管理才能上一个新台阶，在市场经济中处于不败之地，进而取得更好、更快的发展。

第二节 我国企业财务会计管理体制存在的问题及改革重点

改革开放以来，我国的企业得到了高速发展，企业规模也不断地壮大。随着新科学技术和新商业模式的出现，新兴企业也应运而生。近年来，各个企业都采取了一系列措施进行改革、重组，并拓宽了业务范围，壮大了企业规模。但是我国企业发展的时间较短，在短时间内还处于粗放型经营模式，这就使得企业在经营和管理的过程中存在诸多问题。就企业当前的财务管理而言，还存在财务体制不完善、财务信息建设不充分等问题，严重地制约了企业的进一步发展，成为企业发展的瓶颈。企业作为我国民营经济的重要组成部分，是我国经济发展的中坚力量。面对当前企业在财务管理体制中存在的问题，企业必须予以重视，采取有效的措施，加强财务管理体制的完善，提高财务管理水平。

一、当前我国企业在财务管理体制中存在的问题

随着科学技术和社会经济的快速发展，我国企业取得了良好发展，规模在不断扩大，为我国经济的发展做出了贡献。但是我国企业在迅速发展的同时，在财务管理上还存在诸多的问题，以致于不能进一步发展，主要表现在以下几个方面。

（一）财务管理体制有待健全

当前企业在财务管理中存在体系不健全的问题，主要包括以下几点：首先，在内部财务管理上，缺乏对资金的控制。企业内部资金控制和资金流向之间存在信息不对称的问题，资金控制和资金流向存在脱节，使得财务管理部门不能够实时掌握内部资金动态，只能根据财务报表中的内容完善相关指标的考核，其考核的结果也是不准确的，不能满足当前企业对资金控制的要求。其次，财务控制中存在过度集权的问题，使得企业的子公司缺乏活力，积极性和主动性得不到发挥；同时，分权过度的问题也使得企业财务管理比较分散，不能集中管理，控制力也不强，不能发挥财务管理的作用。最后，企业财务监督还缺乏力度。企业对财务控制力度不够，使得企业的经营效益得不到提高，甚至出现效益下滑的现象，导致大量资金流失。

（二）财务危机预警体系有待加强

随着社会主义市场经济体制的进一步改革和完善，企业在市场中的竞争也日益激烈，财务风险进一步加大。企业财务风险管理是企业财务管理的重中之重，并贯穿于财务管理的始终，财务危机预警是企业内部控制的重要手段之一。企业经营的好坏与否，主要在于企业对经营资金是否合理利用，因此，建立完善的财务危机预警体系，对企业提高

财务风险管理水平显得尤为重要。但是当前企业的财务危机预警体系还处于初级阶段，大多是借鉴西方发达国家企业的财务危机预警体系，还没有建立符合我国国情的财务危机预警体系。

（三）财务信息系统有待完善

进入21世纪，企业先后引入了信息化建设。信息化建设是企业财务沟通的重要渠道，是实现信息共享和信息交流的重要平台，也是和子公司沟通的重要途径。但是当前企业在信息化建设中还没有实现完全信息化，财务管理人员综合素质不高，不能对现代信息技术进行合理的运用，使得财务管理水平得不到提高。另外，财务信息系统不健全，使得各子公司之间财务信息缺乏可比性，信息沟通阻断，不利于内部之间的协作。

二、企业财务管理体制改革重点

经济全球化和贸易一体化步伐的加快、科学信息技术的飞速发展，为我国企业的发展提供了良好的环境。但是，一些企业也经历了一些复杂的、特殊的财务管理问题和公司治理问题，导致经济效益下滑，特别是财务管理体制问题更为突出。为此，我国企业亟待向国外先进企业学习、借鉴的同时，也要根据自身的发展状况，充分考虑我国的社会条件、经济形势等因素，找到真正适合我国企业成长规律的财务管理体制。

（一）财务管理体制现存问题分析

1. 组织机构设置存在的问题

有的企业财务体制建设刚刚起步，还没有建立明确的财务管理组织结构。首先，财务部门缺乏对财务管理的重视，仅限于做好会计核算工作，并未将财务管理的职能作用全部发挥出来，从而导致企业的管理缺乏方向性，财务状况堪忧。现行的企业制度要求企业的财务人员必须做到：①完成最基本的会计核算工作；②完成财务管理工作；③通过对相关财务数据的分析完善经营流程，在有效降低成本的同时加快资金的流转，从而实现价值最大化。但是，很多企业并未真正实现这一理想目标。其次，对于总会计师而言，一定要履行更多的财务监督职责和价值管理职责，在董事会、经营者之间形成相互的制衡关系，尽量避免在经营中出现"道德风险""逆向选择""内控人控制"等问题。例如，在企业的管理中，董事会是企业进行重大问题决策的主要机构，随着企业董事会规模的扩大，董事会成员之间的协调、沟通、制定决策的难度不断增加，阻碍了企业技术创新、改革创新思路的拓展与突破，从而降低了企业的经营效率、增加了财务风险的发生。另外，如果董事会的规模超大，那么董事会成员之间将会产生相互依赖、心存侥幸的心理，而当企业真正面临风险时，董事会中的成员们都不会采取积极的、有效的、科学的措施来应对。

2. 财务管理制度存在的问题

我国很多企业在日常生产经营中逐渐意识到了财务管理的重要性，并着手对财务管理体制进行改进，由企业的财务部门、企管部门共同根据企业内部的实际情况起草制度，例如费用审批制度、资金审批制度、费用预算制度等。这些制度虽然看似囊括了内部的资金运营状况，但是并不完善和健全，特别是在投资、筹资、成本考核等方面并没有形成一整套集预算、控制、分析、监督、考核为一体的管理体制。例如，对于资金的管理，一般的企业在合并其他子公司后都希望在短期内能够驱动子公司进入市场，并占领市场份额，而对子公司其他方面的控制与管理存在着缺陷，特别是对于子公司资金的监管与资金使用效率的提升、挖掘方面更是存在不足，从而造成子公司很难站在企业战略发展的高度来对各项资金的投资、融资活动等进行规划和安排。

3. 企业高管薪酬设计中存在的问题

目前，很多的企业高管采取的是年薪加提成的方式，对高管业绩衡量的标准与依据就是净收益指标。如果净收益指标完成了就可以拿到年薪，超额的部分可以提成。但是，会计系统又是在高管的控制势力范围之内。很多国内外企业成功的经验表明，股权激励对于有效改善企业的治理结构、降低代理成本、增强凝聚力、提升管理效率、提升核心竞争力等有着积极的促进作用。需要指出的是，股权激励不同于传统的高管持股。股权激励和实施能够有效地促进企业的高管更加关注企业的长远发展、能够有效激发企业高管的创新意识、能够有效帮助企业以较低的成本留聘高管。股权激励机制将上市公司管理层的薪酬与股价进行了有机结合，但是这样很可能会导致上市公司管理层出现机会主义行为，例如，公司的管理层在财务信息披露、盈余管理、经营决策中为了使之朝着有利于自己的方向发展，而对公司的股价、业绩等进行影响、干预。

（二）财务管理体制的构建

1. 体制的设计应与财务环境因素相匹配

财务管理环境主要是指对企业财务活动产生影响作用的各种环境因素的总和。企业的环境因素主要包括宏观的政治因素、经济环境因素、法制环境因素、金融市场环境因素、社会文化环境因素、技术发展环境因素。这些均属于企业的外部因素。产权结构、文化与领导的处事风格、生命周期、法人治理结构、董事会的定位、组织形式等因素，均属于企业的内部因素。

2. 财务管理制度的构建

财务管理制度的构建应包括财务管理的资金筹措、公司的运营、资金的投放、利益的分配、财务信息等方面。内容的设计必须贯穿企业经营过程的每个环节，并在财权的划分上充分体现出决策、执行、监管的三权分立原则。对于母公司而言，应把控好对其他企业投资的权利、资金筹措与管理的权利、资产处置的权利、收益分配的权利；子公司应把控好单一的经营权、限额内的对内投资权等。企业可以通过建立财务共享中心来实现资金的集中管理。

3. 全面预算控制体系的建立

全面预算并不是独立于企业的各项经营活动，而是作为企业组织经营活动中的一种重要的管理与控制手段，与企业的投资决策账务核算、绩效管理等共同构成保证企业可持续发展的重要保障。在信息化环境下，企业全面预算管理的实现需要根据其长远的战略规划和发展目标进行预算的编制、执行、监控、调整与分析。企业全面预算的各环节之间是相互影响、相互制约的。信息化环境下的全面预算借助网络的环境运行，保证了预算的准确性、合理性、规范性、科学性，为我国企业增强核心竞争力、融入国际市场奠定了基础。

4. 资金集中度的提升

企业应立足长远发展的实际情况，在兼顾资金的集中使用进度、融资需求、风险管理等多方面的综合因素的情况下，稳步推进资金集中管理，并分类分步实施资金的集中管理模式。对于经营性资金的集中管理，企业可以采取财务收支两条线和收支合一相结合的管理体系，将收入账户中超过限额的资金划转到共享中心的资金池中，同时，财务资金共享中心应按预算拨付到成员单元的支出账户上或者实行联动支付的方式。对于专项资金，企业应采用成员单位基建、科研等专项资金的集中管理方式，要求各成员单位必须将专项资金纳入到集中管理体系中，避免出现资金沉淀、专项资金被挤占、挪用等现象。

5. 企业资金管理风险评估体系的建设

随着经营环境的变化，在实现战略发展目标的过程中，企业将面临各种潜在的风险。这些风险发生的概率、影响程度等都是无法估量的。对于企业而言，建立资金集中管理流程的动态风险评估体系主要从风险目标的设定、风险的识别、风险的分析、风险的防范与应对四个方面着手。企业一定要注意对风险评估的持续性进行研究，将风险变化过程中发生的各种相关信息进行及时的收集与整理，定期或不定期开展风险评估，并对风险防范措施进行实时调整。

第三节 现代企业制度下财务会计模式的转变

现代企业制度是一种政企分开、管理科学的企业制度，是市场经济发展的必然产物，是市场经济的开放性要求企业面向国内外市场法人实体和市场竞争主体的一种机制，对企业的财务会计模式提出更高的要求。随着信息技术革命的推动，网络经济时代和新知识经济时代的到来，企业在产业结构和经济增长方式等方面发生巨大变化，传统的会计模式难以适应企业的发展需要，以信息技术为核心和人力资本为管理中心的现代企业管理制度推动企业财务会计模式进行转变。

一、企业传统会计模式缺陷分析

传统的会计流程独立于业务流程之外,是会计人员以单位货币为计量工具,在会计核算的前提下,对企业的经济业务进行记录及审查。当企业经济业务活动发生后,会计人员根据原始凭证进行记账、编制。会计人员基本上不涉及业务方面的工作,仅负责业务方面的单据流转和记录。在传统会计模式下,会计人员的工作缺乏灵活性,按部就班,未对企业经济活动进行核算监督并参与管理决策,会计人员的地位和工作未得到应有的重视。这里除受到传统经济发展模式和会计人员本身能力素质限制外,还和企业整体环境及企业领导的现代意识有关。电算化会计只是将传统会计核算流程简单地计算机化,并加以运用现代网络技术及数据仓库管理。电算化只是使用计算机的数据统计和记忆储存功能,未充分认识到网络知识经济对现代会计模式转变和企业经济增长转型的重要作用。激烈的市场竞争和企业经营环境的不稳定性,增加了企业经营风险,使企业管理层对企业数据的管理提出更高要求,会计数据的及时、准确和共享性是企业内部决策必不可少的,而传统的财务会计模式显然不适应现代管理的需要。以传统会计核算中,没有将人力资源作为一项资本进行核算的这一缺陷为例。人力资源对经济增长的贡献份额越来越大,这点已被人们广泛认同。知识经济的兴起,意味着"知识与信息"已成为经济发展的关键生产要素,而知识与信息的生产、传播与利用必须以相应的人力资源为基础,因此人力资源是关系企业甚至国家竞争力的关键因素。人力资产所具有的特殊性要求我们在把人力资源"资本化"、用货币计量的同时,又必须结合非货币的手段,运用会计的专门方法,对一定组织的人力资源进行连续、系统、全面的计量、核算、报告和监督。任何会计制度,都应该是以对经济生活的具体现实的有效归纳而不是以某种理论依据为主要基础,应该是以满足经济运行而不是理论论证的需要为根本目的。

(一)会计核算现状研究

1. 人力资源会计的主要观点

人力资源会计既包含计量人力上的投资及其重置的成本,也包含用于计量人对一个企业的经济价值。目前,人力资源会计有两大分支:人力资源成本会计和人力资源价值会计。前者是以取得、开发和重置作为组织资源的人所产生成本的计量和报告。它认为应按照其获得、维持、开发过程中的全部实际耗费人力资源投资支出作为人力资产的价值入账,即把人力资源的成本予以资本化。后者是把人作为价值的组织资源,并对它的价值进行计量和报告的程序。它主要考虑到人力资源的能动性,即创利能力,认为人力资源会计报告的不应是取得和开发人力资源所付出的成本,而应是人力资源本身具有的价值,即具有一定智能的劳动力资源价值。

2. 会计核算中资本化人力资源的重要性

传统会计中财务报告反映的是企业的资产、负债、所有者权益等会计信息,是向外界投资者披露企业财务状况的重要渠道。随着知识经济时代的到来,传统会计中对向外界投资者披露信息的局限性已显现出来。首先，传统会计核算建立在基本假设、原则、会计要素、利润分配等方面会计理念上，却往往忽略了人力资源的特殊情况。人力资源在资本化过程中受到传统会计理论的某些瓶颈的约束，如传统会计基本假设中的货币计量假设，币值不变对于人力资源的计量准量性就存在局限性。对人力资源要素的计量还需要非货币的计量，这也是一大局限性，作为生产要素主体的人，在会计核算中没有反映出给企业创造的未来价值，没有体现出核心地位。另外，放置在实物资产上的价值量的大小与企业创造效益、市场价值之间的相关性以及外部投资者对企业现状全部真实情况的了解已严重脱节。

（二）传统会计核算模式中存在的问题

1. 传统会计核算模式的缺陷

传统会计是从实践中逐渐总结形成的一整套完整的理论，也是一个经济管理的工具。传统会计模式存在严重缺陷，只是在传统的管理体制下没有完全表现出来而已，如只能进行事后核算，起不到预测和控制的功能。在知识经济时代则充分反映出传统会计核算的弊端，例如，费用是指企业作为销售商品、提供劳务等日常活动所发生的经济利益的流出，将引起所有者权益的减少，但随着企业转变为知识型企业，作为人力资产的投入价值，随着价值的投入转化成企业的人力资本，成为企业的一项资产，并没有引起企业所有者权益的减少，而只是产生了变化而已。因此，人力资源的相关费用应以资本化为一项资产核算，而不应该再作为一项费用核算。但在传统会计核算中，人力资源作为一项费用核算，作为损益项目双倍地递减了所有者的权益，从而使名义上的企业资产减少，利润减少，资产负债表和损益表的数据发生扭曲。

2. 人力资源会计对传统会计的冲击

传统会计的计量与报告都是建立在以有形资产计量为核心的基础之上，只适用于传统的工业社会。在当今知识经济时代要求传统企业向知识型企业转变的情况下，投资者只有对企业进行全面了解，才能正确进行决策，而传统会计难以提供详细的决策信息。决策者关于企业人力资源管理方面的决策很大程度上建立在关于企业人力资源投入方面，从中吸取相关重要的信息，以便做出正确决策。但在传统会计中，企业是不计算人力资源成本的，导致管理方面低估成本、决策失误。对于人力资源方面的支出，企业往往作为当期费用，使人力资产被大大低估，导致费用上升。另外，企业重心的转移也应随整个经济生活的发展而变化。这必将冲击传统会计的变革，加速企业的发展，这种变革将辐射到各个领域。为了适应变革，企业需要重新构建会计核算体系和框架，建立一个能全面反映知识经济时代企业所拥有或控制的经济资源的真实价值及其结构变化的会计体系，使人力资源资产和其他资产的真正价值在会计反映中的比重不断提高，得到价值的体现。

3. 人力资源会计对税收政策的冲击

公平合理是税收的根本原则和税制建设的目标。传统会计政策没有将人力资源资本化，而是将部分人力资源开发费用予以费用化从而增加了本期费用，减少了利润，在缴纳所得税时，大大减轻了企业纳税负担。这本是国家在政策方面给予企业的倾斜，有利于企业的生存与发展，但由于在不同企业和企业不同发展阶段以及不同时期所采取的相应政策是不同的。这样就体现不出公平合理的原则。另外，人力资本在企业运行过程中所起的作用以及为企业创造的价值是难以用货币来衡量的。一个国家的经济发展离不开良好的政策，国家运用税收政策杠杆发展经济是正常的。国家只有发挥好这一杠杆作用，必将税收合理而充分地量化，才能体现出公平与效率的统一；只有变革传统会计核算的框架才能适应现代企业管理需要。

（三）人力资源会计适合时代的要求

人力资源会计理论研究趋势随着人力资源会计理论的发展，产生了一些新模式和新理论。例如，针对传统人力资源会计模式的不足，有的学者构建了劳动者权益会计框架，通过提出人力资产投资、人力资产、人力资本和劳动者权益等概念，对传统会计公式进行了重构，并论述了人力资本参与企业盈余价值分配的均衡机理和基本原则，从而通过劳动者权益明确人力资源的产权归属，从根本上调动劳动者的生产积极性，初步解决了传统人力资源会计模式的不足；有的学者提出建立在生产者剩余基础上的人力资源会计计量模式，通过分析企业所获得的经济剩余，明确指出企业剩余价值中的消费者剩余部分为企业投资者所有，而作为生产者的权益，剩余价值中的生产者剩余部分应归生产者所有，人力资本作为能够获得剩余价值的人力资源，表现为人所具有的创造剩余价值的潜在能力或生产能力，在此基础上，人力资本参与企业分配的形式可以有职工股、绩效工资等，也是切实可行的人力资源价值会计。

人力资源会计的设计与应用应遵循的原则包括会计信息质量的基本原则、会计处理的基本原则，以及最重要的成本效益原则等。人力资源会计制度是一项创新制度，它的设计应经济合理、简明实用、有较强的适用性与可操作性。首先，它应该包容于原有的传统会计系统，以减少对传统会计的冲击。其根本原因在于，传统会计系统本身就是关于组织拥有或控制各种资源的货币计量信息系统（尽管原来对人力资源的计量反映很不充分），而人力资源会计的主要目的也正是要提供关于人力资源的货币计量信息。其次，虽然从理论上说，组织拥有或控制的人力资源都应成为人力资源会计的核算对象，但是组织人员众多，要对每项人力资源进行同样详尽的记录反映，既不经济也不符合现实条件，因此必须根据重要性原则与成本效益原则进行分类处理。

人力资源会计对于推动我国企业的发展是不可或缺的，是适应经济发展的必然趋势，促使我国会计行业不断探索，解决传统会计不适应经济发展的矛盾，促进会计理论不断完善成熟。人力资源会计和传统会计的融合，形成了适合我国现代企业的自己的一整套完善的会计体系。

二、现代企业制度下的企业会计模式

为了更好地推动我国企业的发展，我们需要在现代企业制度下对企业会计模式进行研究，使其更好地服务于企业发展。现代企业制度下的会计模式虽发展迅速，但是在发展过程中还存在着较多问题，主要体现在财务基础薄弱，财务控制力差；企业财务人员风险意识弱，财务会计人员综合素质低等方面。企业应建立多元化的现代企业财务会计目标模式及工作模式，加强财务会计工作的监督检查力度，加强对财务会计人员的培训及教育，实现管理制度、信息系统和监督体系三者之间的协调统一，进而不断规范现代企业制度下的财务会计模式，从而提高财务企业的工作效率以及经济效益。

（一）企业会计模式的构成

1. 会计机构设置

会计机构，顾名思义就是维持会计工作有序并有组织进行工作的一项组织机构。会计机构在整个经济领域中起着调节经济发展以及维持稳定工作环境的作用。会计机构可有力地协调各部门之间的工作，使会计的各个部门处在一个平衡稳定的工作环境，以此来不断地改进会计工作以及提高会计的工作能力。此外，会计机构在发挥作用时，应具备以下特征：

（1）目标一致。会计机构应遵循国家制定的有关法律法规，并有效结合企业的主要目标，进而完成相应的会计工作。

（2）加强各部门间的协调力度。会计机构在工作过程中，一定要加强各部门之间的协作，进而提升整体的工作效率。

（3）明确各个部门的职责。要想保证会计机构各部门之间的有力协作，就必须明确各部门之间的职责，使各个部门各司其职，互相协作，进而提高会计的工作效率。

2. 内部会计制度

内部会计制度是企业会计模式的主要构成部分。内部会计制度可有效保障会计信息的可靠性以及有效性。所谓的内部会计制度就是企业内部的一种制度，即企业内部中各部门之间以及相关人员之间在处理经济业务的过程中所要遵循的一种经济制度。内部会计制度可有效协调各部门之间的工作以及不断规范各部门的工作流程。为了发挥内部会计制度在会计机构中的作用，我们需要引入一定的会计方法和程序。随着会计行业的快速发展，现代的会计内部控制方法与程序也是多种多样的，其中主要包括内部审计控制、授权标准控制等。通过对会计方法以及程序进行规范化，可有效推动内部会计制度在会计部门的有效实施。

3. 会计人员管理

会计人员管理是企业会计模式中的主要部分，企业的财务工作主要是由财务人员进行完成。企业只有加强对财务人员的管理以及不断提高财务人员工作的积极性，才能在一定程度上提高企业会计的工作效率。对于财务人员的管理主要包括对财务人员的专业知识水平的不断提高以及职业道德素养的不断提升两个方面。财务人员应具备较强的专业知识。衡量一个财务人员的专业的能力不应单从专业成绩方面进行，还应注重财务人员的专业素养。此外，对于财务人员的管理，不仅要进行专业方面的培训，还应进行继续教育，以此来加深财务人员对于获取财务知识及提升自己综合素质重要性的认知。一名合格的财务人员不仅应具备较强的专业知识，还应具有较高的职业道德水平。这就需要相关部门应重点监督财务人员的职业道德素养。加强监督财务人员的道德素养，可增强财务工作的稳定性以及透明性。此外，良好的道德规范不是与生俱来的，需要财务人员具有学习的积极性，在工作中不断规范自己的工作行为，以此来不断提高财务工作的效率。在财务工作中，我们还可采取奖惩措施来提高财务人员的积极性，不断规范财务人员的工作行为，进而提升财务人员的专业素养。

（二）现代企业制度下会计模式中存在的问题

1. 财务基础薄弱，财务控制力差

财务基础薄弱、财务控制力差是我国现代企业会计模式中存在的主要问题。随着国家经济的不断进步与发展，企业为了提高经济效益，会在一定程度上不断调整企业规模，虽然在一定程度上取得了成效，但在实际中企业内部还缺乏较为完善的内部会计制度。企业缺乏较为完善的内部会计制度的原因主要表现在：企业没有重视财务管理工作，在一定程度上导致企业在财务管理工作方面的投入力度减少。因此，为了提高企业的经济效益，我们需在一定程度上健全与完善财务管理工作制度，进而使财务工作变得更加系统、科学，从而让财务管理制度在企业中发挥越来越重要的作用。

2. 财务人员风险意识弱

财务会计是与钱联系最紧密的一个岗位，同时也是风险较高的一个岗位。企业财务人员拥有一定的风险意识对于企业的长久健康发展至关重要。随着企业之间竞争力的逐渐增大，市场存在的潜在危机已是每个企业所要面对的问题。但是由于部分财务人员缺乏一定的风险意识，导致企业出现较为严重的财务危机。导致企业存在危机的主要原因有以下两个：第一，企业过度负债。一个企业要想得到长期稳定的发展，就需综合考虑自身发展方向，不断衡量自身的盈亏情况，在自己的还款能力范围内，向金融机构获取贷款。但有些企业在实际经营中，会超出自己的还款能力进行贷款，出现无力偿还贷款的现象，从而导致企业亏大于盈，甚至面临倒闭危险。第二，企业短债长投。企业在发展的过程中往往会受到国家政策的影响，有些企业忽视国家有关的政策与法规，在没有获得相关部门允许的情况下，自主进行贷款，并非法修改贷款用途，导致企业的负债程度远远大于企业的盈利程度，从而造成企业出现倒闭的危险。

3. 财务人员综合素质低

随着网络技术的不断发展，将网络技术与财务行业有效结合也是当前企业财务的发展趋势，但是这一发展趋势对财务人员的综合素质提出了更高的要求。当前不少企业的财务人员对企业所采取的先进管理模式没有清晰的认识与了解，在工作中依旧采用传统的管理模式，不能及时地对企业的管理模式进行创新，在一定程度上阻碍了企业的高效率发展。此外，一部分财务人员对于新型的网络技术缺乏深刻认识，且还在一定程度上缺乏刻苦钻研的精神，不仅阻碍了自身综合素质的有效提高，而且阻碍了企业的有效发展，因此，企业应加强对财务人员的思想教育工作，不断改变财务人员的认知度与价值观，提升财务人员的责任感，以此来促进企业长期有效地良性发展。

（三）现代企业制度下财务会计模式的创新

1. 建立多元化的现代企业财务会计目标模式

财务会计目标是一个企业有效发展的基础，因此我们要建立多元化的现代企业财务会计目标模式。财务会计目标的建立不仅需要企业拥有一个稳定的经济环境，还在一定程度上取决于企业的社会影响力以及企业自身的发展能力。在内外环境的综合影响下，我们应建立主要的三个财务会计目标：第一，要有合理的资金周转。一个企业要想良好、持续有效地发展，就要依靠合理的资金周转，保障企业财务处在一个稳定的经济环境中，进而为企业赚取更多的利润。此外，资金在周转的过程中，速度和方向应与企业的实际发展状况相适应，不能违背企业发展的真实情况。第二，为国家的有关政策提供有效的会计信息。企业的运营情况在一定程度上决定着国家经济的运营走向，因此，企业应如实地向国家提供真实可靠的会计信息。第三，不断地平衡有关债权人的利益。合理有效的财务会计模式可平衡投资者与债权人之间的利益，使他们处于一个相对稳定以及平衡的经济环境中。

2. 建立现代化企业财务会计工作模式

随着经济水平的不断提高，建立现代化企业财务会计工作模式成为当前企业会计发展的必要之路。传统的报账以及算账的会计工作形式已无法满足现代企业发展的需要，这就要求我们不断创新财务会计的工作模式。针对当前企业的发展而言，其存在的财务会计工作模式主要有三种，即分散型管理模式、交叉型管理模式以及统一型管理模式。三种管理模式相辅相成，不断创新财务会计工作模式。此外，现代的企业财务管理应做到内部管理与外部管理的有效结合，才能不断提高企业财务的工作效率。

3. 加强财务会计工作的监督检查力度

企业要想得到长久发展，不仅要建立良好的管理机制，还要在一定程度上加强对财务工作的监督力度。为了加强财务会计工作的检查力度，会计部门应在年末对企业的盈利状况进行有效的盘点，及时反映出企业的盈亏情况。但是在实际的操作过程中，往往会出现财务人员虚报以及假报数据的情况。一旦出现谎报以及虚报的情况，就会对企业造成不可挽回的损失。因此，为了促进企业的长期良性发展，企业应加强培养财务人员的责任感以及对他们的监管力度。此外，有关人员还应注重对年末账单的核对情况，避免出现漏单、错单的情况；还应培养财务人员的实际操作能力，减少财务人员统计数据的错误率，从而减少对企业造成的损失。

4. 加强对财务会计人员的培训及教育

现代的财务工作是一项复杂、系统的工作，传统的工作模式已无法满足现代企业的工作。我们应加强对财务人员的培训及教育，不断提升财务人员的专业素养并普及现有的会计技术。随着财务行业的不断发展，财务专业的技术也变得越来越复杂，我们应在遵守企业内部控制原则的基础上，积极聘用合格的财务人员，并加强对财务人员的培训与教育，从而使他们熟练掌握最新的会计技术。

5. 实现管理制度、信息系统和监督体系三者之间的协调统一

管理制度的建立可以为财务行业的发展提供一个良好的发展环境，为会计目标的确立以及会计模式的发展建立一个稳定的经济环境。信息系统的建立为会计目标的实施提供了一定的信息保障，在一定程度上确保了信息的准确性以及科学性，进而可将真实的会计信息有效地反馈国家，帮助国家进行合理的财政调控。监督体系是运行会计模式的有效保障，通过对会计目标以及会计模式的监督，不仅可以保障会计信息的准确性，而且还能监督财务人员的工作能力，进而在一定程度上提高企业财务的工作效率。因此，将管理制度、信息系统和监督体系三者之间有效地结合起来，对于促进企业稳定的发展具有至关重要的意义。

三、企业财务会计人员管理体制的改进

《会计法》规定：会计的基本职能为核算和监督。传统会计核算与监督主要是事后，现行会计的核算与监督职能已经拓展到事中与事前，但《会计法》赋予企业会计人员监督管理的职能却因受到各种因素的干扰而被大大削弱，究其原因是受现存体制和企业管理层的影响，企业会计人员行使监督权阻力大。因此，我国传统体制下的会计人员管理机制已不能适应新形势发展的要求。

（一）我国企业会计人员管理体制的现状

现行会计监督主要由国家监督、社会监督和企业内部监督三部分构成。只有会计信息真实有效时，才能让监督真正起到作用。经过50多年的摸索与探究，我国建立了企业会计人员管理体制，这一体制主要包括会计人员身份界定、资格确认、工作职权规定等内容，归根结底，为对会计师注册的管理和对企业会计人员的管理两个方面。一个好的会计人员管理体制要保证会计人员能够向决策者提供科学真实的会计信息。综观现行的会计人员管理体制，企业主管部门对会计机构负责人、会计主管人员进行任免和考核，而会计实务和具体操作的准则制定与考核权却在财政部门，实行人权和事权的分开。该体制更多体现的是计划经济模式下的要求，并未真正对信息活动起到监督作用，不能保证会计信息的真实性，暴露出很大的弊端。以监督体系为主的问题，主要体现在以下几个方面。

1. 会计人员无法真正对单位负责人实施监督

单位内部监督，包括单位主要负责人对审计人员和会计人员的监督、审计人员对会计的监督、审计和会计对单位内部部门和经济活动的监督、审计和会计对单位负责人的监督。在单位内部，会计、审计人员和单位主要负责人是上下级的关系，这一层关系的存在，导致对单位负责人的监督根本无从实施。这样就会出现会计人员提供了真实的会计信息给负责人，但负责人却臆造虚假而合法的情况。

2. 社会监督的实施可行性低

《会计法》规定：注册会计师有权对被审计单位的财务会计资料进行监督审查、国家财政部门对注册会计师部门有监督权、任何单位和个人对违反有关会计法规的单位和个人有权进行监督，并且受国家法律保护。这些所谓的社会监督对企业会计信息具有一定的约束力，但在实施中却需要付出相应的代价，比如支付审计费，所以不具有可行性，且效果不值得肯定。

3. 忽略了所有者和债权人的监督

在《会计法》中规定了企业内部监督、社会监督、国家监督三个部分，却忽视了与本企业利益最相关的所有者和债权人的监督，所有者和债权人与企业利益直接相关，有权利和必要对企业会计信息进行监督。

（二）企业会计人员管理体制的发展

当今企业会计人员管理体制存在诸多弊端，进行体制改革势在必行。

1. 企业会计人员管理体制发展改革的指导原则

改革是通过有效有力的监督，实现会计信息的真实性和有效性，从而提高企业的经济和社会效益。因此，要遵循以下原则。

（1）体制改革必须对企业会计人员的身份做出明确的规定，只有明确规定会计人员具体具备何种职能权利，才能够为其创造良好的条件，有利于会计人员更好地发挥其职能，起到更好的监督作用。

（2）体制改革是为了更好地适应现代企业管理，更好地服务于当代经济的需要，新的体制必须满足现代企业对会计监督管理等方面的需求，能够很好地调动会计为提高单位经济效益而努力的积极性。

（3）在新的管理体制下，能够充分发挥国家和社会对企业会计工作的监督和管理。

（4）体制改革是为了经济得到更好的发展，实现企业经济利益的最大化，所以在满足需求的前提下，应尽可能降低企业会计人员管理体制的成本，保证该管理体制能够为企业带来经济利益的最大化。

2. 企业会计人员管理体制发展改革的设想

会计信息作为企业内外利益相关者进行决策的主要依据，其真实性至关重要。从当今管理体制和现状分析可以发现，造成会计信息不真实的关键在于会计人员的地位并没有真正独立，因此改革必须实现会计人员的独立地位，从而保证会计信息的真实性。下面从五个方面进行体制改革的设想。

（1）真正意义上实现会计人员的独立性。在目前企业会计人员的管理体制中，会计人员附属于企业，受企业负责人的领导，行使职能非常被动。要想真正实现会计人员的独立性，可以将原来企业内部执行核算、记录、财务报告的会计人员分离出来，成立专门的营业性财务会计服务公司。这样，会计人员不再受原来企业负责人的管制，成为独立活动的主体，是独立于利益相关单位的第三者，专门为利益双方收集资料，提供真实、可靠、客观、公正的财务会计信息。另外，为了避免某单方面利益和财务会计服务公司串通谋取非法利益，可由国家专门的机构和运行机制对其实施监督，并颁布具有强制力的法律法规加以保障。财务会计服务公司有专门的运行机制对其进行约束，作为独立的中介服务机构，进行自主管理、自我经营、自负盈亏，并进行依法纳税，是具有法律人格的法人实体。在整个流程中，企业委托会计服务公司进行会计服务，会计服务公司首先对企业提供的会计资料进行真伪性的审核，然后进行核算整理，最后将信息提供给利益相关的各方，这样就保证了会计信息的真实性。

（2）实现会计人员的企业化。在企业会计人员管理体制改革中，应改变以往会计人员受企业和政府双重管理的现状，可以在企业内部只设置管理会计。具体来说，新体制下，管理会计只是企业内部一个机构，该机构不直接受企业管理，会计通过对企业的经营管理活动进行预测、监控等，为企业决策提供有力依据，然后为受托代理人提供真实有效的会计信息，为企业的发展和经济效益提供服务。

（3）被服务企业支付会计服务费。会计人员独立出来成立专门的财务会计服务公司，作为利益相关方的第三者，对企业财务资料真实性的审查后向被服务企业提供财务会计信息，在这个过程中，被服务的企业承担会计服务费。同样，在众多财务会计服务公司中，通过市场竞争，实现优胜劣汰生存法则，服务、信息的可靠性和真实性、资料更具代表性、提供资料的时效性等是其进行竞争的主要对象，并由专门的机构负责监督。所以，财务会计服务公司要想取得好的发展，必须不断地在实践、学习中完善自己，提高自己。

（4）委托人的规定。财务会计服务公司要真正实现独立，必须置身于所有利益相关者之外，必须明确委托人。外部利益相关者不可以成为委托人，只有国家以及内部利益相关者可以，如股东大会、董事会、经营者、监事会和内部职能部门及职工。其中，监事会是由股东、董事、职工按一定的比例组成，综合分析，由监事会作为委托人是最佳选择。

（5）财务会计服务公司监督机制。为了确保会计信息的真实性，避免会计服务公司和利益单方串通弄虚作假，必须设置专门的财务会计服务公司监督机构或部门对其实施监督。这个监督可以是国家监督，也可以受制于注册会计师协会及下属职能部门的监督，还可以是利益相关方的监督。在发生以权谋私、弄虚作假的情况，严重威胁其他利益方的正当利益时，受害方有权对其进行起诉。

（6）财务会计服务公司和被服务方法律责任归属问题。财务会计服务公司和被服务方之间是以真实可靠的财务会计信息为主要内容，会计公司负责向被服务方进行准确的财务信息分析，真实提供反映企业的经营状况。因此，双方提供资料必须保证其真实合法性，否则企业利益相关者有权利就该问题对服务公司提起诉讼。

（7）财务会计服务公司的派驻人员与被服务对象内部职能部门的权利和义务。派驻人员主要起一个沟通与桥梁的作用，是代表会计服务公司进驻企业收集真实的资料，并进行合理的财务核算。在此期间，职能部门负责提供有效资料，派驻人员有权力对资料等进行监督审核。同时，作为服务性的工作，派驻人员有义务就其资料信息、核算方法等对被服务对象进行说明。

随着经济的发展，我国经济活动由国内逐渐转为国外，而目前的企业会计管理体制日渐显示出弊端，导致财务会计信息的真实性得不到保障，给企业、地区和国家都造成了严重的影响，蒙受巨大的经济损失。所以，进行会计管理体制改革就显得尤为必要。要想改变会计信息弄虚作假的现状，就必须使会计人员真正从企业中独立出来，成为一个独立的个体，置身于利益相关方之外，成为独立的第三者，受专门委托人的委托进行财务会计活动，并接受多方面的监督，以实现会计信息的真实性，更好地为经济发展做贡献。

第四节　我国企业财务会计管理体制的创新模式

会计管理制度的创新是一个庞大项目，目前有三种创新的会计管理方式，分别是会计委派制、财务总监制和稽查特派员制。

一、会计委任制

会计委任制是国家凭借所有者身份依靠管理职能，统一委任会计人员到国有大中型企业（事业单位）的一种会计管理制度。在此管理制度下，各级政府应为会计管理建立专门机构，负责国有大中型企业（含事业单位）会计人员的委任、审查、派遣、任免和管理。会计人员脱离企业，成为政府管理企业的专职人员，代表政府全面、持续、系统地反映企业运营，并以此实现直接监察的目的。

（一）企业会计委派制的特点

1. 专业性

从任职资格和工作职责来看，委派人员只有具备相应的专业技能，才能胜任委派的工作，才能改进被委派单位现有的会计和财务管理体系，提高工作效率，规范会计基础工作。

2. 权衡性

由于委派人员代表委派部门监督被委派单位的会计行为和经济活动，并在业务上受被委派单位领导直管，这种身份的特殊性导致委派人员在面临监管者与经营者的立场无法取得一致时，就迫使委派人员就事项的矛盾性作出一个公正的权衡性选择，既要保证做出的决定能真实、恰当地反映企业当前的财务状况和经营成果，又能通过对会计确认、计量和揭示方法的选择与运用，有效地维护和提高企业自身的经济效益。可以说，委派人员在行使其职权的过程中始终处在一个比较和权衡的过程中。

3. 制约性

委派权的行使受多方面因素的制约，如委派人员后期管理适时跟进不足或派驻单位支持不够，公司内部控制的设计和运行的有效性存在缺陷，均会制约委派人员行使职权。

（二）企业会计委派应遵循的原则

从实施会计委派制的目的来看，会计委派制必须遵循一定的原则。

1. 独立原则

从财务部门承担的工作职责来看，委派人员只有不盲目依从企业领导者的意见，从专业性的角度坚持应有的职业判断，正确决策，才能保持财务工作的独立性。

2. 协作原则

无论是企业并购后的财务整合，还是企业内部控制建设的层层推进，财务作为其中的一个模块，各项工作的开展均需要得到企业内部各职能部门的支持与配合。财务工作的独立性仅体现为运用正确的计量方式反映每一笔经济事项的真实性，其监督职能也只是为了更好地规范各种不合规的经济行为，并不表现为一种制约其他部门的权力。因此，只有各部门相互协作、相互配合，才能使委派人员在一个和谐的工作氛围中有效地行使监管职能。

3. 沟通原则

如何保证企业并购后财务信息的有效传递、提升企业预算编制的整体水平，这都要求企业领导者赋予财务委派人员一个新的工作职责，就是建立沟通制度。也就是说，作为监管者，只有充分了解被派驻单位的具体情况，与分管营销、产品设计、生产部门等的人员充分沟通，才能编制出对企业的生产经营具有指导意义的企业预算，才能使企业的成本管控落到实处，使企业的财务分析报告为企业经营者的决策提供数据上的参考依据。

（三）企业会计委派制得以有效实施的方法和途径

1. 树立服务意识，提高委派人员的综合素质

随着专业化的分工越来越细，各行各业对人才的需求也越来越具体。从单位人事部门制定的岗位说明书来看，不仅有明确的年龄要求，还有对招聘人员整体素质的要求。委派人员作为会计队伍中较为优秀的财务人员，不仅要精通具体的会计业务，懂得会计

法规，还要具备相应的管理才能，能够指导被派驻单位制定切实可行的经营计划，协助经营者在投融资决策等重大的经济事项中作出正确的选择。委派人员只有做好了必要的服务工作，与企业高层领导和其他管理者交换信息，建立有意义的关系，才能在日常工作的开展中得到尊重与认可，才能真正起到监督的作用。

2. 明确单位负责人的会计责任主体地位，保障会计监督能够有效实施

任何工作的推进，若得不到组织给予的必要支持，就一定得不到贯彻和落实。会计委派制作为监督被派驻单位的具体经济行为的一种管理方式，若没有相应的保障机制来维护其依法行使会计监督和管理的职能，最终也只能落得流于形式。只有明确了单位负责人在经济事项中应该承担的责任，才能使会计委派制的初衷在领导的自觉行为中得到有效实施。

3. 会计委派人员应当有明确的价值取向

会计委派人员为了保持其自身的价值，必须做到以下方面：要建立持续教育和终身学习的信念，而不仅仅是通过资格认证；要保持自身的竞争力，能够熟练并有效率地完成工作；应恪守职业道德，坚持会计职业的正直品德及客观性。

4. 积极推行信息技术环境下会计信息系统的运用

信息技术的应用改变了传统会计工作者的处理工具和手段，将会计人员的工作重心通过自动化的方式从大量的核算中解脱出来，使会计人员不再仅仅是客观地反映会计信息，而是要承担起企业内部管理员的职责，形成从事中记账算账、事后报账转向事先预测规划、事中控制监督、事后分析决策的一种全新的管理模式。作为会计委派人员，应将注意力更多地集中到分析工作中，而不只是提供会计和财务数据，其作用更多地体现在通过财务控制分析参与企业综合管理和提供专业决策，从而使会计信息实现增值和创造更高的效能，真正实现监督和管理的目的。

为了使企业会计委派制能够得到有效实施，除了从社会环境即法的角度加以保障外，还要从人的层面将其落实到位。也就是说，一方面在于委派人员自身所具备的职业素养能够在各种环境下胜任并提升委派工作；另一方面在于被监管企业的领导恪尽职守、知法守法，在实现企业价值最大化的过程中，用开放的心态接受委派人员，且用人不疑。

二、财务总监制

财务总监制是国家按照所有者身份，因对国有企业有绝对控股或者有极高的控制地位，故对国有大中型企业直接派出财务总监的一种会计管理体制。执行此制度时，国有资产经营公司或国有资产管理部门调遣的财务总监有权依照法律对国有企业的财务状况开展专业的财务监督。

（一）合法性分析

随着我国改革开放以来与世界经济交往的不断加深，财务总监这一名词才由国外引

入国内，为我们所熟悉。然而，我国的财务总监制度尚处于发展的初级阶段，在现实中，有总会计师、财务负责人、财务部长、财务经理等职位与它具有相类似的职能。我国现有的相关法律法规并未涉及财务总监，从有关的法律法规分析来看，财务总监不同于一般的会计机构负责人和会计主管人员，而是属于企业决策层人物，需由董事会任免；母公司向子公司委派财务总监没有违反相关法律规定。

1. 财务总监不同于会计机构负责人和会计主管人员

《会计法》第三十六条规定："各单位应当根据会计业务的需要，设置会计机构，或者在有关机构中设置会计人员并指定会计主管人员。"《会计基础工作规范》第六条规定："会计机构负责人、会计主管人员任免，应当符合《中华人民共和国会计法》和有关法律规定。"此处的会计机构负责人和会计主管人员（现实中如会计主管或财务部门经理等）是财务职能部门的领导者，主要负责企业日常具体财务核算活动（这些活动贯穿于确认、记录、计量和报告的四个环节当中），属于企业的中层管理者。而财务总监则不一样，他们是企业的高层人员，应该进入决策层，从企业全局角度进行战略管理和价值管理。尤其是在国外，财务总监同CEO一同为股东服务，广泛地活动于战略规划、业绩管理、重大并购、公司架构、团队建设以及对外交流等领域，而不再从事日常会计财务工作和具体的基本核算。

2. 财务总监相当于总会计师

《会计法》第三十六条还规定："国有和国有资产占控股地位或者主导地位的大、中型企业必须设置总会计师。总会计师的任职资格、任免程序、职责权限由国务院规定。"《总会计师条例》第3条规定："总会计师是单位行政领导成员，协助单位主要行政领导人工作，直接对单位主要行政领导人负责。"第十四条还规定："会计人员的任用、晋升、调动、奖惩，应当事先征求总会计师的意见。财务机构负责人或者会计主管人员的人选，应当由总会计师进行业务考核，依照有关规定审批。"由此可见，总会计师不是会计机构的负责人或会计主管人员，而是主管本单位财务工作的行政领导，全面负责财务管理和经济核算，参与单位的重大决策和经营活动，是单位主要行政领导人的参谋和助手。如果不考虑企业的所有权性质，一般企业中的财务总监的地位、作用和职责很大程度上类似于国有企业中的总会计师。

3. 财务总监由公司董事会任免

《公司法》第四十六条和一百一十三条规定，董事会可以"决定公司内部管理机构的设置"和"决定聘任或者解聘公司经理及其报酬事项，并根据经理的提名决定或者聘任公司副经理、财务负责人及其报酬事项"。很明显，财务负责人和副经理相提并论，地位可见一斑，所指绝非一般的会计机构负责人或会计主管（虽然有时在岗位设置上财务负责人可以兼任会计机构负责人或会计主管），而更倾向于财务总监这一角色。由于母公司对子公司的绝对控制，经由子公司股东大会投票选举出的子公司董事会实际上是由控股股东母公司决定产生的，继而子公司董事会若要任免财务总监，肯定要遵从母公司的意见。而母公司直接向子公司委派财务总监，只不过是省略了"经由董事会通过"这一环节罢了，最终结果还是一样的，并且没有违反《公司法》的规定。

（二）合理性分析

1. 理论分析上合理

根据委托代理理论，企业内的母公司作为子公司的控股股东，其和子公司的管理层之间属于委托代理关系。委托人母公司将资源分配给代理人子公司，并由其掌控支配；子公司在一定时期内负责资源的保值增值，并向母公司汇报其使用资源的情况。但是，母公司和子公司之间常存在信息不对称、风险不对称和利益目标函数不相同的现象，因此，母公司通常会派出财务总监对子公司的财务工作进行监督和控制，以维护企业的整体利益。财务总监委派制度的内在机理正是反映了委托代理理论的要求。这种委托代理理论关系实际上划分了两层：一层存在于母公司和子公司之间；另一层存在于母公司和委派的财务总监之间。这也是对企业法人治理结构的一种完善，符合现阶段客观经济环境的要求。

2. 实际操作上合理

母公司对子公司的控制力，主要是体现在对其财务的控制上。母公司实现这一目标的途径就是向子公司委派财务总监，进入子公司的决策层，对子公司的财务决策做到事前监督、事中控制和事后反馈，并及时向母公司汇报情况。对母公司而言，只需派出一个能胜任的职员，就可加强对子公司的控制和监督，减少代理风险，避免给企业带来损害。当然这个具备胜任能力的合格人选既可以从企业内部推荐选拔产生，也可以通过市场公开招聘录用产生，在实际操作上完全行得通。并且所耗费的费用，相对于其所带来的经济效益是微不足道的，符合"成本—费用"原则。

（三）应该注意的问题

1. 被委派者的能力和道德品质

被委派者的能力和道德品质主要包括专业能力（精通财务、税务和法律等方面知识，具备丰富的财务从业经验等）、管理能力（如统筹规划、沟通协调、团结激励等）和道德品质（如独立公正、不徇私舞弊、恪守诚信等）。被委派者只有具备了这些能力和品德，才能担当重任，监督和控制子公司的财务行为，让母公司放心。

2. 职责权限和约束机制

基于双重代理理论，被委派的财务总监应当向母公司汇报子公司管理层的财务状况和经营成果，但不能任命子公司的最高管理层。同样，子公司也担负着向母公司汇报财务状况和经营成果的责任。在这种情况下，财务总监行使职能时不能对子公司过多干预，影响子公司的正常经营活动。子公司可以通过设立相关机构（如审计委员会）来监督和约束被委派财务总监的权力，使得子公司和被委派财务总监之间形成相互的监督与被监督的权力制衡机制。如果两者产生分歧和矛盾，最终裁定权应该在母公司手里，由母公司从企业整体利益的角度来做出适当的决策。

3. 薪酬管理体制

目前，我国企业对外委派的财务总监的薪酬大多由被派入企业——子公司自行决定，或者由派出者——母公司发放基本工资，奖金津贴由子公司发放。这种薪酬体制使得被委派的财务总监与子公司存在很强的利益相关性。根据委托—代理理论，被委派的财务总监主要职责就是代表母公司对下属控股公司进行经济监督和控制，所服务的对象是委托人——母公司，而非受托人——子公司，所以由母公司根据考核的绩效对被委派的财务总监支付薪酬。被委派的财务总监的薪酬体系只有让母公司统一管理，才能从体制上彻底解决被委派的财务总监和子公司利益相关的问题，实现其真正的独立。这样做，对于企业整体来说，成本略高一点，但却大大降低了被委派的财务总监和子公司合谋共同侵害企业利益事件发生的概率，相当于为未来可能产生的风险损失购买了一份保险，是值得的！

4. 岗位定期轮换

实行薪酬管理体制，仍不能完全避免被委派的财务总监与子公司管理层之间的合谋。当财务总监通过合谋获得的收益大于母公司支付他的报酬时，他就可能会铤而走险。母公司不可能随时关注子公司，因此这种合谋行为通常不易被母公司发觉，会给企业带来巨大损失，因此，有必要对被委派的财务总监实行岗位定期轮换，可以在很大程度上避免合谋事件的发生。

5. 对子公司和被委派财务总监的审计监督

在财务总监被委派到子公司后，根据双重委托代理关系，母公司不但应对子公司的财务经营活动状况进行内部审计，而且应对被委派的财务总监进行离任审计，以便客观、公正地评价财务总监的工作情况，防止财务总监对子公司的财务违法行为不抵制、不报告，甚至与子公司合谋来侵害母公司的利益。

三、稽查特派员制

稽查特派员制可以有效督促国有企业中总会计师组织的形成和权力的合理应用。稽查特派员是由国务院派出的，他们不对企业经营活动进行干涉，其职责是代表国家对企业实施财务监督，将监督后的财务状况进行分析，对企业执政方式和经营业绩做出评价。

（一）稽查特派员制的基本特征

（1）与所查企业完全独立，一方面可以实现国家对企业的监督，另一方面又不干扰、束缚企业自主权的充分发挥，真正做到政企分开。同时，为保证稽查的客观公正，对稽查特派员实行定期岗位轮换制度。

（2）稽查特派员的主要职责是对企业经营状况实施监管，抓住了企业监督的关键。

（3）稽查与考察企业领导人的经营业绩结合起来，管住了企业的领导，也就管好了企业的会计，做到了从对企业会计人员的直接管理向间接管理转变。

（4）国家从国有重点大型企业里所获得的财税收益，同实行稽查特派员制度的开支相比，符合成本效益原则。

（二）稽查特派员制的必要性

稽查特派员制度的一个重要突破是把对领导人奖惩任免的人事管理与财务监督结合起来，迫使企业领导人从其切身利益出发，关注企业的财务状况和经营成果，真正体现业绩考核的基本要求。建立稽查特派员制度是一项长远的制度安排，是转变政府职能、改革国有企业管理监督制度和人事管理制度的重大举措，也是实现政企分开的举措：稽查特派员只拥有检查权、评价权以及向国务院及其有关部门的建议权，并不拥有任何资源，也不履行任何审批职能，是政企分开后体现所有者权益的必备措施，即放手让国有企业自主经营的同时，强化政府对企业的监督。

（三）稽查特派员制的存在问题

1. 很难消除国有企业的"内部人控制"现象

"内部人控制"产生的直接原因是所有者与经营者之间的信息不对称。然而，按照稽查特派员制度的纪律要求，稽查人员不得对企业的经营决策发表任何意见，也不得提出任何建议，不参与、不干预企业的任何经营活动，这就意味着稽查特派员无法及时了解企业生产经营活动过程，无法正面了解企业经营者在指挥、控制和重大决策方面的表现，因此只能通过企业提供的会计信息对企业经营者进行财务监督与业绩考核。此时，会计人员与经营者的隶属关系并没有改变，会计人员的职务升迁、工资待遇仍然由经营者支配着，会计人员与经营者合谋歪曲会计信息、共同欺骗稽查特派员的可能性依然存在。因此，稽查特派员制度很难消除国企普遍存在的"内部人控制"现象。

2. 依赖于政府至高无上的行政权力

为了保证稽查特派员的公正廉洁，政府对稽查特派员的选拔和培训是严格的，《稽查特派员条例》明确规定了稽查特派员及其助理人员的法律责任。然而，在市场机制下，符合经济规律的稳定制衡机制应该更多地依靠利益相互制衡，而不是通过行政手段赋予某一方更大的权力。稽查特派员对企业经营者的监督，并不存在直接的利益驱动因素，而完全是一种行政职责。稽查特派员要关注的是经营者是否具有损害国家利益的行为，而不是如何实现国有资产的保值与增值、如何提高企业经济效益，因为其自身利益并不与企业利益关联，也就是在特派员、经营者和所有者之间没有形成一个相互制约的利益制衡机制。这样执行的结果很可能导致稽查特派员工作乏力、形同虚设，也不排除特派员被经营者收买、合谋欺骗所有者的可能。

3. 只是一种事后监督，难以实现事前预防和事中控制

稽查特派员制度真正具有威慑力的方面在于特派员有权对企业经营业绩作出评价，

并对企业主要领导干部的奖惩任免提出建议。这对任何一个理性的经营者来说，确实能形成持续的外部压力，促使其在工作中尽职尽力、恪尽职守。但对于非理性的或低能的经营者来说，这一监督机制事前控制能力差的弱点将会给国家利益带来巨大危害，因为它不重视过程监督，只重视结果考核；往往要等到企业巨额亏损形成后才发现问题，更换经营者。这种"亡羊补牢"的做法较之没有特派员、任凭经营者胡作非为固然是一种进步，但对已造成的经济损失也只能是望洋兴叹。

稽查特派员制度作为我国国企改革转型期的特殊政策，在严格选拔和任用特派员的基础上，对于影响国计民生的特大型国有企业，能在一定程度上起到加强监督的作用，但其高昂的监督成本和忽视事前、事中监督的固有缺陷，决定了其不宜普遍推广。

第三章　多元化会计管理的核算模式

第一节　会计核算模式的基本框架

会计的基本前提是财务会计基本假设或会计假设，它是组织财务会计工作必要的前提条件，若离开这些条件，就不能有效地开展会计工作，也无法构建财务会计的理论体系。财务会计的基本前提是从具体的会计实践中抽象出来的，是为了确保会计核算资料的实用性、合理性和可靠性，一般包括会计主体、持续经营、会计期间与货币计量等内容。企业为实现会计目的，确保会计信息质量，要明确会计的一般原则，即会计核算的基本规则和要求，这是做好会计工作的基本要求。因此，企业会计核算人员必须掌握会计核算的基本前提和原则，以会计核算工作支持企业的运行和发展。

一、企业会计核算的基本前提

（一）会计主体

开展会计工作必须明确会计主体，明确会计人员的立足点，解决为谁记账、算账、报账等问题。会计主体独立于其本身的所有者以外，会计反映的是一个特定会计主体的经济业务，而不是企业所有者的财务活动。明确会计主体要求会计人员认识到，他们从事的会计工作是特定主体的会计工作，而不是其他会计主体或企业所有者的会计工作。会计主体的规模没有统一的标准，它可能是独立核算的经济实体，独立的法律个体；也可以是不进行独立核算的内部单位。从财务会计的角度看，会计主体是一个独立核算的经济实体，特别是需要单独反映经营成果与财务状况、编制独立的财务会计报告的实体。

（二）持续经营

持续经营是指会计主体的经营活动，按既定目标持续进行，财务会计的一系列方法是以会计主体持续经营为条件的。只有在持续经营的条件下，企业的资产才能按历史成本计价，固定资产才能按使用年限计提折旧。若企业不具备持续经营的条件，如已经或即将停业，进行清算，则需要处理全部资产，清理全部债权债务。会计处理要采用清算基础。

（三）会计期间

持续经营的企业不能等到结束其经营活动时才进行结算和编制财务会计报告。应定期反映企业的经营成果和财务状况，向相关各方提供信息，要划分会计期间，把持续不断的企业生产经营活动，划分为较短的经营期间。会计期间一般为一年，即会计年度。

把会计年度的起止点定在企业经营活动的淡季一般比较适宜，这是因为在企业营业活动的淡季，各项会计要素的变化较小，对会计要素进行计量，尤其是对计算确定本会计年度的盈亏比较有利。还因淡季的经济业务较少，会计人员能有较为充足的时间办理年度结算业务，有利于及时编制财务会计报告。但随着现代市场经济的发展，目前各个行业企业的所谓淡季并不明显，这样的划分也存在着弊端。因此，我国《企业会计准则》规定，以日历年度作为企业的会计年度，即每年1月1日至12月31日为一会计年度。企业为及时提供会计信息、满足各方对会计信息的需求，也可把会计年度划分为更短的期间，如季度和月份。

（四）货币计量

企业会计提供信息要以货币为主要计量尺度。企业的经营活动各不一样、非常复杂。企业会计要综合反映各种经营活动，这就要求统一计量尺度。在现代市场经济环境下，货币最适合充当这种统一的计量尺度。以货币为计量尺度，为会计计量提供了方便，同时也存在一些问题。为简化会计计量，方便会计信息利用，在币值变动较小的条件下，通常不考虑币值变动。但是，因普遍性较高的通货膨胀给企业发展及会计核算带来较大影响，因此出现了通货膨胀会计。这是按物价指数或现时成本数据，把传统成本会计进行调整，考虑消除物价上涨因素对财务报表的影响，或改变某些传统会计原则，真实科学地反映企业财务状况和经营成果的一种会计方法。

进行会计核算，还要确定记账本位币，在企业的经营业务涉及多种货币的环境下，需确定某一种货币为记账本位币；涉及非记账本位币的业务，需要采用某种汇率折算为记账本位币登记入账。按照我国会计制度与会计准则的规定，境内企业要以人民币作为记账本位币。

二、会计核算的几项原则

（一）客观实在原则

这一原则要求企业的会计记录和财务会计报告要真实、可靠，不可失真，能客观反映企业经济活动。会计核算要以企业实际产生的经营业务为依据，反映实际财务状况和经营成果。真实性和可靠性是会计核算的基本要求。

（二）互相比较原则

为比较不同的投资机会，信息使用者必然要比较不同企业的财务会计报告，以评估各个企业不同的财务状况、经营成果和现金流量状况。所以，企业进行会计核算和编制财务会计报告要遵循互相比较的原则，对同种经营业务，要采用同一会计程序和方法。要遵循国家统一的会计制度，严格按照国家统一的会计制度选择会计政策。

（三）一贯性原则

这一原则要求会计核算方法要遵循同一规律，前后保持一致，不能随意变更。企业会计信息的使用者不仅要通过阅读某一会计期间的财务会计报告，把握企业在一定会计期间的经营成果与财务状况，还要比较企业不同会计期间的财务会计报告，明确企业财务状况和经营成果的变化状况与趋势。企业进行会计核算和编制财务会计报告要遵循一贯性原则。企业所采用的会计程序和方法如果已经不符合客观性与相关性原则要求时，企业就不能继续采用，应采用新的会计政策。

（四）相关性原则

相关性原则是财务会计的基本原则之一，是指会计信息要同信息使用者的经济决策相关联，即人们可以利用会计信息做出有关的经济决策。对会计信息的相关性要求随着企业内外环境的变化而变化。随着社会主义市场经济体制的不断完善，国家对企业的管理主要是利用经济杠杆进行宏观调控。与之相适应，国家对企业会计信息的需求也出现了变化。随着企业筹资渠道的多元化，企业之间的经济联系也在增强，会计信息的外部使用者已不仅仅是国家，而扩大到其他投资者、各种债权人等与企业有利害关系的群体。随着企业自主权的扩大，会计信息在企业经营管理中发挥了更大的作用。因此，强调会计信息的相关性，要求企业会计信息在符合国家宏观调控要求的同时，还应满足其他方面的需求。

（五）及时性原则

此原则主要是及时记录与及时报告。①及时记录要求对企业的经济业务及时地进行会计处理，本期的经济业务要在本期内处理。②及时报告是将会计资料及时传送出去，把财务会计报告及时报出，财务会计报告要在会计期间结束后规定的日期内呈报给应报单位或个人。③及时记录与及时报告紧密联系，及时记录是及时报告的前提，而及时报告是会计信息时效性的重要保证。所以，企业会计要把及时记录与及时报告有机统一起来。

（六）权责发生制原则

这一原则要求，对会计主体在一定期间内发生的各项业务，凡符合收入确认标准的本期收入，不论款项有没有收到，都要作为本期收入处理；不符合收入确认标准的款项，就是在本期收到，也不能作为本期收入处理。权责发生制所反映的经营成果与现金的收付不一致，它主要应用在需要计算盈亏的会计主体中。采用权责发生制反映企业的财务状况也有局限性，若按照权责发生制反映，有时企业虽然有较高的销售利润率，但现金流动性差，也可能遇到资金周转困难。一般企业是以权责发生制为主，辅之以收付实现制。

（七）配比原则

这一原则要求企业的营业收入与营业费用要按它们之间的内在联系正确配比，以便正确计算各个会计期间的盈亏。按营业收入与营业费用之间的不同联系方式，进行配比。一是按营业收入与营业费用之间的因果联系进行直接配比。企业的某些营业收入项目与营业费用项目之间在经济上存在必然的因果关系，这些营业收入是因一定的营业费用而出现的，这些营业费用是为了取得这些营业收入而发生的，凡是这种存在因果关系的营业收入与营业费用就要直接配比。二是按营业收入与营业费用之间存在着时间上的一致关系。某些营业费用项目虽然不存在与营业收入项目之间的因果关系，但要与发生在同一期间的营业收入相配比。

1. 企业财务管理会计核算配比原则的基本含义

在企业进行会计核算的过程中，正确利用配比原则可以较为准确地反映出企业在一定时期内的生产运营情况，体现企业财务的管理效果；同时根据这些信息，可以为企业的管理者在制定企业的发展决策时奠定良好的基础。收入、成本、费用在会计核算中的分配比例可以在很大程度上影响会计结算的效果，只有进行均衡的配比，才可以实现预期的目的。

一般来说，配比原则的含义是在企业会计核算的某一个时间段内所取得的收入以及与收入相关的费用、成本之间的配比程度，或者选定的不是某一个时间段，而是针对某一个会计对象来进行的配比。无论是哪一种，最终的目的就是要科学计算出企业获得的净损益值。实施配比原则的时候，主要根据受益方的利益来确定，在核算中谁受益最多，所要承担的费用就由谁来负责。此根据的本质特点是承认在会计核算的过程中，损益之间有着一定的因果关系。但需要说明的是，这种因果关系并不是在所有的情况下都有效。在实际的管理过程中，一定要根据相应的配比原则来科学分辨出存在因果关联的直接成本费用，同时还要分辨出不显示直接关联的间接成本费用。在进行某一时间段的会计核算中，一般要确定损益的情况是通过将直接费用和企业的收入进行有效的配比来实现的。如果是用间接费用来确定损益的情况，则是依据与实际相符合的标准，在企业所生产的每一个产品中或者是每一阶段内的收入之间实行分摊的方式，根据收入配比的原则获得具体的损益情况。在企业会计管理具体工作的应用中，配比原则的实施主要包括三方面的内容，这三者之间是相互联系相互统一的关系：第一是企业生产的某一项产品的具体收入和产品在生产中的实际耗费存在着相匹配的关系；第二是在企业进行会计核算的时间段内的具体收入同这一时期的具体耗费应该存在着相互匹配的关系；第三是企业某一部门的具体收入要同此部门在生产运营过程中的耗费存在着相互匹配的关系。这样才能保证企业财务管理的各个环节都在合理的会计核算的掌控范围之内。

企业财务管理中的会计核算匹配原则在使用过程中要选取适当的方式，才能取得预期的效果。具体的配比方法包括以下两种。

第一种是因果配比方式，通常也被称作对象配比方式。具体的含义是指企业在生产运营中获得的实际收入，要和产生这些收入的费用进行合理的配比，这是为了更加科学准确地计算出企业进行经济交易时最终所获得的经济利润值。通常情况下，企业为了获得一定的收入，要先行垫付一些生产交易资金，在这一过程中要耗费一些人力、物力、财力，如此就产生了费用、成本、收入三者之间的因果关系，三者是相互对立又相互统一的。一般来说，企业获得的最终收入是一种结果，生成运营过程中的费用和成本是形成收入这一结果的重要原因。为了得到企业经济状况的损益值，就要实行因果配比方式来评估某一项经济活动的利润价值，对其涉及的成本、费用、收入进行科学的核算。

第二种是时间配比方式，通常也被称作期间配比方式。是指企业在同一个时期内对其生产运营活动的生产成本、费用、收入进行的配合对比分析，将分析的焦点集中在会计核算的某一个时间段中，也就是在一个会计期间内，认真确认其各项收入与其成本的关系，确切掌握在该时间段中的经济损益情况，为企业制定下一个时期的发展规划奠定良好的基础。

2. 企业财务管理中会计核算的配比原则在实际中的应用

在企业财务管理的会计核算中要正确利用配比的原则，才能使其发挥出应有的作用。首先是要仔细核对企业收入的实际金额，根据直接配比原则确定与之相关的生产成本；其次根据间接配比的原则，核实企业的日常营业税额以及其他一些与企业损益情况有关的金额。具体来看主要体现在以下几个方面。

（1）配比原则要合理应用在企业所销售的产品的业务处理中

通常情况下，进行产品的销售，要依据具体的销售来确认收入的金额。在此过程中，参照已经销售的产品所消耗的费用情况，对成本进行相应的结算，这样做是为了使产品的收入与成本的费用之间的配比关系均衡化。所以在具体的实施过程中，要依据企业具体交易的特征，对每一项交易的实质都进行认真的分析与评估，同时要根据收入确认的具体要求来执行。在一些企业中仍然存在着不合理的情况，包括对已经销售的产品的成本计算不够到位，或者是把获得的相关价款归属于收入的范畴之内。这样在会计进行核算的时候，就对成本的计量准确性造成了一定的误差，也会给企业收入与成本以及费用的配比关系上造成影响，不能真实地反映出企业的经营成果，也会影响企业制定有效的发展决策。因此在企业进行会计核算的过程中，对于收到的价款可以认为是一项债务，不适宜将其归入收入的范畴内，这样就避免了影响正常的利润核算，提高了成本估计的准确性。

（2）在与让渡资产使用权有关系的业务处理中合理运用配比原则，和让渡资产使用权有关系的业务通常与企业的利润有着密不可分的关系

比如在金融企业中，计算资产负债表每天获得的利息收入中，也会涉及企业生产成本、收入、费用之间的关系。在实施会计核算的过程中，金融企业通常会依据他人使用货币资金的时间以及利率的大小来计算与核对利息的收入状况，同时，所发放的贷款在这一会计期间所确认得到的利息收入应该和这一时期在办理存款时所支出的利息是相配比的关系。通常情况下，企业在生产经营过程中如果涉及让渡资产的使用权，在确定使用费收入的时候，为了让结果更加准确，可以依据相关的合同条款以及协约的规定，来

确定收费的具体时间，同时选择最为有利的计算方法。和当期存在关联的未来费用，要在本期内实施预提，同所有的预付款项有关的成本费用，进行记录的前提条件是当所有相关的收入都获得之后，这样做的目的是为了进行成本、费用、收入的合理配比。例如使用成本模式进行计量的具有投资性质的房地产企业在进行会计核算的时候，如果租金的收入是一次性获得的，就应该依据条款分摊到每一个收益期间内，算作是其他业务的收入，在当期计提的折旧或者是摊销则算作是其他业务的成本，这样就与收入形成了一种对应的关系。此外，如果在经营的过程中出现减值现象的，要做好房地产的减值准备工作，同时将其算作资产减值损失，这样也就构成了一种配比的体系。

（3）要在与公允价值变动损益有关的业务处理中合理利用配比的原则

通常来讲，企业的公允价值变动损益核算在最初核对时，一般会分成两种形式：一种是以公允价值计算同时其变动被归入到当期损益的金融资产或者是金融负债中；另一种是利用公允价值的计量方式实施后续的计量过程。那么在资产负债表中，企业通常会根据公允价值超出账面余额的差额来贷记公允价值的变动损益科目，同时也会依据公允价值低于账面余额的差额来借记公允价值变动损益科目，以达到预期的效果。当企业在会计核算的过程中，大部分的企业都会把该项科目与配比原则结合起来使用。这样处理存在很多的不当之处，主要体现在：一是如果企业拥有该项资产当年可以进行出售处理的，可以把该项账户的余额全部结转到投资收益账户中来，这时候该账户反映的是企业在生产运营过程中的潜在收益；二是如果要对该项资产实施跨年处理，那么在处理资产负债表每天的财务管理时，就要将该项目的余额同时转结到本年度的利润账户中，然后通过本年度的利润再结转到资产负债表中，这样在一定程度上也体现了成本、收入的相互平衡。

（4）要在企业的投资收益中合理利用配比原则

一般情况下，企业的投资收益指的是企业在特定时期内通过投资的方式得到的经济收入，该收入要同获得此收入所付出的成本进行相应的配比，这样有利于对企业实际利润的科学计算。需要注意的是，在会计核算中使用成本核算方式的企业，所得到的现金股利在某种程度上是属于长期股权的投资持有时间段内所获得的，如果将此也作为是投资收益，就应该使用配比的方式来具体核算企业当期的实际营业利润。如果获得的现金股利是在非持有的时间段内获得的，就不应该作为投资收益，在具体的核算过程中就不能参与到配比原则中来，这样才可以体现配比原则的实际效用。可见通过正确的方式才能将企业会计核算中的配比原则的功效发挥出来，从而对企业的生产运行成本、费用、收入进行科学的计算。还要注意每一环节的全面性，例如，成本就包括制造费用、销售税金及附加费用等，同时要将收入与成本放在同一个时期内来计算，增强核算结果的可靠性，并为企业的经营实践提供更多的参照依据。

（八）谨慎性原则

即稳健性原则，存在不确定因素的条件下进行预计时，采取不造成高估资产或收入的做法，防范损害企业的财务信誉，避免信息使用者对企业的财务状况与经营成果持盲目乐观的态度。这一原则的基本内容是：不预计收入，但预计可能出现的损失；对企业期末资产的估价宁可估低，也不能估高。

1. 谨慎性原则的基本要求

谨慎性原则亦称稳健性原则，通俗地说是指在处理企业不确定的经济业务时，应持谨慎的态度。凡是可以预见的损失和费用都应记录和确认，对没有十足把握的收入则不能予以确认和入账。随着会计环境的变化，会计目标从报告经管责任向信息使用者提供有用的会计信息转化，谨慎性原则也逐渐成为具有相关性和可靠性质量特征的会计信息。我国《会计准则》中规定，企业在会计核算时，应当遵循谨慎性原则的要求，不得多计资产或收益，少计负债和费用，也不能计提秘密准备。谨慎性原则的基本要求是：第一，谨慎性原则存在的基础是不确定性的事项；第二，对各种可能发生的事项，特别是费用和损失，在会财务确认和计量的标准是"合理核算"，对可能发生的费用、负债既不视而不见，也不计提秘密准备，对"合理"的判断则事实上取决于会计人员的职业判断；第三，运用谨慎性原则的目的是在会计核算中充分估计风险损失，避免虚增利润、虚计资产，保证会计信息决策的有用性。

2. 谨慎性原则的适用范围

谨慎性原则并不能应用于所有会计业务的处理，只能应用于存在不确定性的业务。不能把谨慎性原则简单地理解为不多计资产或收益、少计负债或费用。对于处理真实可靠、能够准确计量的经济业务时，只能如实反映准确计量，不存在谨慎的问题。会计人员处理不确定性业务主要分为以下几种情况。

（1）会计业务的发生本身具有不确定性

会计处理经济业务时有些具有不确定性，其结果须通过未来不确定事项的发生或不发生予以证实，比较典型的是或有事项。谨慎性原则要求在充分披露或有事项的基础上，对发生具有不确定性的经济业务进行会计处理时，可适度预计或有事项可能引起的负债和损失，尽量不要预计或有事项可能发生的资产和收益。

（2）经济业务确认和会计政策选择时的不确定性

会计规范规定的会计确认和会计政策选择标准一般是抽象、原则化的，是会计实务基本特征的综合性体现，是对会计业务做出的普遍性规定。而会计人员面对的会计业务是具体而复杂的，会计人员在处理具体业务时自然面临着抽象、原则化的标准与具体、特殊的业务之间存在的或多或少、或大或小的差别。在对经济业务进行确认时，需按照会计标准对具体的会计事项进行职业判断。

（3）经济业务计量时的不确定

会计计量是指确定经济业务的发生额。会计人员在处理会计业务时，不仅要对经济业务进行分类确认，还要进行计量记录。在确定经济业务发生大小的时候，对企业发生的经济业务可以分成以下两类：一类是业务的大小可以按照实际发生的各种单据加以证实，只用单据写明的发生金额进行反映即可；另一类是业务发生额的大小无法按照实际发生的单据加以证实，业务发生的金额需由会计人员进行估计确定。在确认和计量过程中，当发生的交易或事项涉及的未来事项不确定时，必须对其予以估计入账。

（4）信息使用者信息需求的不确定性

会计处理的主要目的就是满足信息使用者对企业财务状况、经营成果和财务变动状况等会计信息的需求。但会计信息使用者是多方面的，既有内部管理者，又有外部信息使用者，各方面信息使用者出于自身利益的考虑，其信息关注的重点以及对信息的要求也是不同的。另外，企业经营的过程是持续不断的，信息使用者的信息需求会随着时间的推移，社会状况、经济状况的不断变化呈现出新的特点。从谨慎性原则考虑，企业对外提供的会计信息，特别是会计报告应满足信息使用者各个方面、各个层次和不同时段的要求。企业不可能对各方面信息使用者分别提供报告以满足其个性化的信息需求，这就要求企业应尽量了解企业信息使用者各方面的信息需求，对外披露的会计报告应尽量全面的提供企业各个方面的会计信息，并随着时间的变化不断加以改进，以满足信息使用者的信息需求。

3. 实际运用谨慎性原则中存在的问题

（1）谨慎性原则可能使企业操纵利润具有更强的隐蔽性

谨慎性原则是会计对经营环境中不确定性因素所作出的一种反映。比如存货，计提存货跌价准期不备使得当期利润计算偏低，期末存货价值减少，会导致以后期间销售成本偏低，从而使利润反弹。对于期末存货占资产比重较大的企业（如房地产开发公司），这不失为操纵利润的手段。因此，企业可能在某一会计年度注销巨额呆滞存货，计提巨额存货跌价准备，实现对存货成本的巨额冲销，然后次年就可以顺利实现数额可观的净利润。这种盈余管理只需对期末存货可变现净值作过低估计，而无须在次年大量冲回减值准备即可实现，因而具有更强的隐蔽性。

（2）谨慎性原则具有极大的主观臆断性

谨慎性原则的主观臆断性，受会计人员的业务素质、职业判断能力的影响较大，可能导致会计信息的不可验证性。成本与可变现净值中的"可变现净值"如何计量确定在会计制度中表述为："可变现净值，是指企业在正常经营过程中，以估计售价减去估计完工成本及销售所必需的估计费用后的价值。"这三个估计中任何一个估计脱离实际较大，可变现净值就难以计算正确。接受捐赠的固定资产（或无形资产）在无取得发票账单和不存在活跃市场的情况下，制度规定按该接受捐赠的固定资产（或无形资产）的预计未来现金流量计算多少，折现率选用多大，都需要看会计人员的职业判断能力高低。由于谨慎性原则具有主观臆断和不可验证性，致使该原则易被滥用以达到实现虚增企业利润和欺骗外部信息使用者的目的，为企业进行利润操纵和会计欺诈造假提供了"合理"空间，导致会计信息具有不可验证性，造成了会计信息的失真。

（3）会计人员职业水平较低，滥用谨慎性原则

谨慎性原则在运用中的"可选择性"，要求会计人员具有较高的业务素质和职业判断能力。目前，虽然我国会计业的发展较为迅速，但是所培养出的会计人员素质还存在较大的缺陷。一是部分会计人员业务水平较低，难以掌握新的核算要求，更谈不上在会计实务中正确应用新制度。因为新制度中"可选择性"的范围日益扩大，尤其是谨慎性原则应用的许多地方需要会计人员的职业判断，如坏账准备提取的比例、存货可变现净值大小等。二是部分会计人员职业道德素质低下。虽然这些会计人员知道如何准备应用谨慎性原则，但基于特定目的，往往会对这一会计政策进行滥用。

（4）会计政策的可选择性较强，企业资产和利润易被扭曲

会计政策是企业在会计核算过程中所采用的原则、基础和会计处理方法。会计政策选择是企业在公认的会计准则、其他法规等组成的会计规范体系所限定的范围内，管理当局在确认、计量、记录以及报告的整个过程中，对可供选用的特定会计原则、会计基础、具体会计处理方法进行分析、比较，通过主观判断，选择有利的会计原则、程序和方法的行为。如在实际成本计价下，发出存货的成本按什么价格计价，是采用先进先出法，还是采用后进先出法或加权平均法，企业作出的任何一种选择，都会使当期利润偏高或偏低；固定资产采用何种折旧法，也会影响到当期利润的高低。由于会计政策的可选择性较强，使资产和利润的目的不一定能够完全实现。

4. 完善谨慎性原则的对策

（1）进一步完善会计法规

会计准则中存在大量的不确定措辞，比如"可能""极有可能""极小可能"等，如何界定这些情况便成为影响会计选择和会计处理方法的重要因素，所以在制度法规中应明确规定或说明。比如对企业的会计核算和信息披露进行严格规范，严格限定企业会计选择、会计估计变更、会计估计差错更正上的权力，尽量减少对同类或类似业务处理方法的多样性和选择性，对不同行业不同规模企业特有的业务做出分类的规定，某些企业只能适用其中的某一类情况等，从而缩小会计人员人为估计判断的范围，使其估计判断也有章可循。

（2）适当增加财务报表附注，对冲突情况予以充分披露

有必要在信息披露中充分说明谨慎性原则的应用时间、范围和程序，揭示因与其他会计原则的冲突而对企业财务和经营成果的影响程度及其变动情况。对于某些运用谨慎性原则处理的会计事项，应在会计报表报告中加以阐明，不但要反映影响金额，而且应揭示会计事项的真实情况和会计人员的处理方法，以使信息使用者明确事实，独立判断。

充分的信息披露能有效地提高信息可比性，从而使与企业有利益的关系者能准确地把握企业的财务状况，防止冲突进一步恶化而误导企业会计信息使用者。

（3）提高企业会计人员的职业判断能力和职业道德

任何会计原则、方法在会计实务中的贯彻和运用都离不开会计行为的主体——会计人员。会计职业判断能力主要是指会计人员在履行职责的过程中，依据现有的法律法规和企业会计政策做出的判断性估计和决策。鉴于会计准则和制度中"可选择性"的范围日益扩大，尤其是如何保证会计人员在应用谨慎性原则时把握好"度"，要求会计人员必须提高职业判断能力，使其能够准确地把握谨慎性原则的实质，在对不确定事项进行估计和判断时，力求客观和公正，避免主观随意性。提高会计职业判断能力可以从以下三个方面入手：其一，应当加强会计职业道德教育，会计人员必须遵纪守法、遵守职业道德；其二，会计人员应系统掌握会计专业知识，练好扎实的基本功，还应具有强烈的责任心，对本职工作态度严谨，立足岗位，踏实苦干；其三，会计人员应不断更新专业知识，加强后续教育，还应主动与相关部门沟通，具有团结协作精神。

（4）加强审计监督，强化企业风险意识

谨慎性原则在实际操作过程中具有较强的倾向性和主观随意性，因此必须加强审计监督，防止滥用和曲解谨慎性原则，避免人为地加剧与其他会计原则的冲突。对企业的内部管理者而言，应认识到谨慎性原则的运用只是会计对风险加以防范和管理的一个环节，管理者不要过分信赖。要强化企业的内在约束机制，提高会计人员的职业道德意识，优化会计行为，从而使谨慎性原则得到合理的运用。并充分发挥独立审计的外部监督作用，为谨慎性原则的正确运用构造"防御"体系。为防止企业基于自身利益的考虑不用或滥用谨慎性原则，应加强以独立审计为核心的外部监督体系，确保会计信息的公允性和谨慎性原则的合理运用。

（九）重要性原则

这一原则是在保证全面完整反映企业的财务状况与经营成果的条件下，按一项会计核算内容是否对会计信息使用者的决策产生重大影响，决定对其进行核算的精确程度，及是不是在会计报表上单独反映：凡是对会计信息使用者的决策有较大影响的业务和项目，要作为会计核算和报告的重点；对不重要的经济业务可以采用简化的核算程序和方法，可不在会计报表上详列。会计核算的重要性原则，在较大程度上是对会计信息的效用与加工会计信息的成本的考虑。若将企业复杂的经济活动，都详细记录与报告，不但会提高会计信息的加工成本，还可能让使用者无法有针对性地选择会计信息，反而对正确的经济决策不利。

1. 在设置会计账户中重要性原则的运用

企业的主营业务与其他业务的划分主要是根据其不同的经营业务主次进行。企业主要的生产经营业务就是我们常称的主营业务，会计重要事项就是主营业务在会计核算中的主要反映。因此，专门设置了可以反映出主营业务成本变动、主营业务税金以及附加情况的"主营业务成本"和"主营业务税金及附加"。2016年22号文将"营业税金及附加"改为"税金及附加"，去掉"营业"二字，具体规定为：全面试行营业税改征增值税后，"营业税金及附加"科目名称调整为"税金及附加"科目，该科目核算企业经营活动发生的消费税、城市维护建设税、资源税、教育费附加及房产税、土地使用税、车船使用税、印花税等相关税费；利润表中的"营业税金及附加"项目调整为"税金及附加"项目。由于其他业务相对次要，所以会计利用"其他业务支出"来记录和反映其他业务税金和成本，而不另行记录。

设置"预收或预付账款"账户。企业购买生长周期较长、投资较大且极为紧俏的商品时，必然要预付部分货款给对方，这就是常说的定金。在使用会计账户时，企业应当根据重要程度不同的预付货款进行不同的会计处理。企业预付账款在一定的时期内发生过多，企业预付账款在企业总的资产中所占的比重就会相对增加。因此，预付货款这一重要的企业经济业务，应当设置专门的"预付账款"账户来进行货款核算；相反，预付货款业务较少发生或偶尔发生时，"预付账款"就不存在专门设置的必要，企业可以将会计账户合并到同一账户中集中进行反映，以达到会计账户简化的目的。预收货款和预付货款可采用相同的会计处理方法，按照预收货款重要程度来决定其是进行单独的账户设置或是合并到"应收账户"中进行数据核算。

"投资收益"内容的核算。在企业的会计制度中规定，企业的对外投资收益以及损失均由"投资收益"账户来反映，用贷方余额来反映出企业投资的净收益，而借方余额则反映企业的投资净损失。也不存在分项核算损失和收益账户必要。

设置银行存款及现金日记账的必要性。在企业银行存款和现金账户设置中，企业会计制度中明确规定其在相应总账的设置之外，并根据企业分类设置的相应的日记账进行核算。现金与银行存款是企业资产中流动性极强的两种，是企业的经济命脉，如不设置银行存款与现金日记账，则可能造成企业资金被盗窃或是挪用等重大的企业经济损失。因此，企业应当加强对银行存款和现金账户的管理。

2. 会计处理方法中重要性原则的应用

个别计价法按照实际进货单价计算已发出的存货成本，它属于存货计价法中的一种重要计价方法，使企业成本流与存货实物流转一致性得以实现。该方法具有较高的准确性、真实性以及合理性，它必须认定结存和发出的存货的具体批次。该方法操作复杂、效率低。因此，对存货数量较多且单价较低的货品，个别计价法并不适用。相对来说，那些较易识别、存货数量少、单位成本高的飞机、船舶等贵重物品才会采用个别计价法，以确保成本的准确合理计算。

进行股票发行手续费与发行佣金等相关费用的具体处理。针对股份公司通过委托其他单位代理发行股票所产生的手续费及佣金等各项费用，其余额为减去股票发行的冻结期间利息收入。如股票的发行溢价不足以抵消的，或无溢价产生的，可直接计入企业的当期损益之中；而金额较大的，可作为长期待摊费用，在两年内摊销完毕，然后计入各期损益。为了保持各期损益的均衡，企业可采用分期平均摊销法，以便于会计信息使用者制定正确的企业经营决策。重要性原则在会计处理中的运用较为广泛，且可以根据不同情况进行不同的选择。除上述介绍的几种方法外，还有对出借、出租低值易耗品与包装物进行成本摊销的方法、计提短期的投资跌价准备、处理债券投资中产生的手续费及税金等相关费用、确定企业融资租入的固定资产入账准备价值。

3.在会计信息披露中重要性原则的应用

财务报告主要由会计报表和会计报表附注、财务情况说明书三部分构成，企业会计信息的对外提供主要依靠财务报表来实现。会计报表附注又可分为补充和说明会计报表中的各个项目、披露并对那些会计报表中表现较为重要的企业财务信息进行说明，由于这些信息对会计信息使用者造成的巨大影响，根据会计重要性原则对这些信息加以披露。

第二节　会计核算模式发展分析

会计是社会发展到一定阶段，为适应管理生产过程的需要而产生的即对劳动耗费及劳动成果所进行记录、计算、比较和分析的工具，它是一个信息系统，通过对大量原始数据的收集和处理，反映企业财务状况和经营成果，对企业的投资做出正确的决策。

一、手工会计核算模式

手工会计核算是指会计人员主要靠人工进行对原始数据的收集、分类、汇总、计算等形式，通过对原始凭证和记账凭证的两种分类，采用日记账、明细账、辅助账、总账以及会计法规定的会计核算形式，采用"平行登记、错账更正、对账、试算平衡、结账、转账"等记账规则的运用，进行账目处理的会计核算体系。它在传统的会计处理中一直占据主导地位。手工会计核算模式的特点主要有以下几点。

（一）复杂性

信息关系复杂，会计信息主要包括资产、负债、所有者权益、成本、损益等几大部分。这些信息有着相互依存，相互制约的紧密关系，如资产、负债与所有者权益之间的平衡关系，成本与损益之间的消长关系，总括信息与明细信息的核对与统辖关系。信息接口复杂，会计信息是以货币形式综合地反映企业的生产经营活动，其信息的源点和终点触及供、产、销每个环节以及人、财、物等每个部门或单位。信息计算复杂，会计信息的处理过程自始至终离不开各种计算方法，如固定资产折旧的直线法、双倍余额递减法、年数总和法，存货计价的移动加权平均法、先进先出法、个别认定法，产品成本计算的品种法、分批法、分步法等。

（二）有序性

会计系统对经济活动的反映与监督是根据经济业务发生的先后顺序连续不断地进行的，即根据主体每一经济交易或事项发生的时间先后顺序，填制和审核会计凭证，设置和登记会计账簿，试算和编制会计报表，进行财务分析。期间，涉及会计信息的判断、确认、分类、计算、组合、复核、记录、再分类、再重组等多个技术环节来生成对外会计报表和对内财务报告，然后再开始下一个会计期间的循环。这些环节环环相扣，循序渐进，不得随意打乱和跳跃。

（三）规范性

会计信息处理具有一整套系统、完整的程序和方法，必须遵循"企业会计准则""企业财务通则"以及行业会计制度的规定，会计信息的收集、处理、交换均必须以有形的实物为载体，如出库单、发票等原始凭证，活页式、订本式的账簿，具有一定格式的会计报表等，对于每一环节的处理结果都具有可验证性，并可追溯其来龙去脉，提供清晰的审计线索。

（四）分散性

由于会计信息系统综合、系统地反映企业经济活动的全貌，使会计信息处理的工作量很大，在手工条件下需要由多名会计人员分工协作才能完成。为避免人工在任何环节与任何时候都可能出现的计算、记录等方面的差错，根据复式记账原理，环环检查、平行登记、账证核对、账账核对、账表核对、试算平衡等技术要贯穿于整个处理过程。

（五）单一性

具体表现为会计主体单一：会计信息系统仅收集、处理和交换与主体直接相关的经济事项的信息，而不包括所在行业的信息，以及与企业有关的国家宏观经济政策或市场信息，如产业结构调整政策、有关股票市价。会计期间单一：手工条件下，会计系统只能以"月"作为最小会计期间来提供会计信息，而不能提供更小单位期间的信息，如某产品的"周成本"或"日成本"。货币计量单一：会计系统只收集、处理和交换能够用货币描述的经济事项的信息，而不包括非货币计量的信息，如企业人力资源的投资与更新、企业环境绿化与"三废"治理的信息。核算方法单一：会计系统只确认主体认定的核算方法所生成的信息，而不包括其他备选方法或程序所可能生成的信息，如主体认定存货计价采用先进先出法，系统便不能存储和生成后进先出法、加权平均法、个别认定的存货信息。信息确认单一：会计信息系统仅收集、处理和交换已发生的经济事项的信息（历史成本），而不包括未发生的经济事项的信息，如未决诉讼、潜在的市场利润与风险等。

二、计算机会计核算模式

会计电算化是将计算机技术应用到会计领域，完成数据的自动化。会计电算化的概念有广义和狭义之分，狭义的电算化是以电子计算机为主体的当代电子信息技术在会计工作中的应用；广义的会计电算化是指与实现社会会计工作电算化有关的所有工作。会计电算化通过数据库存入或提取会计信息，打破了传统手工系统会计工作对会计事项分散处理的记账规则。

会计核算在财务工作中十分重要，但随着社会的发展，传统的会计核算模式已无法适应时代发展的需求，而网络技术的飞速发展为会计工作带来了新的契机，信息网络技术开始广泛应用于会计工作中，使财务工作变得十分便利。

（一）信息化环境下企业会计核算模式概述及应用现状

（1）与传统的会计核算模式相比，信息化环境下会计核算模式的基本框架并未改变，依旧遵循其基本原理，通过会计凭证账簿和报表来收集财务信息。同时，在传统模式上也缺乏创新。一些会计核算软件的应用，在一定程度上加大了会计核算的广度、深度和灵活度，增加了其时效性。大量的财务信息，纷繁的数据，通过软件来处理，充分利用网络信息技术，不仅能在短时间内得出精确的数据分析结果，也解放了人力资源。

（2）会计在长期积累经验和发展的过程中，逐渐形成了传统的核算模式。时至今日，虽然网络技术发展迅速，但传统的会计核算模式仍然是财务会计中重要的部分，具有非同寻常的意义。然而，传统的会计核算模式主要适用于手工核算方法，存在诸多缺陷，也不能适应信息时代会计核算的需求。随着科技的发展，信息时代的到来，企业会计核算也逐渐朝信息化方向发展，克服了许多传统会计核算中存在的问题，使财务工作变得极为便利。

（二）信息化条件下会计核算的优势

信息化的会计核算，即把新兴的计算机网络技术与传统的会计核算模式结合起来，对传统的会计模式进行改良，使会计核算与企业管理形成互动和共享。信息化背景下，一方面会计核算的思想观念和核算方式都有了很大的创新；另一方面又遵循会计核算的基本原则。

1. 深化了会计核算的标准

信息化的会计核算仍以账簿和报表为核算信息的主要方式，保留了传统会计核算的基本内容，但同时又深化了传统的会计核算方式。由于传统的会计核算是采用人工核算的方式，效率很低，因此每次只能采取单一的一种核算方式。然而，运用计算机网络技术，却可以同时采用多种会计核算方式进行核算，满足不同层次的企业管理需要，具有高效性和便捷性。另外，在序时核算中，传统的会计核算方式只能采取三栏式日记账方法。在信息化的环境中，序时核算可以采取的方式不再只是一种，核算的科目也不只是货币资金科目，而是扩大到了其他科目。此外，信息化背景下的会计核算可以在电脑上完成，通过各种软件完成大量的各种各样的复杂型报表。甚至采用二维乃至三维的结构来更加全面和深入地反映一些问题，从而大大提升了会计核算的深度。

2. 增加了会计核算的广度

会计核算广度一般是指会计核算的工作范围。信息化氛围中，会计核算不单单需要借助传统的价值尺度对其进行核算，且需要采用很多非货币的方式来进行核算，同时也可以根据不同的需要，设置多套账簿，从而解决传统核算模式单一的现状，增加会计核算的广度。

3. 使会计核算的效率提升

信息化的企业会计核算模式在运行过程中使用了各种先进的理论和设备，在核算效率上有了明显的提升。在新的会计核算模式下，企业的经营情况能被更为直观地展现出来，财务人员的工作压力也明显减小，同时核算质量还获得了极大的提升。应用新的成本核算方式使得信息收集和分析变得更为便捷，减少了核算工作所耗费的时间，从而起到控制核算成本的作用。

（三）信息化环境下企业会计核算模式的分析

信息化有效推动了会计核算的发展，深化了传统核算模式的改革，促进了会计核算的深度和广度，提高了会计核算灵活度，增强了会计核算时效，同时也扩增加了会计核算模式。下面从五类新的核算模式入手，探讨信息化环境下企业会计核算模式的改革。

1. 综合的零级核算模式

为了更好地满足企业经营管理需求，需要对目前存在的一级科目进行分类，以便组建一个较高层次的会计科目，即所谓的零级科目，在该条件下进行的会计核算就属于零级核算模式。

（1）零级核算模式的主要特点

首先，零级核算模式一般是选择随机核算制，可以对各种零级核算随机抽取；其次，一级科目一般是零级核算模式得以进行的基础；最后，重新分类，并由此进行零级核算，这样就可以构建一个概括性的零级科目。

（2）零级核算模式的常规分类

零级核算模式的常规分类口径可以从会计对象、会计要素、会计科目、流动性等几个方面分类。零级核算模式的常规分类口径实现的是"全部分类"，即把所有的一级科目都按照要求划分到某零级科目中，从而实现单一的零级核算。除了从会计对象、会计要素、会计科目、流动性四个方面进行分类外，还可以把所有资产划分成一类，其余的科目不分类；所有者权益不分类，而其余的一级科目需要按照要求分类；将负债划分成一类，其余的科目不分类；按往来科目分类；按资产净值分类。小规模类等不能抵扣增值税的，购入材料按应支付的金额，借记本科目，贷记"银行存款""应付账款""应付票据"等科目。

2. 实时核算模式

实时核算是指在会计核算期内能及时响应的核算，实质是实时操作在会计核算中的主要应用。在实时核算过程中，通常会形成核心的中央数据，其已成为控制随机核算数据的主要指标之一。

（1）实时核算模式的主要特点

通常情况下，实时核算模式包括以下三个特点：第一，采用实时核算制，可以实时提供符合要求的会计信息；第二，根据已编好的核算单位和科目编码进行核算；第三，采用汇总核算方法，这样可以确保实时核算的准确性。

（2）实时核算模式的基本内容

在进行核算过程中，实时核算模式一般会形成核心的中央数据，并将这些数据存储于中央数据表中，根据各级编码汇总和核算单位进行登记和分类，主要包括各级明细分类账和总分类账。其无法对逐笔序时的发生额进行反应，而仅能反映科目编码和核算单位的汇总数据。凭证表一般属于核算的数据源表，它提供的原始数据要在实时核算模式下进行加工。例如，会计电算化就是采用实时核算的一种核算模式，在发生可以用货币计量或以实物计量的经济业务时，会计从业人员将经济业务原始会计信息输入会计软件中，会计软件就可以快速分析和计算。会计电算化和会计软件在运行时都要遵循会计恒等式、核算时要复式记账、平行登记和账账相符等原则，从而确保会计分录，会计凭证的正确度。根据经济业务的特点，经济业务可以是资产类业务、负债类业务、所有者权益类业务、成本类业务及损益类业务，每次输入新增的原始数据，会计软件就可以根据新增的会计信息实时分析和处理系统中已有的会计信息，并快速生成关于资产类、负债类、所有者权益类、成本类和损益类等科目的最新信息。管理者可以随时参考这种实时生成的会计资料，来为公司或企业的发展做出决策。

3. 分组核算模式

通常情况下，需要根据企业经营管理要求，对已有的各级明细科目进行随机概括和分组，这样可以形成一系列符合企业会计核算要求的会计科目，并且可以将这些会计科目定义为分组科目。然后依据分组科目进行分组核算，即所谓的分组核算模式。

（1）分组核算模式的主要特点

分组核算模式包括以下两个方面的特点：第一，采用随机核算制，该过程中需要实时提供新的明细核算指标；第二，在已有明细科目基础上对其重新分组，从而组成全新的明细分组科目，其一般需要进行现场指定。

（2）分组核算模式的主要内容

分组核算模式中所涉及的主要内容一般是由现存的明细科目分组口径来进行现场随机指定。对于一些比较常用的分组口径，通常会将相关信息保存到分组信息表中，并在后期使用过程中做到随时调用，而不需要重复分组。计算机或会计软件对于新增的会计信息，可以打破传统的分组方式，将系统内的会计信息再次分组，这种分组是瞬间完成的，而且分组的精确度非常高，为后期的会计核算奠定坚实的基础。分组核算模式的常规分组口径有以下两种。按现金流量大类分组或是按投资种类分组。

4. 重组的混合核算模式

根据企业经营管理的需要，对所有科目实施重新分类组合，包含各级和一级明细科目，从而组建一个混合科目，然后根据要求对其实施会计核算，即所谓的混合核算模式。混合核算模式使用对企业会计核算具有重要意义，其不仅打破了科目的级别特点，而且还能提供新的混合核算指标。

（1）混合核算模式的主要特点

混合核算模式包括以下三个方面的特点：第一，采用随机核算制，一般按照新提供的混合核算指标进行会计核算；第二，不需要对编码级别进行分类就能实现现有科目编码的重组，从而形成新的混合科目，并对其开展混合核算，一般需要在现场指定；第三，一般不需要采用汇总的核算方法，仅选择逐笔序时的核算方法即可。

（2）混合核算模式的主要内容

混合核算模式中所包含的主要内容是由混合科目的口径来决定的。实际上，混合核算属于分组核算和零级核算的结合，使用起来比较灵活。混合核算模式可以对所有会计科目进行重组，不论是一级科目、二级科目或三级、四级科目，在形成新的混合科目之后，按照重新组合的混合科目进行核算，这种混合的科目组合可以满足企业特定情况下对会计工作的要求，如对企业会计信息进行抽查和试算平衡时，为保证审查工作的公平公正，将企业会计科目全部打乱，再审查企业会计工作是否合规；有时候在试算平衡时，如果花费了很长时间却不能找到哪里出现了错误，那么就可以采用混合模式，打破思维定式，寻找试算不平衡的原因。

5. 延伸的辅助核算模式

为了满足企业会计核算需要，可以对已有的底层明细科目进行适当延伸，从而形成若干会计科目，然后根据这些科目进行会计核算就是所谓的辅助核算模式。

（1）辅助核算模式的主要特点

辅助核算模式包括以下三个方面的特点：第一，选择随机核算制，其能为企业会计核算提供比较细致的核算指标；第二，在现有底层明细基础上进行适当延伸，从而构建全新的辅助科目，并根据标准进行辅助核算，一般需要在现场指定；第三，辅助核算模式不仅需要汇总的核算方法，同时也采用了逐笔序时的核算方法。

（2）辅助核算模式的主要内容

辅助核算模式所包含的内容是由编码内外的划分来决定的。辅助核算模式对于那些具有纷繁复杂经济业务的企业和公司具有重要作用。在企业或公司的经济业务特别复杂时，为了方便会计分录工作，会计审核需要给一些经济业务进行辅助编码，这些辅助编码在企业的会计信息中占有一席之地，有效简化了会计人员的工作。

企业会计核算在如今企业发展中起着举足轻重的作用，随着社会的进步和经济的发展,它变得越来越重要。随着我国经济的高速发展和计算信息技术的飞速进步,对企业会计核算也有了更高的要求。因此,我们要不断创新,使之更加适应现代化的需求。

第三节 代理制会计核算模式

财务代理公司能够按照规范要求进行会计核算,为企业经营决策提供所需要的财务信息,无须配备专职财务会计人员进行会计核算,减少了会计人员薪金及劳动保障等用工成本支出,简化了劳动用工管理手续,也不必担心人才流失,照样可以享受高品质、更专业的财务会计服务。

一、企业施行代理制会计核算的必要性

(一)我国小企业会计核算中存在的问题

1. 会计工作秩序混乱

我国大部分企业是合伙企业或合作制企业,根据相关法律规定,只有具备相应条件才能取得法人资格,多数企业并不具备企业法人地位,对外往往需要承担无限责任。一旦遭遇经济纠纷或者人员矛盾,就会造成会计工作秩序混乱,会计信息失真的情况比较严重,造假账、编假表、报假数等,缺乏有效的会计核算,不利于责任的明确划分,而且还会因提供无用的会计信息给国家制定宏观经济政策造成失误,给市场经济秩序造成混乱。

2. 会计人员专业素质低

目前,我国企业会计机构设置得较为简陋,会计监督严重弱化,导致职责范围不明朗,总体上难以形成一套可行实用的会计制度和工作流程;同时,多数小企业没有专业化的会计人员,更谈不上专业化的会计队伍,往往由非专业人员来兼职,人员专业素质低,更有部分企业的会计工作由企业主一人揽下,缺失明确的分工,以谋取私利或小利益,工作上往往顾此失彼。

3. 会计制度形同虚设

完善的会计制度是推动小企业向前发展的强大动力。然而,我国很多小企业并没有综合考虑自身经营情况,往往直接搬用大企业的会计制度。同时,会计人员一味听从企业主的意见去工作办事,造成原有会计制度操作性不强,约束力不大,会计工作中有法不依、执法不严、违法不究的情况比较严重。

4. 会计内部规范弱化

一是银行账户多,货币资金管理混乱,公款私存私借、白条抵库现象严重。二是各类票据多,收支凭证乱,普遍存在使用自制收支票据的现象,大量收支凭证要素不齐。三是违规账目多,会计核算及档案管理混乱,自行设置会计科目,会计报表在编制上较为粗糙,种类不齐全。四是收入不入账,"小金库""账外账"屡禁不止,扩大报销范围

和标准。有的财务人员只管付款，不管审核凭证；只管记账，不管监督。且认为领导批的就有效，内部控制制度不严，致使应体现的会计信息不能真实、完整地体现，严重影响会计工作质量。

（二）我国小企业采用代理记账的必要性

《会计法》第三十六条第一款规定："各单位应当根据会计业的需要设置会计机构，或者在有关机构中设置会计人员并设定会计主管人员；不具备设置条件的，应当委托经批准设立计代理记账业务的中介机构代理记账。"为了具体规范代理记账业务，《代理记账管理法》第十一条规定："依法应当设置会计账簿但不具备设置会计机构或会计人员条件的单位，应当委托代理记账机构办理会计业务。"由此可见，不具备设置会计机构的小企业，可以采用代理记账的方式。

现代企业在发展过程中，对会计的要求不再是简单地记账就万事大吉了，需要会计出谋划策、运筹帷幄，这就对企业会计提出了更高的要求。由此，具有一定专业水平、专门为小企业提供会计咨询服务、为企业的发展和经营提供可靠财务保障的代理记账公司应运而生。记账公司的出现从很大程度上弥补了小企业在会计核算中存在的不足，之所以能被接受和推广，主要是具备以下两方面的因素。

1. 节省成本开支

不具备设置会计机构或会计人员条件的小企业，如果聘请能力较高的会计，虽然账务处理能力较强，但是会计的费用相对较高，对小型企业来说难以承受。再加上许多有一定能力的会计不愿到这种类型的企业任职，这就给企业想拥有业务能力强的会计带来一定的难度。

而代理记账公司能为小型企业提供做账、报税、企业咨询、财务顾问等专业性的服务，小企业委托代理记账机构来进行会计核算，不仅可以减少对会计人员工资及社会保险等费用开支，无须花费较大的成本培养专业人才，也不必担心人才的流失造成企业不必要的经济损失，这样就能以较小的付出，得到专业化、高质量的管理服务，由此可以看出代理记账可以为小企业带来诸多方便！

2. 提高企业效益

代理记账公司是经过工商机关审核、注册登记的企业，有固定的办公场所，公司员工一般具备合法代理记账、代理申报纳税、会计业务咨询服务、会计人员培训等资格，对会计电算化和电子申报等现代化手段运用熟练，能满足各类中小型企业对会计工作的要求。小企业在委托代理记账时，还可享受代理记账公司根据企业需要提供的税收筹划，从而合理利用税收优惠政策，为企业节省许多不必要的开支。通过代理记账公司的关系网络，很好地提供财务信息，为企业的运营提供便利的条件，有利于企业的经营管理和经济效益的提高。如果代理公司的差错造成企业损失，将由代理公司赔偿。这种责权关系也可解除企业的后顾之忧。

随着社会的发展和进步，经济也在快速发展和提高。许多企业的财务控制目标是"价值最大化"，而代理记账业务既可以为小企业节省成本，同时又能够为企业提供专业化的会计服务。虽然小企业实施代理记账也存在着的一定的问题，比如代理记账行业自身发展弊端，委托代理记账双方缺乏必要的沟通，代理记账会计人员素质有待提高等，但从总体情况来看，还是利大于弊。如果把代理记账弊端逐步克服，在现有代理记账的基础上逐步完善其自身功能，相关部门做好监管工作，相信代理记账行业对于小企业是一个很好的服务机构。而对于不具备设置会计机构或会计人员条件的小企业来说，利用代理记账来规范会计核算工作也是大势所趋。

因此，企业对自己的定位应该是用较少的成本提供会计信息使用者所需的会计信息。这就是说，企业应该牢牢抓住会计处理方法简单、会计信息简化、会计报表的种类和内容简明且要求不高的特点来选择获取会计信息渠道的方式，以减少小企业经营成本和管理费用。同时，还促使小企业能及时足额地给国家上缴税金，能给银行提供有效的信息，能满足政府管理当局利用会计信息作出有效的管理决策。

二、企业会计委托代理制的治理结构效应

（一）有利于扭转会计信息失真的被动局面

众所周知，我国目前会计信息失真严重，小企业同样避免不了这种尴尬局面，其原因是多方面的。相对于大中型企业来说，小企业的会计机构本来就残缺不齐，会计人员业务素质和职业道德素养普遍比较低，会计基础工作规范化能力偏弱，了解和执行会计法律法规的能力较差，企业的财务管理能力偏低。更甚的是，小企业主或管理人员出于个人利益的动机而指使会计人员做假账和提供虚假会计报告时有发生。可以说，低素质的小企业会计队伍是造成和加剧我国会计信息失真的一个重要原因。如果我们针对不同规模的小企业分别推行不同的会计核算管理制度，比如实行会计委托代理制度，从而淘汰掉不合格的小企业会计队伍，就可能有利于提高会计信息的真实性、可靠性，进而在某种程度上缓解会计信息失真的现状，对提高反映企业的经营现象或资产状况的质量，为相关部门作正确决策提供真实信息。

（二）有利于完善小企业内部控制制度

现存小规模企业的特征集中体现为：所有权和管理权集中于少数人，组织结构简单；经营活动的复杂程度低，会计账目简单；制度和授权存在缺陷；不相容岗位分离有限；企业主（经理）凌驾于内控制度之上；管理人员会计知识有限；企业主（经理）可能支配所有的经营管理活动；注册会计师对会计报表的完整性认定难以获取充分、适当的审计证据；企业主（经理）的品德受到怀疑；企业主（经理）无视存在的内部控制；缺乏成文的内部控制制度，会计记录没有原始凭证支持或没有将原始凭证入账；等等。这些特征决定了小企业内部管理的混乱，很大程度上制约着企业的健康发展，削弱了企业的

市场竞争水平。推行小企业会计委托代理制度，由企业聘请会计中介机构代理记账业务，授权会计中介机构设计会计内部控制制度，可以整顿企业的内部管理秩序，改善公司内部治理结构。其效果集中体现在：提高小企业资金的安全性，健全的企业内控制度保证资金在一个合法的环境内运行，防止资金被不法侵占；提高企业资金的使用效率，树立企业主（经理）的资金时间价值观念，培养企业主（经理）依法治企的意识。

（三）有利于提高企业会计报告的可审性，降低其审计风险

企业会计代理制度的实施对贯彻《会计法》《企业财务会计报告条例》和规范小企业会计行为，促进小企业健康发展，都具有非常重要的现实意义，是整顿和规范小企业会计工作秩序的重要组成部分。小企业会计工作的规范化以及会计信息、会计质量的提高将增强小规模企业的可审性。统一了的小企业会计核算制度，便于注册会计师进行审计判断。此外，小企业会计代理制可降低小企业审计的固有风险和控制风险。审计风险包括固有风险、控制风险和检查风险。小规模企业的固有风险和控制风险通常较高，小企业会计代理制度的推行，进一步规范小企业的会计行为，减少了会计估计法的使用，必然会提高会计报表项目准确性，降低小企业会计报表的固有风险。小企业的制度和授权存在缺陷，不相容职责分离有限，内部控制比较薄弱，企业主（经理）凌驾于内部控制之上的可能性较大，因此控制风险通常较难。随着小企业会计代理制度的逐步推行，企业主（经理）对内部控制的高度重视以及直接实施一些控制程序，在一定程度上弥补了内部控制的上述缺陷，降低了审计的控制风险和检查风险。

三、企业会计委托代理制的实行重点

（一）企业会计委托代理制度的适用主体要明确

这就要求对实行会计委托代理制度的企业应该有比较明确的界定标准，以保证会计委托代理制度有一个科学合理的适用范围。由于小企业的发展速度很快，经营规模、职工人数、资产总额等指标经常变动，因此，小企业是否长期实行会计代理制度应该充分考虑原则性和灵活性相统一，要坚持适应事物不断发展的权变管理观念。

（二）企业会计委托代理制度适用的会计核算办法应简单、便于操作披露的会计信息应通俗易懂、便于理解

这一原则是要求在制定小企业会计制度时，应针对小企业会计业务的特点，从会计科目的设置到会计报告的编制都应体现简单实用的指导思想。相对于大型中企业而言，小企业会计业务比较简单，会计信息使用者也主要限于企业管理部门、政府税务部门以及债权人。因此小企业会计核算过程中应强调会计核算办法的简单、易懂和便于操作，充分考虑小企业管理人员的能力和水平，兼顾会计核算实施过程中的成本效益原则。这样更利于小企业普遍建立起简单、灵活、实用的会计核算系统，及时向信息使用者提供真实完整的会计信息。

（三）企业会计委托代理制度适用的会计准则应适当体现谨慎性原则

自 2001 年起在股份有限公司实行的《企业会计制度》充分运用了谨慎性原则，主要表现是提取八项资产减值准备。从目前我国小企业发展的实际情况来看，不少企业面临诸如设备陈旧、技术落后、研发投入不足、竞争能力不强、贷款困难等问题。如果从财务管理的角度来分析，小企业要实现稳健经营和健康发展，就需要向社会提供真实可靠的会计信息，避免虚盈实亏的情况发生。而要做到这一点，就应该在实行《小企业会计制度》时适当运用谨慎性原则。

（四）企业会计委托代理制度应尽可能地实现委托代理记账与委托代理纳税相统一

企业是推动一国经济发展、实现市场繁荣的重要力量，这就要求企业会计代理制度的实行要兼顾企业纳税的需要。小企业会计信息披露对象的重点在企业管理者和政府的税务部门，实现小企业会计委托代理和税务委托代理相统一，就会提高企业财务工作效率。

（五）小企业会计委托代理制度适用的会计制度应尽可能与国际标准相协调。

我国加入世界贸易组织后，会计国际化趋向将更加明显，不论是《企业会计制度》《民间非营利组织会计制度》，还是《小企业会计制度》，都尽可能与国际标准相协调，这也是我国开放会计市场的必然结果。小企业会计制度与国际会计标准的协调，必将有利于企业在发展过程中吸收更多的国内外风险投资家的资本，增强自身的资金实力，从而赢得更加广阔的发展空间。

四、小企业会计委托代理制的保障机制

我国会计中介机构的市场地位已经确立，随着市场经济的发展，会计中介机构已经成为我国市场经济的重要组成部分，它在企业、政府和社会组织之间发挥的沟通、协调作用日益明显，它的社会地位日益突出。会计中介机构的会计委托代理业务是一种市场商业行为，受到市场经济的约束与保护。因此，一旦小企业实行会计委托代理制度，它和会计中介机构发生的经济往来就会受到政府会计管理部门的监督，其合法权利自然地应被纳入已经建立起来的市场经济保障机制之中。

再者，提高会计中介机构从业人员的职业道德和业务素质也是小企业实行会计委托代理制度的有力保障。近几年，在政府会计管理部门和行业协会的大力指导和管理下，我国会计中介机构逐步走向规范化管理，行业自律行为规范得到贯彻实施，从业人员的素质得到了普遍提高，这是小企业实行会计委托代理制度的强力支撑。作为小企业会计委托代理业务的受托方，会计中介机构应该积极提升自己的品牌价值，树立行业权威，成为行业典范。会计中介机构的执业注册会计师除了熟悉运用《小企业会计制度》，还要坚持准则、诚实守信、严守秘密、热情服务，要有与会计职责相适应的职业道德水平。而作为会计委托代理业务的委托方，小企业主（经理）也要熟悉《小企业会计制度》和

其他相关的会计制度，不得有授意、指使、强令会计中介机构及会计从业人员伪造、变更、隐匿、故意销毁会计资料的违法行为，保证会计原始凭证、资料的真实有效，共同推动小企业会计委托代理制度的健康发展。

第四章 建立适应市场经济体制的会计核算规范制度

第一节 会计核算规范化管理模式的概念和意义

一、企业会计核算规范化管理模式的概念

会计基础工作是为会计核算和会计管理服务的基础性工作的统称，是会计工作的基本环节，加强会计基础工作有着非常重要的意义。而会计核算基础工作是会计基础工作的一部分，它通过对经济活动的核算和监督，提供为经营管理者服务的会计信息。

会计核算基础工作是规范会计工作秩序的需要。一个单位，如果会计基础工作做得不好，基础工作薄弱，整个会计工作必然秩序大乱，会计职能作用就不能正常发挥，就会造成内部财务收支紊乱，漏洞百出，财产不实，家底不清，数据不准，信息无用，违法乱纪现象严重。这样不仅给单位内部经营管理带来损失，而且还会因提供无用的会计信息给国家宏观经济决策造成失误，给市场经济造成混乱。加强会计基础工作，不仅仅是一个企业、一个单位的问题，而是一个更为严重的社会问题。必须切实加强会计基础工作，而会计核算基础工作是会计基础工作中的基础环节，会计所提供的会计信息主要是通过会计核算工作来完成，因此加强会计核算基础工作尤为重要。

会计核算的基础工作主要包括会计凭证的填制、审核；会计账簿的登记核对；会计报表的编审；会计档案的保管等。

会计凭证的填制必须取得合法有效的会计原始凭证。发票、非税收据、借据、工资单、税票等在会计上被称为原始凭证，它是最初记载和证明经济业务发生、明确经济责任的一种原始凭据，作为会计记账原始依据的一种会计凭证，是发生会计事项合法的书面证明。由原始凭证记载的经济业务具体发生事项，是具有法律效力的书面证明，因此原始凭证本身要合乎规范，原始凭据记载的经济业务事项要真实、完整、合法。

（一）原始凭证

必须有原始票据名称、填制凭证的日期、填制单位名称、填制人姓名、经办人签名、接受单位名称、经济业务内容、数量、单价和总计金额等，内容必须齐全。从外单位取得的原始凭证必须有填制单位的财务专用章；从个人取得的原始凭证必须有填制人员签名或者盖章；自制原始凭证必须有经办人员、经办部门领导或指定专人签名盖章；对外开出的原始凭证必须加盖本单位财务专用章。凡填写有大小写金额的原始凭证，大小写

金额必须相等；对于大写金额印有固定位数的发票、收据等单据，填写大写金额时，凡空白和为零的位数，应逐一填写"零"，不得用"另""×""0"等代替。购买实物的原始凭证必须有验收证明，以确认实物已验收入库。发生销货退回的，除填制退货发票外，还必须有退货验收证明。经上级有关部门批准的经济业务应当将批准文件作为原始凭证附件，批准文件需单独归档的，应在凭证上注明批准机关名称、日期和文号。原始凭证不得涂改、挖补。发现原始凭证有误应由开出单位重开或更正，更正处应加盖开出单位印章。尤其注意原始凭证所记载的各项内容均不得涂改，随意涂改的原始凭证为无效凭证；要修改必须在修改处加盖原出具单位印章；原始凭证出现金额错误的不得更正，只能由原出具单位重开。原始凭证出具单位对于填写有误的原始凭证，负有更正和重开的法律义务。复印件只能作为原始凭证的附件，原始凭证遗失应取得填制单位的书面证明，并附存根复印件，确实无法证明的，由当事人写明详细情况，按规定程序审批后才能代作为原始凭证。原始凭证必须按规定程序和权限审批，同时有经办人证明人签名。原始凭证的质量决定着会计资料的真实性、完整性，因此，会计人员必须认真审核原始凭证，让会计凭证的填制建立在真实完整的信息资料的基础上，为会计核算基础工作打好坚实的基础。

会计人员必须对原始凭证的取得途径是否规范进行认真鉴别，去伪存真，防止以假乱真；必须对经济事项是否符合财政法规和会计制度，是否按预算、计划执行，有无业务合同，是否履行业务合同等进行认真审核；必须对原始凭证记载的数字是否真实、计算是否正确、有无添加、划擦、挖补、涂改的现象进行认真的审核；必须对原始凭证的内容是否完备进行认真的审核。对那些不符合财经法规和会计制度，不按预算、计划执行，无业务合同的原始凭证，对那些无中生有、大头小尾，内容不实的原始凭证，拒绝受理，并向单位领导报告，同时要求填制原始凭证的单位依法履行好职责，应当对原始凭证的真实性、完整性、合法性负责，共同维护经济秩序，维护国家的利益，让经济犯罪没有存在的土壤，保证会计原始资料真实完整。

（二）会计账簿

为了连续、全面、系统、完整地反映单位资本的营运、负债、权益的增减变动，合理考核单位的财务成果，分析单位生产经营过程中出现的问题，为单位填制会计报表提供主要资料，保证会计报表的质量，必须设置体系完整、组织严密、简便实用的会计账簿。为了加强对货币资金的管理，必须设置订本式的现金日记账和银行存款日记账，按照各项经济业务发生时间的先后顺序，采用订本式账簿逐日逐笔登记。为了使账簿记录的业务具有合法性，明确记账责任，保证会计信息的完整，防止舞弊行为，在账簿启用时必须在账簿的扉页上填列"账簿启用和经管人员一览表"，账簿启用后由专人负责，并盖有单位公章。更换记账人员时，应办理交接手续，注明交接日期，接办人签字盖章。为了使账簿记录保持清晰、耐久，便于长期查考使用，防止涂改，记账时必须使用钢笔和蓝黑墨水或碳素墨水书写，红色墨水只可在结账画线、改错和冲账时使用。账簿中文字和数字书写要规整、易于辨别，不应写满格，在格内上方要留有适当的空间距离，数字排列要均匀。必须按编定的页次逐页逐行连续登记，如果发生了隔页跳行，应将空格处画红对角线注销，并加盖"作废"字样。对订本式账簿，不得任意撕毁，活页式账簿不得任意抽换账页。必须以审核无误的会计凭证为记账依据。如果发现有登账错误需要更正只能采用相应的正确的错账更正方法给予更正，主要有画线更正、红字更正、补充登记三种方法。会计在计账之后要进行对账，就是把账簿上记载的会计信息进行内部核对，做到账证相符，账账相符，账实相符。为了考核某一会计期间的经济活动情况，必须在每一会计期间终了时，在把本期内发生的经济业务全部入账的基础上进行结账，不能为赶编会计报表而提前结账，或把本期发生的经济业务延至下期入账，也不能先编会计报表，后结账。期终将本期的期末余额结转下期，作为下期的期初余额。

（三）会计报表

会计报表所反映的各项指标数字必须真实准确，严禁弄虚作假、估计数字、提前结账，必须在本期所有已发生的经济业务和转账业务全部登记入账的基础上，结清各个账户的本期发生额和期末余额。会计报表的各项指标必须按照会计法、会计准则的有关规定统一计算口径，按照会计报表的种类格式、勾稽关系、规定时间，准确计算填列。以免影响逐级汇总和信息反馈的时效性，为此财会部门必须科学地组织好日常会计核算工作，认真做好记账、算账、对账工作。同时在编制会计报表时，会计人员必须密切配合，加强协作。

（四）会计档案

会计账簿，包括总账、日记账、明细账、辅助账等，财务会计报告，包括月度、季度、半年度、年度会计报表及相关文字分析材料等会计档案，应由单位会计部门按照归档要求负责整理立卷或装订。当年形成的会计档案在会计年度终了后，可暂由本单位会计部门保管一年，保管期满之后，原则上应由会计部门编制清册，移交本单位的档案部门保管；未设立档案部门的，应当在会计部门内部指定专人保管。档案部门接收保管的会计档案，原则上应当保持原卷册的封装，个别需要拆封整理的，应当会同会计部门和原经办人共同拆封整理，以分清责任。对会计档案应当进行科学管理，做到妥善保管，存放有序，查找方便，不得随意堆放，严防毁损、散失和泄密。保存的会计档案应当随时为本单位提供和利用。会计档案原件原则上不得借出，如有特殊需要，须经本单位负责人批准，在不拆散原卷册的前提下，可以提供查阅或者复制业务，并办理登记手续。

当前企业会计核算的规范化管理却并不是非常完善，仍旧存在着一系列的问题，这些问题直接影响企业的生产经营活动。

二、企业会计核算规范化管理模式的意义

（一）企业会计核算规范化实施策略研究

1. 明确企业会计工作分工，为会计核算规范化管理体系建设提供基础

首先，企业管理部门应该明确企业财务会计部门的主要职责，即完成会计核算以及内部会计监督工作，主要涵盖企业经营活动中的各种财务会计核算、企业财务状况以及经营成果的反映、财务收支的控制、税收缴纳以及财务决算报送；同时还应负责统筹管理财务问题，进行企业财务会计人员的培训。其次，对企业会计工作岗位职责进行明确，重点是进行资金管理、投资管理、存货管理、资产管理、费用管理、销售往来款项管理、财务成果管理等方面的具体核算，同时负责会计报表编制、财务预算计划、会计信息化实施、档案归纳等方面的管理。通过对财务部门以及岗位员工实施责任制度管理的方式，使各部门以及会计工作人员明确自己的工作职责以及内容，确保会计核算工作的顺利实施开展。

2. 现代企业治理结构的完善企业会计组织体系的建设

实现企业会计核算的规范化与标准化，必须结合新时期企业的治理结构，完善企业的组织体系以及机构设置。由于现代企业大多实行董事会管理制度，因此会计管理应该由企业董事会指派总经理或者是财务总监，对会计工作以及会计信息的真实可靠以及合法、合规问题进行监管。同时对于具体执行会计工作的财务部，设置相应的部门负责人、总账会计、收支会计、成本会计、薪酬管理会计以及出纳会计等，可以采取一人多岗，但是应遵循不相容职务分离原则开展会计管理工作，为企业会计管理的规范化提供良好的组织结构基础。

3. 完善企业会计内部牵制制度的建设

企业会计内部牵制制度对于确保会计核算的准确可靠，维护企业资产的完整安全具有非常重要的作用。在企业会计内部牵制制度的具体规定上，应该坚持每一项经济活动的会计核算业务由两人或者两人以上共同分工完成。同时在企业的会计核算管理方面，应该实行账目、资金以及资产相互独立管理的方式，以便于单独准确地反映企业的资金收支变化、资产变动以及财务状况变化情况。此外，对于每一项会计核算业务，都应该明确会计业务的办理时间、办理人以及办理流程，以提高企业会计核算工作的规范化水平。

4. 规范企业会计核算的流程

对于企业的会计核算工作，应该按照权责发生制以及配比原则开展，同时准确地划分企业的收益性支出以及资本性支出，并按照相关规定统一设置完善的会计科目进行会计核算工作。在会计核算工作具体开展实施过程中，应该明确企业会计核算工作的核心，就是以企业的账簿作为核心，通过把企业的会计凭证处理、会计账簿记录、会计报表编制、记账程序管理等内容有机地整合起来，形成过程合理、流程严密的企业会计核算体

系。在具体的会计核算工作开展过程中，企业还应当结合自身经营管理的实际情况以及会计信息化的基本要求，选择适当的会计核算信息系统软件，以提高企业会计核算工作效率，确保会计核算工作质量，提高企业会计核算的整体规范化水平。

5.提高企业会计核算工作人员的素质

当前部分企业会计核算工作水平不高的主要原因就是由于会计工作人员的能力不高。应该将提高会计工作人员的素质能力作为会计核算规范化实施的重要途径。首先，应该对企业会计工作人员进行职业道德培训教育，让企业会计工作人员树立会计从业职业尊严与荣誉，能够遵守客观公正、廉洁自律、遵纪守法的原则开展企业的会计核算工作。其次，应该将企业的业务水平培训作为重要内容，重点针对企业的会计法、会计制度、会计准则以及会计基础工作。

（二）企业会计核算规范化管理模式的意义

企业的会计核算对企业的发展起着重要的作用，它不仅反映企业的经营情况，也为企业未来业务的发展提供重要的依据。因此，企业要重视并加强会计核算的规范化管理工作，及时发现并解决会计核算工作中存在的问题，加强会计核算人员的专业素质，杜绝企业会计核算工作中违法违规现象发生，确保企业会计信息的真实性、准确性、完整性，降低企业的财务风险，帮助企业更好地发展，提高企业对未来发展的前瞻性。深入了解企业会计核算规范化管理模式的意义，分析企业会计核算中存在的问题，提出企业会计核算规范化管理的有效策略，帮助企业更好的经营与发展。

第二节　企业财务会计核算体系的规范化管理模式

会计行业法律制度的变革不断进行，但是一些企业对建立核算体系却不是很重视，一些企业财务管理人员并没有充分认识到核算体系的重要性，甚至还有很大一部分企业没有建立规范化的会计核算体系，这就无法发挥会计核算体系在企业经营活动中起到的重要作用。近几年我国市场经济发展十分迅速，企业发展急需规范会计核算体系。

一、会计核算体系的概念和重要性

（一）会计核算体系的概念

会计核算是会计工作的一个重要组成部分，是指以货币为主要的计量尺度，反映会计主题在一定时期内的资金运动情况。会计核算是对企业或者其他组织的预算工作和经济活动等进行准确、系统、连续的记录和计算，利用编制财务报表的形式对会计核算系统进行总结，以达到提高会计工作质量和效率的作用。而会计核算体系是指各种彼此独立但又互相联系的会计方法组成的一个有机的统一整体。会计核算体系又叫会计方法体系，主要有会计分析方法、会计预测方法、会计决策方法、会计检查方法、会计核算方法等。建立规范的会计核算体系的意义在于实现企业的会计目标，归纳计算相关的会计信息并向与企业利益相关的人提供相应信息，作为政府制订经济政策及宏观调控的重要参考信息。通过会计核算得出的会计信息对企业加强内部管理、控制企业成本、提高企业经济效益、控制产品质量等工作的开展都有重要作用，并且有利于企业以会计信息为基础制订企业发展计划、统筹融资方案、确定生产目标、制订销售技术创新规划等企业发展远景目标。同时，通过会计核算得出的会计信息还对债权人、投资者和商业客户的经营决策提供一定的信息，有利于在投资人进行各项商业运营决策之前对企业的发展有一个清醒正确的认识，降低投资人在商业投资方面因为信息不明确而产生的风险。

（二）会计核算体系的重要性

规范的会计核算体系在社会经济活动中起着非常重要的作用，会计信息能给决策者提供有用的重要信息，如果会计信息不全面的话，会给决策者带来不必要的麻烦甚至是大量的损失。

系统的会计核算体系能对企业的经营进行合理的预测和决策，配合企业高层管理对企业进行良好的控制，随着企业现代化信息化的发展，规范的企业会计核算体系成为企业发展壮大的重要前提，建立规范的企业会计核算体系也成为企业走上正轨的迫切要求。

二、企业财会核算体系运作中的问题分析

（一）缺乏规范性的监督体系

在实际的财会核算过程当中，部分企业实质上并不具备规范性的监督体系，所以监督管理工作也存在落实不到位的问题，这会使企业财会核算环节出现更多问题，对于会计信息的真实性与完整性有着很大的负面影响。但国内部分企业的管理方通常都会将财务管控工作的关注更多投放在收益上，对于财会核算工作的监督管控环节则并不重视，这样的工作思想很容易阻碍财会监督职能的进一步发挥，影响到财会原始数据的真实性与全面性。

1. 会计核算不规范

会计核算不能及时有效地配合企业向市场经济过渡，不能准确、完整地贯彻企业的经营思想，起不到应有的控制、反馈和监督作用。经营决策、预算编制、指标考核等管理行为，虽然利用了所谓真实的会计数据，但因为这些会计数据不能完整、准确地反映事物的客观现实、发展规律和潜在危机，其有效性和准确性受到较大的影响。

2. 会计核算主体界限不清

企业的产权与个人财产界限不清，企业的经营权与所有权的分离不明显，尤其中小企业中的民营企业，投资者就是经营者，企业财产与个人家庭财产经常发生相互占用的情况，给会计核算工作带来困难。曾经有一个小企业的老总，随着经营规模扩大，非常希望企业的财会制度健全、规范，但是对聘请的财会大专毕业生不放心，老总自己兼任出纳，随意从公司账上支出现金，甚至从自己个人的存款账上直接发放工资，进货取现金，很多购买的存货及费用开支无正规发票，账务处理难度很大。

3. 会计基础工作薄弱

（1）会计机构与会计人员不符合会计规范。会计从业人员资格认定及规范考核的问题也很多，会计无证上岗现象严重，会计主管不具备专业技术资格的现象不胜枚举。会计人员的后续教育培养工作几乎没有。

（2）建账不规范或不依法建账，会计核算常有违规操作。小企业的会计核算常有违规操作。不依法定规范建账簿。

（3）会计的基本职能之一是实行会计监督，保证会计信息的真实准确，保证会计行为的合理合规。内部会计监督要求会计人员对本企业内部的经济活动进行会计监督，但是中小企业的管理者常干预会计工作，会计人员受制于管理者或受利益驱使，往往按管理者的意图行事，使会计监督职能几乎无法进行。

（二）企业财会核算工作审核基准缺乏统一性与完善性

在实际的企业财会管控过程当中，部分企业通常存在会计核算违规现象，如果不能依法规进行财会管理，则很容易出现成本虚增、账目混乱以及人为虚假操作等行为。这些弊端的产生，多数都是因财会核算考核基准缺乏统一性与完善性而导致的信息混乱，如果无法及时得到规范，影响是极其严重的。

1. 岗位分工不合理，导致会计信息失真

目前有的企业在开展财务会计集中核算制度工作时，采用的是财务核算工作通过统一的形式让核算中心进行负责。这样的工作安排对于一些企业而言就会出现精减财务工作人员的问题，同时由于财务工作人员减少，在一些岗位上就会出现身兼数职的问题。这样的岗位分工，很容易导致内部监督机制的弱化。而且由于财务会计工作量巨大，人手不足的问题也会逐渐凸显。在一些企业内部问题的把关上出现不严格的问题，导致会计信息失真，影响到其他一些部门的发展，直接影响到整个企业的规划与发展方向制订。

2. 体制建设不健全，导致数据支持力度不足

由于我国的会计集中核算制度的引进以及实施，目前还处于一个初级的阶段，所以，对于财务管理整体而言还处于初步实施阶段，整体建设仍存在一些不健全的部分。而且在具体工作过程中，由于各个部门对于这项工作的认识不同，会出现一系列阻碍工作开展的情况发生，从而导致企业会计集中核算工作无法真正地落实到位。同时，由于企业的核算中心与被核算单位之间缺乏一定的沟通，两个部门之间会产生一定的隔阂，被核算单位无法进行全面的配合，核算中心所获取到的信息缺少一定的真实性与完整性，对企业财务管理工作造成阻碍，无法确保其工作的顺利开展。这样的问题存在还会让一些部门出现违规情况，很大程度上加大了核算中心的工作难度，不能真正意义上为企业发展提供有效的数据支持。

（三）一部分企业管理者对财会核算规范化建设不重视

许多企业在财会核算管理工作过程当中，都很难意识到财会核算工作规范化的重要

意义，加之部分企业财会部门管理者的管控能力明显不足，需要进一步提升，所以导致会计核算知识体系及相关技能整体相对比较落后，这样的趋势必定会对企业内部财会核算体系的整体规范性产生影响，这些问题有待得到进一步解决。工作积极性不高，导致核算工作无法有效开展。有一些企业由于对于会计集中核算制度的认知不足，容易导致某些财务人员或者某些部门领导无法接受这项核算制度。由于存在不满足，在工作中经常会表现出一种抵触情绪，不仅在很大程度上影响到部门的正常工作，还严重地影响到会计集中核算工作的开展进度。企业在引导会计集中核算管理制度时，某些核算部门会错误地认为企业资金无论是管理还是核算工作都应该由核算中心承担，由此核算部门就失去了企业资产管理的工作积极性，甚至当企业核算中心在开展工作时，采取不配合的态度，让整个核算工作无法有效地开展。出现了某些单位采用虚假发票来套取现金的问题，严重地影响到了企业资金的规范管理。

三、企业强化财会核算体系规范化建设的建议措施

（一）企业财会核算工作规范化管理体系的建立

对于国内多数企业的财会管理者来说，内部财会核算体系规范化管理机制的建设及完善，是确保企业内部日常财会核算工作稳步推进的重要基础，也是科学化管理企业内部财务的核心要素。特别是在当前的情势之下，国内经济发展不断加快，因此会导致企业在财会核算及数据交接等诸多方面出现问题。相关财会核算工作是否能够高效且顺利地完成交接，对于企业内部财会管理工作质量及效率都会直接产生影响。如若在交接过程当中出现了数据遗漏等问题，便极易导致企业内部日常财会核算管理工作受到负面影响，进而引发不必要的问题。除此之外，在企业内部财会核算体系的规范化机制建立过程当中，企业还应当更多关注到会财会档案资料的保管工作，以保证财会信息的完整性与准确性。

（二）在企业内部制定统一完整的财会核算考核管理机制

随着国内经济市场的持续发展，国内企业的运作范围及经营领域也更加广阔，使得经济行为在量与质上都有了更大的发展空间。这样的趋势不但使得企业内部财会核算的工作量大幅提升，也使得企业财会核算工作的难度有了进一步提升，甚至在财会核算相关规章上也存在一定差距。为确保企业内部财会核算相关信息的准确性与真实性，应当首先确保会计核算考核机制的统一性，并不断完善，以保证企业内部任何贸易活动运作都能符合相关标准要求。除此之外，为确保对企业财会核算科学化进程的不断推进，企业管理人员还应当积极结合企业内部管理实践概况及实际需求来确保考核政策可行性的提升，才能最终确保财会考核的相应政策能够在各个业务部门之间产生共同作用，督促每个部门的工作。既要确保财会管理相关规章能够在整个管理部门当中适用，又要在真正意义上避免因业务部门之间经济业务差异而产生的权责不明、核算结果不符合实际等

问题。可见对财会工作审核机制的完善，一方面需要企业管理者的关注与慎重思考；另一方面也需要内部各个相关部门的配合与落实。从管理者角度来讲，应当充分结合当前企业自身所积累的实践经验以及财会行业的实际特点来订立更符合企业实际的需求且能够充分体现出财会工作精准性与真实性特点的财会核算考核体系及审核内容，并进一步完善相关要求。以确保企业内部整体数据系统的一致性，并有效规避因考核基准无法确切落实而导致的信息衔接断层及信息失效问题。除此之外，作为企业的管理者，在思考企业财会考核政策的建设与落实时，还应当谨慎斟酌、衡量孰轻孰重，在确保内部部门之间考核内容达成一致的前提下，最大程度确保考核内容的统一性。

（三）确切落实损益预算的规范化管理

在目前的发展情势下，国内多数企业在财会核算管理规范化过程中，最主要的工作重点，还是集中在对损益预算的管理，在与此相关的管理过程中，一切的相关核算规章政策，都应当具备不可违背的权威性及约束效力，这也是任何会计相关环节能够得到确切落实的先决条件。在此前提之下，企业应当更加积极地落实损益预算管控规范化流程。这一过程主要包含以下内容：其一是企业实际费用的支出以及实际成本之间的划分；其二是固定资产的折旧以及内部无形财产的销售管控；其三是企业资金控股升值贬值的相关财会核算；其四是企业整体盈利核算管控以及内部存货管理；其五是投资活动管控等环节。这些都应当作为企业内部财会核算规范化管理的核心要点来落实，也只有这样才能够真正意义上确保企业财会核算体系向着规范化的方向发展，为企业后续发展奠定基础。

（四）提高企业成本会计核算水平促进核算体系完善

企业能否对生产成本实施有效的控制是当今企业参与市场竞争并在竞争中处于有利地位的关键性因素，要想降低企业的生产管理成本，提高企业的总体经济效益，就必须在成本控制方面下功夫，因此，成本会计核算体系的建设就显得尤为重要。企业成本会计核算可以更为直观地反映出企业的生产经营状况，帮助企业制定科学的生产经营决策，企业要不断改进成本会计核算方法，并采用更为新型的核算手段，提高成本会计核算的效果。成本管理是企业获取竞争优势的必胜武器。但成本管理绝对不仅仅是砍掉成本费用，需要根据公司自身实际和发展战略，建立起合适的战略成本管理体系。作为企业综合实力中十分重要的一环的成本会计核算对于企业的生存和发展发挥着越来越重要的作用。在新时期，传统的成本会计核算已经与现代企业发展不相适应。

1. **企业在成本会计核算体系建设中存在的主要问题**

（1）缺乏完善的成本会计核算体系

①缺乏良好的会计环境。成本会计核算工作，缺乏完善的会计制度保证，进而在会计工作的组织开展中，出现管理部门的职能交叉，造成了会计成本核算项目的混乱，降低了企业的成本会计工作效率。

②没有形成完善的成本会计核算体系。有些单位不设成本会计核算机构，甚至不设成本会计岗位，没有专人进行成本会计核算工作，只有财务会计兼管，造成成本会计核算不到位，会计信息不真实。

③企业各部门重视不够。成本会计核算是一项系统工程，应树立全员成本管理意识。许多企业在内部分工、协调、合作上，都出现了较明显的问题，严重影响成本会计核算正常进行。

（2）缺乏有效的成本会计核算

①缺乏有效的成本核算。企业在成本管理中，缺乏有效的成本核算控制工作，造成了实际的成本消耗与预算值存在较大的差距，这给企业经营策略的制定、调整带来巨大的困难。

②成本会计核算方法滞后。很多企业在重视研发投入、重视技术进步的同时，往往忽视甚至牺牲会计成本核算工作的改进，使其跟不上企业技术进步的要求，进而出现企业决策失误等问题。

（3）成本会计核算缺乏有效的监管

有些企业的成本会计工作，由于缺乏财务、审计等职能部门有效的内部监管，形成在成本会计核算中，出现诸多的不规范。甚至出现多部门在成本会计核算流程上不完善、不认真，发生一些人为的混乱和会计信息不完整、不真实等问题。

（4）成本会计核算的理念薄弱

在多变的市场经济之下，成本会计核算的理念也在发生着比较大的转变，许多成本会计仍沿袭传统的成本控制观念，现代成本会计核算理念薄弱，这就造成了当前成本会计核算效率不高、成本信息不正确的问题。

（5）缺乏专业素质良好的会计人才

许多企业聘用会计管理人员不规范，员工大多缺乏创新精神，成本管理理念陈旧，导致成本会计核算滞后，产品成本不实，价格决策失误，影响产品竞争优势，失去市场占有率。

2. 如何提高成本会计核算水平，建立完善的核算体系

（1）更新管理理念，积极吸取先进的管理经验

传统的成本会计核算体系和方法已经不能满足现代企业管理需要，企业要想提高成本控制效果，就要积极引进和应用现代化成本会计核算方法，并不断吸取和借鉴国内外的先进管理经验，保持企业管理理念和方法的先进性。

（2）创造良好的成本会计核算工作环境，提高工作效率

①企业要营造一个适合于现代成本会计核算的工作氛围，加大核算体系建设，并制订完善的会计核算制度，设立专业独立的部门开展核算工作，还要将各部门的职责加以明确，实行权责明晰的管理制度。

②对于会计成本核算人员的工作分工要明确，成本核算项目安排要科学系统，对具有重要意义的核算项目要进行优先处理，最大程度地保证会计成本核算的效果。

③企业管理者要从宏观管理角度出发，根据企业的实际生产经营情况制订适合的会计核算体系，并应用现代化的管理系统对企业实施全方位的管理，以增强企业的综合竞争实力。

（3）充分发挥企业领导的模范带头作用

①在建立企业成本会计核算体系的过程中，企业领导者的作用不可小觑。领导者要从根本上转变自身的管理理念和态度，吸取先进的管理经验，然后再将新型的成本控制理念深入到下属员工和会计核算部门，并不遗余力地提供工作上的支持。

②企业要将成本控制与其他生产经营环节相结合，综合多方面因素加以考量，不要让成本核算体系与其他环节脱离，要保持各环节间的关联性，以确保更快更好的建立成本会计核算体系。

（4）完善企业人员培训机制，使成本管理理念深入人心

在企业的实际经营管理中，要在全员范围内宣传现代成本管理体系的优势，树立员工的现代化管理意识，加强员工的成本控制意识，定期对会计进行专业技能的培训和考核，并完善人员的管理机制，对于能够出色完成任务的员工要予以奖励，并完善员工晋升机制，从根本上提高成本管理的效果。

（5）建立健全成倍会计核算监管体系

①首先要完善企业成本会计核算体系的外部监管环境，政府相关部门要定期开展对企业成本核算效果的检查和监督，社会大众也要发挥其监督的作用，对企业中出现的不合理的管理机制要指明，并为企业提出合理的改进建议。

②企业内部监督体系的建立是改进会计成本核算质量的根本，从管理者角度出发，要加强对生产经营各环节的监管和掌控，对成本控制严格把关，企业员工也要树立成本管理意识，提高生产效率，降低生产成本。在企业内部要设立独立的监督部门，对企业内部的生产经营活动实施有效的监控。

目前我国企业成本会计核算过程中还存在一系列问题，成本核算体系的建设还不够完善，这与企业自身的生产管理状况不无关系。一些企业没有重视成本会计核算的重要性，相关理念薄弱，对成本会计核算缺乏有效的管理，进而导致了成本会计核算没有充分发挥其作用，对企业生产经营决策的帮助也就无从谈起。现代企业管理制度要求企业内部建立完整科学的成本会计核算体系，企业要想跟上时代发展的趋势，就必须加强内部的核算体系建设，更新落后的管理理念，真正发挥成本会计核算的作用，使之为企业的成本控制和决策管理发挥最大的作用。企业内部的财会核算体系，对于我国的每个企业来说，都有至关重要的意义，决定着企业的发展。企业为确保自身发展，只有对这一环节多加重视，确保严格管控机制的建立，确保核算工作的确切落实，保证财会数据的

准确性、全面性，才能让财会管理工作更具实效性。这对于企业的长久稳定发展有着决定性作用，是国内企业都应当重视的重要环节。

（五）企业财务会计集中核算问题的解决措施

1. 岗位分工合理化，提高核算工作的有效性

由于我们目前在开展企业财务会计集中核算工作还处于初级阶段，缺少一定的指导性，再加上财务会计工作的复杂性，让企业财务会计内部岗位的工作人员数量与其实际工作量无法匹配。而且，许多企业还没有配备专业的审计核算工作人员，在开展集中核算工作过程中，这些问题都容易导致其工作无法顺利开展。因此，企业管理层应该注重企业内部工作人员以及岗位分工合理化的问题，改变传统的岗位分工形式，安排专人对核算单位财务报表、记账等工作进行统一的负责，这样才能在真正意义上保证会计信息的真实性以及有效性。严格遵循内部控制制度，确保每一个核算单位的各项编制工作都是由专人来完成。同时，还需要结合企业的实际情况建立起岗位轮换制，确保每一个会计工作人员都能够参与并了解到财务工作的每一个操作环节，认真地学习每一个岗位中的相关知识。针对企业开展财务会计集中核算制度，企业内部还需要进行专业知识的培训，让每一个财务工作人员对整个核算工作内容以及流程都进行认真的了解，提高会计工作人员的核算能力，这也成为企业财务会计集中核算工作能否顺利开展的前提。

2. 建立相关的制度，严惩违规行为

通过观察发现，引进企业会计集中核算制度，对于我国市场的整顿有着非常明显的作用，但是由于这项工作还处于一个实施的初级阶段，没有任何的经验指导，我们只能在不断的探索中来完善这项工作。在开展集中核算工作以来，有些企业工作人员，对于这种新型的财务管理制度难以接受。同时，开展这项工作一定会影响到某些部门以及个人的利益，从而会产生不同层次的抵触情绪，严重地阻碍了这项工作的顺利开展。甚至有的人为了保证自身的利益采取一些极端的行为，违反一些相关的制度。因此，我们应该加快建立相关制度及法律法规，为企业会计集中核算工作提供坚强的后盾，对于违规者严惩不贷。

3. 建立考核制度，完善激励机制

一个企业中工作人员的工作热情以及积极性，通常都是与资金有一定的联系。我们应该在认真地把集中核算工作落实到位的同时，还要建立起相应的核算结算制度。此外，还需要建立起相应的激励机制来调动起企业工作人员的积极性。在相应的核算结算制度中，严格规定企业内部核算部门自有资金的使用权，并且在规定中还要制定出相应的责任。当核算单位在进行资金申请时，要严格按照审核流程完成审核之后，才能发放资金。同时，建立起相应的监督制度，严格地监管起资金的使用情况，有效地避免资金滥用的情况发生。为了能够调动起工作人员的积极性，还需要结合企业自身的实际情况，建立起完善的激励制度。

我国企业会计集中核算制度还处于实施的初级阶段，在开展这项工作时，依然存在着许多的问题。我们应该针对出现的问题积极地寻找出解决的措施，通过对会计集中制度的不断优化，促进企业的稳定发展。

第三节　手工与计算机会计核算规范化管理模式的异同

会计是一个信息系统，它可以是手工会计信息系统（Hand Accounting Information System，HAIS），也可以是以计算机为工具的计算机会计信息系统（Computer Accounting Information System，CAIS）。CAIS是一个信息管理系统（MIS），是采用计算机对会计数据进行采集、加工、存贮、传输并输出大量有用信息的系统。用CAIS取代HAIS，不仅是会计工作手段的提高，而且是会计管理工作的改进和提高。

一、CAIS与HAIS的联系

（1）系统目标一致。两者都对企业的经济业务进行记录和核算，最终目标都是为了加强经营管理，提供会计信息，参与经营决策，提高企业经济效益。

（2）采用的基本会计理论与方法一致。两系统都要遵循基本的会计理论和方法，都采用复式记账原理。

（3）都要遵守会计和财务制度，以及国家的各项财经法纪，严格贯彻执行会计法规，从措施、技术、制度上堵塞各种可能的漏洞，消除弊端，防止作弊。

（4）系统的基本功能相同。任何一个信息要达到系统目标，都应具备信息的采集输入、存贮、加工处理、传输和输出这五项功能。

（5）都要保存会计档案。作为会计信息系统的输出，会计信息档案必须妥善保存，以便查询。

（6）编制会计报表的要求相同。两系统都要编制会计报表，并且都必须按国家要求编制企业外部报表。

二、CAIS与HAIS的差异比较

（一）系统初始化设置工作有差异

HAIS的初始化工作包括建立会计科目，开设总账，登录余额等。CAIS的初始化设置工作则较为复杂，且带有一定的难度，其内容主要有会计系统的安装，账套的设置，网络用户的权限设置，操作员及权限的设置，软件运行环境的设置，科目级别与位长的设置，会计科目及其代码的建立，最明细科目初始余额的输入，凭证类型设置，自动转账分录定义，会计报表名称、格式、数据来源公式的定义等。

（二）平行登账上存在差异

在HAIS登账时，总账由一名会计人员根据审核无误的记账凭证，或科目汇总表，

或汇总记账凭证进行登录，明细账由另一名会计也根据原始凭证或记账凭证进行平行登录，月末校验两者是否相等。由于两名会计在登录时有可能发生错误，因此平行登账可以检查错误。但在 CAIS 中，总账与明细账的数据均来源于原始凭证或记账凭证，计算机按照登录总账和明细账的程序命令，将数据从记账凭证数据库中转移到总账数据库和明细账数据库，而计算机的内部运算是不可能发生数据运算错误的，所以在 CAIS 中总账金额恒等于明细账金额。因此，平行登账的校验功能在 CAIS 中已失去了其原先的作用。

（三）科目的设置和使用上存在差异

在 HAIS 中，由于手工核算的限制，将账户分设为总账和明细账，明细账大多仅设置三级账户，此外，再开设辅助账户以满足管理核算上的需要；科目的设置和使用一般都仅为中文科目。而在 CAIS 中，计算机可以处理各种复杂的工作，科目的级数和位长设置因不同的软件而异，有的财务软件将科目的等级设置到 6 级以上，完全满足了会计明细核算方面的需要；科目的设置上除设置中文科目外，应设置与中文科目一一对应的科目代码，使用科目时，计算机只要求用户输入某一科目代码，而不要求输入该中文科目，但在显示打印时，一般都将中文科目和与之对应的科目代码同时显示。

（四）账务处理程序上存在差异

HAIS 根据企业的生产规模、经营方式和管理形式的不同，采用不同的会计核算形式，常用的账务处理程序有记账凭证核算形式、科目汇总表核算形式、汇总记账凭证核算形式、日记账核算形式等，对业务数据采用了分散收集、分散处理、重复登记的操作方法，通过多人员、多环节进行内部牵制和相互核对，目的是为了简化会计核算的手续，以减少舞弊和差错。而在 CAIS 中，一般要根据文件的设置来确定，常用的是日记账文件核算形式和凭证文件核算形式，在一个计算机会计系统中，通常只采用其中一种核算形式，对数据进行集中收集、统一处理、数据共享的操作方法。

（五）日记账和明细账功用有所差异

在 HAIS，通常仅对现金和银行存款设置日记账，目的是为了序时记录货币资金的发生情况，做到与货币资金日清月结、钱账两清。凭证信息是分散的，不便于查询，明细账仅是为了方便查询凭证而设置的，根据凭证信息按科目重新登录在明细账上，耗时且易错。而在 CAIS 中，虽然任何科目都可有日记账、总账和明细账，但所有日记账和明细账上的数据均来源于记账凭证，由于采用了计算机这一高效能的工具，在账务软件中对记账凭证提供了多种查询条件，如日期、凭证号、科目代码、摘要、单位名称、单据号、录入员、审核员、借方金额、贷方金额、收入数量、余额等，查询的方法可分为确定查询、自由查询、组合查询和模糊查询四种，可查询到企业的所有业务信息。由此看来，明细账在 CAIS 中意义已不再重要，可以取消，根据财政部文件规定，明细账可以一年输出一次，仅是为了存档的需要。

（六）账簿格式存在差异

在 HAIS 中，账簿的格式分为订本式、活页式和卡片式三种，并且对现金日记账、银行存款日记账和总账必须采用订本式账簿。而在计算机会计系统中，由于受到打印机的条件限制，不太可能打印出订本式账簿，因此，根据《会计电算化工作规范》规定，所有的账页均可按活页式打印后装订成册；总账账页的格式有传统三栏借贷式总账和科目汇总式总账，后者可代替前者；明细账的格式可有三栏式、多栏式和数量金额式等。

（七）簿记规则上存有差异

HAIS 中账簿记录的错误要用画线更正法或红字更正法进行更正；账页中的空行、空页要用红线划销等。而在 CAIS 中，可以不存在纸质账簿，一切数据均以文件形式存在机器内部，登账只是一个沿用的旧名词，而且文件也并不一定按日记账、总账、明细账分别设置，有些系统甚至只设置一个凭证文件，根本就不存在机内日记账、总账和明细账，各种财务信息可直接从凭证文件中导出，画线更正法或红字更正法根本就不存在，代之以的是负号更正法。实际上只要凭证输入正确，机器处理是准确无误的，即使由于凭证数据有错或变更，导致机内账的结果有错，也不能直接进行修改而只能通过记账凭证去更正。

（八）会计报表的编制形式上存在明显差异

会计报表是企业会计核算中一项重要的事项，在 HAIS 中，报表的编制是最复杂的一项工作，报表编制人应了解各种报表的结构及报表中各个数据的来源渠道。若数据来自账上的，还应弄清是发生额还是余额，通过何种运算关系取得；若数据来自本报表或外报表中某项目的，应懂得其各种运算关系；同时还应明确各种报表之间的勾稽关系及数据的对应关系，这样才能开始编制报表。而在 CAIS 中，各种报表的注册、结构描述、格式定义、数据的取数公式定义、报表的审核公式定义、报表的打印参数设置等工作，则作为报表子系统初始化设置的内容，在正式编制报表前可预先设置好，尔后在月末编制报表时，操作员只需在键盘上轻按报表子系统提供的报表生成命令键，系统即自动根据数据的取数公式取得数据，在短则几秒，长则十几分钟的时间内快速生成报表，并且能自动校验报表数据的各种内在关系，此外，还能使不同账套或上下级公司之间的同名报表即时合并。

（九）在能否使会计发展为管理型方面存在根本性的区别

在 HAIS 中，由于手工会计核算的复杂性，使会计人员耗时耗力，穷于应付手工的记账、算账、结账、报账，使企业会计停留在会计核算上，对会计向管理型发展受到了很大的约束。而实行 CAIS 后，在手工会计中纷繁复杂的会计核算工作已由计算机高效而精确地完成，使企业会计向崐管理型发展，目前，我国已出现面向市场、中国模式、价值化、系统化、电脑化、基于现代企业制度、国际化以及普遍化管理的新时代的财务及企业管理软件体系 UFERP，电算化会计可以发展为以会计为核心的信息管理系统，可以形成会计分析预测系统、会计决策支持系统和会计专家系统，使会计的职能得以转变和发展。

（十）人员、组织体系、内部控制方式、运算工具和信息存贮介质上存在差异

HAIS中，人员均为会计专业人员；组织体系按会计事务的需要，分为不同的专业组，通过账证相符、账账相符和账实相符等内部控制来保证数据的准确；运算工具主要采用算盘和计算器；信息存贮介质以纸质材料为载体，占用空间大，查询烦琐。而CAIS中，除会计专业人员外，还有计算机软、硬件技术人员和操作人员；组织体系按系统的需要可划分为电算主管、软件操作、审核记账、系统维护、电算审查和数据分析等专业组；内部控制扩大到对人员、计算机设备、数据和程序等各个方面，而且其要求将更为严密；运算工具采用计算机；信息存贮介质采用磁性介质材料（一般用磁盘），占用空间小，查询检索方便。

三、CAIS与HAIS比较的现实意义

通过比较可以看出，CAIS与HAIS之间有着许多共同之处，也存在许多明显的差异。这些差异，使得我们在建立CAIS过程中，应注意做好如下几方面工作。

（一）注重系统的初始化设置工作

评价一个CAIS的优劣，可根据系统处理的最终结果，即账簿数据和会计报表数据是否精确无误、过程控制是否有效来判断。在财务软件本身的程序及控制正常可靠的情况下，数据输出结果的正确与否则直接与系统的初始化设置有关，为此，在系统初始设置时，应根据本企业会计核算的需要，正确设置会计科目的级数和位长，建立标准的会计科目代码体系；认真整理和录入最明细科目的年初余额和本年累计发生额；慎重设置操作员的姓名、用户代码和口令，根据会计工作的分工和内部控制的要求，合理开放每位操作员的权限；正确设置企业的凭证类型、记账方法、核销方法、外汇汇率的记账方法、自动转账分录、非法对应科目和各种外部设备类型等参数。

（二）科目代码设置应力求精确和完整

实行会计电算化后，科目代码是CAIS中最重要的一种代码，处于核心地位，系统内部涉及会计科目的处理几乎都以科目代码为依据，系统的运行都是根据科目代码而进行的，为此，合理设置科目及代码是至关重要的。由于计算机处理的高速度和准确性，我们可以将会计科目划分至足够精细，特别根据报表数据取数的需要，将科目的级数和位长设置得恰如其分，以获得更加详细的会计核算资料。但应避免将科目代码的级数和位长设置得过多过长，这既不利于记忆和使用，又浪费存储空间，应根据整个科目体系来确定。例如，只是个别科目需要划分的级数较多，可采用别的方法来解决，而不是因为照顾个别科目而将整个科目体系的级数增加。但是，如果同级科目的明细较多，则可通过适当增加级数来解决。系统运行后，科目的修改或删除是一项非常困难的工作，因此，应该在初始化时周密考虑，把科目代码设置完整，一般不要在年度中间进行修改。

（三）要正确地修改凭证带来的差错

在 CAIS 中，因为经审核过的记账凭证是总账、明细账、日记账、各种辅助账和报表数据的数据源，如果发现账簿或报表数据有差错，则可判断是记账凭证存在错误。修改错误凭证有如下三种情况：一是凭证未审核时发现有误，则由凭证编制员直接修改；二是凭证已审核后发现有误，则应先由审核员取消审核标记，由编制员修改后，再经审核员进行审核；三是登账后发现凭证有误，则再不能修改该凭证，应由编制员先编制一张红字凭证冲销错误凭证，再编制一张正确的凭证，将红字凭证和正确的凭证经由审核员审核后，进行登账，即可达到更正错误凭证和账簿数据崐的目的。

（四）正确进行报表系统的初始设置

报表子系统的初始设置是 CAIS 中最复杂的工作。在商品化的 CAIS 中，目前大都采用通用报表程序，即系统提供一种接口，由用户自己定义报表的名称、表线的类型、空表格式、数据来源公式等，这样，当报表格式或数据来源改变时，只需修改原先的定义，而不必修改系统内部的程序，从而适应了各种崐不同用户的要求。初始设置时，要求设置人员充分理解报表的编制原理及公式表达式的设置规则，特别应推敲每一项数据的取数公式，因为在众多公式中某一个符号的差错都将导致报表数据的错误。如发现报表数据有误，应首先查出导致报表最终结果错误的出错数据项，并检查其数据取数公式是否有误，如有误，则予以改正，如无误，则可判断是账簿或凭证数据有误，根据该项错误的数据项公式可推断账簿或凭证的错误之处，比照上述更改错误凭证的方法给予改正，而后重新生成报表。

（五）注重 CAIS 的维护与安全

基于 CAIS 的特点，应对其进行经常性的维护，且维护工作应伴随整个运行阶段的始终，直至系统过时或报废。维护的内容有硬件设备、财务软件、数据文件和各种编码维护，以上几种维护工作，除了硬件维护外，都有可能涉及软件的维护，可见软件维护是系统维护中最重要也是最艰难的工作。软件维护可分崐为：为修正运行中发现程序错误的正确性维护、当软件的外界运行环境发生变化时的适应性维护以及因系统扩充功能或改善性能而对软件进行修改的完善性维护三种类型。同时，应保护系统的安全，可通过建立会计组织体系的内部控制制度、系统和操作员口令的定期修改与保密、数据的定期备份与保存、增强程序自身的自我保护能力等措施来实现。

第五章 基于ERP的企业集成化财务管理模式

随着市场经济的快速发展，我国企业逐渐向国际化方向发展，成为我国企业参与国际竞争的中坚力量。企业为提高管理水平，增强竞争力，纷纷引入ERP（企业资源计划）项目。ERP的广泛应用，内外部环境的巨大变化，使作为企业管理核心的财务管理也发生了变革，传统的财务管理模式逐渐不适应高速发展的企业，迫切需要构建一种全新的财务管理模式，以充分发挥财务管理的功能，促进企业的发展，使我国企业在激烈的国际竞争中立于不败之地，基于ERP的集成化财务管理模式应运而生。

第一节 ERP与企业集成化相关理论的认识

一、ERP的理论认识

（一）ERP的概念及发展历程

1.ERP的概念

ERP（Enterprise Resources Planning，企业资源计划），可以从管理思想、软件产品、管理系统三个层次给出它的定义：即整合企业管理理念、业务流程、基础数据、人力物力、计算机硬件和软件于一体的企业资源管理系统。

2.ERP的发展历程

第一阶段，20世纪40年代的订货点法。订货点法是指物料或产品库存量降低到某一预先设定的点时，即开始发出订货单（采购单或加工单）来补充库存，直至库存量降低到安全库存时，发出的订单所订购的物料（产品）刚好到达仓库，补充前一时期的消耗。此订货的数值点，即称为订货点。订货点法也称为安全库存法。

第二阶段，20世纪60年代的物料需求计划（MRP）。MRP就是根据产品的物料清单，来计算原料或零部件的相关需求，将相关需求汇总，再根据在途产品、当前库存，求得原料或产品的净需求。MRP系统虽然使企业的原料可以在正确的时间到达生产线（既不提前，也不落后），但却没有考虑车间能否有足够的加工能力来生产出产品。

第三阶段，20世纪70年代的闭环MRP。闭环MRP在MRP的基础上，加入了加工能力管理、工艺路线管理和生产管理等内容。在计算物料需求的同时，会考虑生产是否有足够的能力来加工制造，同时会根据客户订单的交货期来排列加工单的优先级。当有新的订单加入滚动计划时，闭环MRP会根据产品的物料清单和加工路线、工作中心的加工能力来模拟结果，察看加工能力是否满足对负荷的需求，在不能满足需求的情况下，需要如何调整才能达到所需结果。

第四阶段，20世纪80年代的制造资源计划（MRPII）。MRPII在闭环MRP系统的基础上，将财务的功能囊括进来，MRPII包含了成本会计和财务功能，可以由生产活动直接产生财务数据，把实物形态的物料流动直接转换为价值形态的资金流动，保证生产和财务数据一致。财务部门从系统中及时取得资金信息用于控制成本，通过资金流动状况反映物料流动和企业生产经营情况，实时分析企业的成本和利润，提供决策所需的数据，指导和控制生产经营活动。这种管理系统已能动态监察到产、供、销的全部生产过程。MRPII作为集成统一的系统，做到了企业各部门之间的数据共享和数据统一。

第五阶段，20世纪90年代的ERP（企业资源计划）。企业之间的竞争明显加剧，跨国竞争成为主题。整个供应链的反应速度和能力决定了链条上所有企业的竞争力，供应链管理成为时代的主题。ERP是由美国加特纳公司（Gartner Group Inc.）在90年代初期首先提出的。ERP集成了质量管理、全员质量控制（TQM）、准时制生产（JIT）、约束理论、精益生产、敏捷制造、计算机技术、项目管理、运输管理、供应商管理、客户管理等丰富内容；ERP中的企业资源包括了全部可供企业调配使用的有形和无形的资产，强调人、财、物、供、产、销全面结合、全面受控，实时反馈、动态协调，以销定产、以产供求，效益最佳、成本最低，流程式管理、扁平化结构，真正体现了先进的管理思想和理念。ERP强调供应链的管理。除了传统MRPII系统的制造、财务、销售等功能外，还增加了分销管理、人力资源管理、运输管理、仓库管理、质量管理、设备管理、决策支持等功能；支持化、跨地区、跨国界运行，其主要宗旨就是将企业各方面的资源充分调配和平衡，使企业在激烈的市场竞争中全方位地发挥足够的能力，从而取得更好的经济效益。

（二）ERP的核心管理思想

1. 体现对整个供应链资源进行管理的思想

供应链是指生产及流通过程中，涉及将产品或服务提供给最终用户活动的上游与下游企业，所形成的网链结构，包括供应商、生产商、经销商和客户等。企业要有效地参与市场竞争，必须把经营过程中相关各方如供应商、制造工厂、分销网络、客户等纳入一个紧密的供应链中，充分利用全社会一切市场资源快速高效地进行生产经营，以提高效率，获得竞争优势。ERP的核心思想就是将整个供应链作为市场竞争的主体，而将企业作为其中的一部分，从整个供应链的角度管理企业的经营活动，整合整个供应链的资源，增强企业竞争力。

2. 体现精益生产、同步工程和敏捷制造的思想

企业按大批量生产方式组织生产时，把客户、经销商、供应商等纳入生产体系，形成利益共享的合作伙伴关系，组成一个企业的供应链，这即是精益生产的核心思想；敏

捷制造思想，是指为适应瞬息万变的市场需求，企业组织由特定的供应商和经销商组成的临时性供应链，形成"虚拟工厂"，把合作单位看作是企业的组成部分，运用"同步工程"（SE）组织生产、即时反映市场需求，并保证产品的高质量和个性化。

3. 体现集成管理的思想

ERP 集成管理思想体现在两个方面：一是在企业内部生产、采购、销售、财务等是一个有机的整体，ERP 将这些职能有机集成，实现"整体大于各部分之和"；二是在供应链内将供应商、分销商等集成到 ERP 系统中，整合供应链上的资源实现高效管理。

(三) ERP 对企业财务管理的影响

ERP 对财务管理的影响主要表现在：企业从财务型管理走向全过程财务管理、从事务处理的管理模式走向智能、高效、优化控制。

1. ERP 使财务管理成为企业管理的中枢

企业往往业务复杂繁多，在传统财务管理模式下，财务管理的重心不得不放在收集、处理财务数据上，财务部门不能为决策层提供有力支持，重要性不能得以发挥。而 ERP 环境下，机械重复的繁重工作由系统自动完成，财务管理实现了权利的集中监控、资源的集中配置、信息的集中共享。财务管理渗透和贯穿于一切经济活动之中，通过价值形态对进行的综合性管理，已成为管理的中枢。

2. ERP 使企业财务管理高度集成

ERP 环境下财务管理高度集成不仅表现在系统内部各模块的集成，更重要的是与供应链和生产制造等系统也达到无缝集成，克服了传统财务管理模式下形成信息孤岛的弊端。使财务管理能够直接对所有系统的最原始数据进行处理分析，保证了数据及结论的可靠性。

3. ERP 使企业能够及时、全面获取财务信息

企业结构复杂庞大，在传统财务管理模式下，信息获取、传递困难，导致财务信息总是滞后于业务信息，且难以全面获取。ERP 环境下，各系统高度集成，数据实现共享，在交易或事项发生时相关人员将信息输入系统，全部的数据都储存在中央数据库中，财务部门可同步利用。

4. ERP 使企业财务管理由静态转为动态

ERP 环境下财务系统与业务系统高度协同，财务数据的实时更新，财务管理以变幻的市场需求为起点，实施快速的财务预算，提供动态的财务信息，支持动态的财务管理。

5. ERP 使企业财务管理支持国际化经营

在 ERP 环境下，基于 B/S 的技术架构，为分布世界各地的子公司及分支机构提供了一个统一的财务管理平台，同时也能兼容和协调各国当地的财务管理模式和会计核算上的差异，成为国际认可的财务管理系统，实现跨国的投资、筹资和现金流的监控，从而实现跨国经营管理。

6.ERP 对企业财务机构、财务人员具有重大影响

实施 ERP 后，财务管理上升到企业管理的中枢地位，其职能的范围扩展到财务决策、计划、控制、分析，由原来单纯的核算领域扩展到管理领域。财务机构主要职能的转变，减弱了核算和监督工作在财务人员基本工作中所占的比重，从而使财务人员更多地参与企业管理，对汇集到财务机构的信息进行处理、分析和反馈，为信息使用者提供决策依据。

二、集成化财务管理模式的理论认识

以我国报业出版为例。自加入世界贸易组织以来，面临着国际传媒和大鳄资本的强势冲击，暂且不说如何冲出国门参与国际市场竞争，能保持国内市场份额和现有地位已属不易。与外国传媒相比，我国报业出版发展比较缓慢，经营业务（品种）较单一，很少有跨媒体、跨区域化经营，报业出版经济实力普遍较弱。除了广告收入、发行收入和少量的物业租金收入外，缺乏其他生产经营手段。无论在资金、设备、技术还是人才方面，我国报业出版都不具备领先优势。如要与国外报业同场竞争，就需增强自身经济实力。国家新闻出版总署批准报社组建报业出版集团，推动文化事业单位改制，支持符合条件的报业出版集团上市，就是为了尽快将我国报业做强做大，更好地促进文化产业发展。为适应报业市场的激烈竞争，企业应对自身有更全面的了解，清楚报业出版集团的核心竞争力在哪里，特别是在报业经济的发展过程中，很多有实力的报业出版集团正尝试实现跨媒体、跨区域的多元化经营，出现众多的子公司和分公司，面临着投资分散、财务分散的复杂情况，必须清楚地知道资源优势和经济实力。资源越分散，越需要集成化的财务管理，要求有效整合的优质资源，进行科学合理配置，充分发挥资源的最大效率。

（一）企业财务管理集成化的发展阶段

集成化财务管理是利用现代的网络技术和信息集成方法，将企业的供、产、销环节与财务管理集成起来，追求资源的整体效率和综合效益，缩短生产的前置时间，提高产品质量和服务质量，增加整体柔性，使具有低能耗、低物耗、高效益和高应变能力，实现物流、资金流和信息流的高度统一，最终达到实时获取准确的、全面的财务信息。这种管理模式有三个基本特点：一是集成化的高效管理，不仅对企业的财务信息进行管理，而且对库存、生产、销售等方面业务进行管理，不仅管理企业内部，而且与整个供应链管理高度集合；二是高层的直接管理，通过信息网络技术减少了传统财务管理的诸多中间环节，使高层领导能够直接对底层员工进行有效管理；三是总部财务的实时管理，在整个供应链通过信息网络技术联系到一起后，总部的财务主管根据动态的会计信息，能够快速调整财务思路及工作安排，并通过内部网络传达下去，实现实时动态的在线财务管理。

实现集成化的财务管理模式，一般需要经历三个发展阶段。

第一阶段，改革原有的财务管理体制。信息网络时代的一大特点是实现组织机构的扁平化管理，因而需要对企业原有的财务模式加以改革，削减过多的纵向运作环节，发挥专业财务人员的积极性和主动性，让财务管理人员贴近实际的生产经营活动，接近真正的市场营销环境，财务流程运作扁平化，实现"纵向到底，横向到边"的经营管理目标。改革原有的财务管理体制，推行财务层级管理扁平化，是实现集成化财务管理的组织基础。

第二阶段，建立财务集成化的管理模式。财务集成化管理的具体方法是建立内部会计信息网，内部各会计核算主体与总部财务中心全部联网。这样做的好处主要表现在：第一，及时传递会计信息。总部财务中心能够实时了解下属机构的经济活动，将内部所有的财务信息集中到总部统一核算、集中管理和监控分析。第二，降低财务运作成本。通过网络信息技术系统，总部财务中心将下属机构的财务信息集中起来，下属机构成为一个会计报账单位，从而可以减少基层单位财务人员和会计费用支出，最终降低会计信息之间的传递成本。第三，提高资金的使用效率。通过分析内部各单位的业务结算情况，利用网络技术建立内部网上银行系统和外部网上银行系统，实现内部各单位的资金由财务中心集权管理，使暂时闲置的资金随时能够找到用途，极大地提高资金的流转速度和使用效率。建立企业财务集成化的管理模式，实际上就是运用网络信息技术，建立财务网络内部管理系统，实现会计核算和财务管理的实时管理。

第三阶段，实现内部财务与业务的有效集成。信息网络技术的最大优势就是能够把企业各部门及各种业务有效地联系起来。财务管理是企业经营管理的核心部分，它从价值方面反映整个企业的供、产、销以及收支结果，直接体现出创造价值。企业供、产、销环节的经营状况，以及人、财、物的合理调配，直接影响到企业的财务状况和经营成果。现代化的财务管理重点应该从事后的会计核算转到计划、分析和提供决策参考意见上来，如经过过滤的综合信息出现滞后或者失真，就会使财务人员的核算分析工作出现根本性错误。

财务与业务的集成要通过管理软件来实现，管理软件比财务软件涵盖的范围更广，一般应包括总账管理、应收应付管理、采购管理、销售管理、库存管理、成本管理等功能模块，财务系统是其中的一个重要组成部分。在传统的管理方式下，如库存材料管理，财务部门与采购部门、仓管部门等基本脱节，更谈不上动态管理存货，因而无法合理安排采购资金，控制库存资金占用，节约资金的使用成本。采用财务集成化的管理模式，可以对企业内部工作流程进行重组，精减中间环节，建立跨职能型群体，就能有效解决诸如此类问题。以报业出版某项采购业务为例，采用集成化管理的业务流程如下：第一，物供部采购员通过共享的信息网络系统下达物料采购订单，经部门主管审核通过后发送给指定的合约供货商；第二，资产部仓管员根据共享的信息网络系统中的采购订单验收货物，并将验收结果传递给财务中心；第三，财务中心的财务人员审核系统自动生成的采购凭证，通过信息网络系统报告上级主管领导，经批准后按合同约定和采购金额通知付款。

通过上述例子可以看出，推行集成化财务管理，实际上就是将财务管理与经济业务结合在一起，实现内部供应链（供—产—销）与财务管理的有效对接，目前我国报业出版基本上处于初始发展阶段，目前正全力朝着财务集成化管理推进，但还面临着很多发展问题。

（二）集成效应有哪些内容

企业集成化财务管理的动因是集成效应。集成效应，简单地说，是指由于集成所带来的实际效果。从企业财务管理的角度看，集成效应最终主要体现在财务管理活动的经济效果上。正是企业集成化财务管理所导致的巨大经济效益的吸引与诱导，才使得集成思想逐渐渗透到传统的财务管理实践当中，并导致企业集成化财务管理的产生和出现。由此可见，集成效应是导致企业集成化财务管理产生的根本动因。对集成效应的内容，作以下简要分析。

1. 范围经济效应

范围经济是西方学者在研究企业运用先进制造技术从事生产的经济效益时提出的一个新概念。它与规模经济的概念相对应，反映了不同生产制造环境里的一种新的经营概念。范围经济是指通过扩大企业所提供的产品或服务的种类而引起的经济效益增加的表现。随着社会生活的进步，人们的消费需求呈现出多样化、个性化的特征，规模经济的优势已经无法适应新形势的需要。范围经济的产生是随着科技进步和社会经济的发展而出现的。范围经济强调的是以适当的成本提供尽可能多的产品品种、种类，从而顺应时代发展潮流。范围经济的实现必须具备一定的条件，即集成化管理。以先进制造技术为核心的制造系统、集成体系奠定了范围经济的存在基础，先进制造技术体系的集成同时也需要集成化财务管理，如适时制成本管理系统、适时制筹资、投资分析系统等。范围经济的成功，离不开各种先进制造技术及管理信息系统的集成应用，也离不开集成化财务管理的配合支持。从这个意义上讲，正是由于集成，才导致了范围经济效应的产生。

2. 聚集经济效应

聚集经济效应显然是一种集成效应，因为聚集本身就是集成行为的一种表现。企业通过集成化财务管理之所以能产生聚集经济效应，主要是由以下几方面原因造成的：第一，有利于减少交易成本。传统财务管理，由于企业之间的交易活动存在许多障碍，导致成本居高不下。当实行集成化财务管理时，各个企业在区位上可以相互靠近，通过空间集聚可以大大减少交易成本。第二，可以实现要素匹配、优势互补，提高经济效益。通过集成化财务管理，可以使众多业务上有联系的企业聚集在一起，由此使得各项生产要素达到最佳配置状态，实现优势互补，从而取得更好的经济效益。网络财务即可产生聚集经济效应。第三，有利于资源共享，获得外部规模经济。高新技术产业区的出现，其实就是为了实现资源共享，加快资金周转，降低各种成本，利用人才优势，促进企业技术创新、开放和竞争，从而获得外部规模经济效应。为了配合好高新技术产业区的企业真正实现聚集经济效应，企业必须实现集成化财务管理。第四，有助于企业更好地了解技术竞争态势，提高创新水平。企业通过实现集成化财务管理，在资金上更及时地保证企业竞争的需要，从而提高企业的技术创新能力和水平。

3. 速度经济效应

经济领域中的变化令人应接不暇，企业竞争的格局瞬息万变，竞争越来越激烈。谁能够在速度上领先，谁往往就取得了主动权。传统企业财务管理往往关注产品的成本和价格。随着产品更新换代的加快，谁能更快地制造出适应市场的新产品，谁就更容易取胜。速度经济效应是指企业由于在经营速度上比竞争对手具有更大优势而赢得的一种比较经济利益。企业集成化财务管理可以大大加速企业理财的运作能力，实现理财的速度经济效应，即比竞争对手更快、更早地对市场作出反应。企业集成化财务管理就是要求财务管理部门站在企业整体战略的高度，对市场上的各种变化作出快速反应，使自己的应变能力大大加强，既提高自身在资本市场上的应变能力，又提高在产品市场、内部管理方面的应变能力。企业集成化财务管理还可以把其他企业在财务管理方面的优势综合起来为自己所用，这也是一种速度经济效应。

4. 知识经济效应

传统的财务管理主要是以经验为基础，因为那时的科技水平普遍不高，人们无法也不可能运用太多的科学知识来改善企业财务管理状况。随着社会发展和进步，人们掌握和积累的知识越来越多，越来越丰富。获取知识经济效应的根本途径就是提高企业财务管理过程中的知识含量。企业财务管理通过与先进的电子信息科技、创造性思维策略的集成，企业财务管理系统的各种要素及功能被注入越来越多的知识含量，智能化、信息化、柔性化的特征日益明显，企业集成化财务管理获得的知识经济效应也越来越多，比如现在许多企业成功地进行大规模、高水准的资本经营，就是一种知识经济效应的具体体现。注入知识的企业集成化财务管理导致知识经济效应的机理如下：

（1）复合型人才、技术、管理、理财策略和战略等智力资源要素的综合集成，促使企业财务管理的知识含量不断增加，从而有助于增强企业理财市场前景的预测力和判断力，提高理财战略决策水平，推动企业实现超常规发展。而对当今动荡的理财环境，企业的理财战略决策能力和水平日益显得重要。企业实施集成化财务管理，则可以有效地聚集各类智力资源的优势，从而提高企业财务战略的知识决策水平，制定出能为企业创造价值最大化的竞争方案。

（2）创造性的理财策略、思维及智力资本的集成，为企业开拓了广阔的理财空间，能够使企业降低或避免因各种原因造成的生产能力闲置、产品积压、资金积压、亏损，从整体上提高企业的经济效益。创造性理财策略、思维是无价之宝，是企业制胜的利器，是为企业赢得财富的源泉。在新形势下，为了提高理财决策水平，"外脑"的作用日益增大，集资不如集智也日益成为人们的共识。智力资本的集成构成了企业效益的基础，并日益成为知识经济社会的首要资源。

（3）理财中高科技的集成极大地提高理财效益。采用高科技参与理财，不但可以大大提高决策水平，还可以更快、更及时地制定理财方案，分析方案的执行情况及执行效果，更有利于降低成本，更有利于配合企业新的经营方式、生产方式的运作。无论是企业财务管理指导思想，还是财务管理实践，集成化财务管理都将成为一种客观现象。企业集成化财务管理观点的提出是一项顺应时代发展潮流、符合财务管理创新趋势的必然选择。

三、ERP环境下集成化财务管理模式的内涵

（一）ERP环境下集成化财务管理模式的概念

ERP环境下集成化财务管理模式是指在信息技术的基础上，遵循科学、及时决策和最优控制的原则，将信息作为战略资源加以开发和利用，将业务、供应链与财务有机集成，提高整体效率和效益，缩短生产前置时间，提高产品质量和服务质量、提高企业的整体柔性、减少库存等，使企业具有低能耗、低物耗、高效益、高应变能力，实现企业物流、资金流和信息流的高度统一以及财务的实时管理，以适应柔性生产、组织扁平化和产品个性化的市场要求。基于ERP的集成化财务管理模式强调的是财务系统的整体优化和企业资源的优化配置。其思路是基于ERP信息管理系统，实时动态集成相关业务及财务信息，在全面预算的基础上，对生产经营和财务状况进行全面控制管理。其核心在于管理集成、信息集成、业务集成和资本集成，以提高整体效率和效益，缩短生产前置时间，提高产品质量和服务质量等，使适应市场全球化的要求。需要说明的一点是，ERP环境下集成化财务管理区别于传统财务管理模式的重要方面在于它充分利用网络及信息技术，使业务管理与财务管理融为一体，利用ERP系统，实行从生产经营源头进行管理，对财务进行实时动态管理，真正发挥财务管理的事前计划、事中控制和事后反馈功能；并且结合全面预算，有效地对下属分、子公司进行全面控制，进而实现对生产经营的全过程进行实时动态管理。

（二）ERP环境下集成化财务管理模式的特征

1. 动态性

ERP环境下企业财务管理不是孤立的，而是涉及内外各种要素不断交织变动。这些要素交织变动是非线性的，使要素集成的综合优势效应大于各要素优（劣）势效应之和，即动态非线性要素互相制约、耦合，产生优势聚变。

2. 开放性

ERP 是基于整个供应链的管理系统，支持化、跨地区、跨国界运行。ERP 环境下集成化财务管理覆盖领域广泛，向外界全方位开放，以最大限度地优化配置资源，实现优势互补。

3. 整体优化性

企业集成化财务管理是一种整合性的管理创新，它的目标是提高企业财务管理系统的整体功能，重视系统的集成，如筹资、投资、营运、分配的集成；技术、管理与人的集成等。由于集成贯穿于企业财务管理活动的全局和整个过程，因而各项管理对象、资源要素可以实现全方位、全范围和全阶段的管理优化，激发单项优势之间的聚变放大作用，从而最终促进整个企业财务管理活动的效果和效率的提高。

4. 集成协同性

集中与协同指财务与业务的集中与协同，包括与企业内部部门的协同、与供应链上其他合作企业的协同及与相关业务单位的协同。企业实施集成化财务管理模式后，由于运用了网络技术，企业内部各个部门，供应链上的其他合作企业以及相关业务单位就可以相互连接，资源实时共享，达到财务与业务的同步，从而使集成化财务管理具有集中与协同处理的特点。

第二节 企业集成化财务管理模式的构建

一、集成化财务管理模式在企业发展中的重要性

目前企业多采取法人制来进行治理，但是企业的财务关系和法人制却不适应，不少企业的财务控制中存在集权和分权不合理的现象，因此不少企业提出了集成化财务管理模式。集成化财务管理模式的合理应用在企业的发展中有着重要作用。

（一）集成化财务管理模式的特点

近年来，我国多数企业倾向于采用集权化的财务管理模式。产生这一现象的原因是多方面的，其中很重要的一点是很多企业是以行政力量组建而成，发展的历史较短，母公司确立控制能力，加强凝聚力的愿望比较强。这对一些大企业的迅速崛起无疑起到了重要的推动作用。但是，企业的市场竞争环境正在迅速变化，与此相适应，企业组织结构的扁平化正成为现代企业管理方式发展的重要趋势，而扁平化的核心是分权。那么，到底应当继续推动集权化的财务管理模式，还是提倡分权化？显然，至少在短期内我们无法得出一个简单的结论。事实上，考虑集权与分权，不仅要考虑成员企业间业务联系的必要程度和母子公司间的资本关系，而且要取决于集权与分权的"成本"和"利益"差异。集权的"成本"主要是子公司积极性的损失和财务决策效率的下降，分权的"成本"主要是可能发生的子公司财务决策目标即财务行为与母公司总体财务目标的背离，以及

财务资源利用效率的下降。集权的"利益"主要是容易提高财务决策效率和调动子公司的积极性。此外，集权和分权的考虑因素还包括环境、规模和管理者的管理水平。既然无法清晰地判断是集权还是分权，在这种情况下，集权不死、分权不乱、收放灵活，无疑是企业财务控制的最高境界。这种财务控制的最高境界反映的是财务管理模式应该是柔性的、适时化的，能够随时或者尽可能应变或透明的模式。集成化财务管理模式为集权与分权的"困惑"打开了另一条道路。它绕开集权与分权的争论，不拘泥于某种确定的集权或分权，转而根据日益激烈变化的市场竞争环境，动态地调整企业各层次的权力分配和财务控制方式。集成化财务管理将财务系统与存货系统、生产系统和销售系统相结合，企业不仅对资金进行管理，而且参与对生产经营全过程的管理，并且运用网络技术，减少工作中的许多中间环节，对所属各单位进行及时的直接管理，根据动态的财务信息，及时做出财务安排，进行全企业的在线管理，充分发挥企业的整体优势。

集成化财务管理依赖于两个重要的前提条件：一是企业组织结构的规范和扁平化。不管母子公司之间集权与分权的程度如何，这种规范的母子公司产权结构和治理结构必然建立，否则集成化财务管理就失去了存在的基础。二是计算机网络技术的发展。这使集成化财务管理能够让财务管理流程和业务流程集成起来。这样一来，与手工记账为主的传统财务管理模式相比，集成化财务管理的特点是远程管理、全程管理、在线管理、灵活管理和集中与协同。

（二）集成化财务管理模式的独特优势

1. 动态调整财务管理方式

ERP环境下集成化财务管理模式充分利用信息及网络技术，将财务、业务一体化集成，实现了原始经营信息的实时传递、共享，减少了非增值环节，提高了财务管理的效率。企业可以根据市场环境的变化动态调整权利配置，走出了传统财务模式下权衡集权分权的困境，从而能够适应当前的市场环境。

2. 实现资源有效配置和整体优化

ERP使企业的物流、资金流、信息流充分集成，在此基础上，集成化财务管理能够使资源在整个甚至更大范围内得到有效配置，协调母子公司的利益，使企业整体利益最大化。综上所述，传统财务管理模式的种种缺陷导致其不适合现代企业的发展，而ERP环境下集成化财务管理模式克服了传统的弊端，是高度发展的企业理想的财务管理模式。

（三）集成化财务管理模式对企业的作用

目前我国企业财务管理存在的问题概括起来说就是管理控制薄弱，信息时效性差、利用率低。首先，资金管理松散，资金利润率低、风险大、成本高。企业在资金管理上存在方式落后、手段欠缺的问题。下属企业多头开户的现象比较普遍，资金管理不严，体外循环现象无法避免，投资随意性大、有沉淀现象、周转慢、使用效率不高的问题日益显露。其次，预算管理困难。目前只有很少的企业建立统一的财务预算体系，大多数企业的整体预算还处于简单化的"拍脑袋"方式。再次，财务系统与业务系统无法协同，缺乏面向业务流程的财务信息收集、分析和控制手段。最后，不能灵活设置财务管理的汇总级次，管理层不能得到实时准确的各下级单位财务信息以及汇总财务信息，对下级单位的财务监控力度不够，监管力度和时效性不足，财务信息的准确性不高，信息孤岛现象严重，对内对外的信息披露迟缓。上述问题都是由于传统财务管理模式不适应环境的变化造成的。随着经济全球化的发展，企业规模更大，业务更加复杂，瞬息万变、日趋激烈的竞争环境又要求企业能够及时、快速、准确的反应市场需求。财务管理作为企业管理的核心，是企业参与市场竞争最重要、最基础的一环，这一环衔接不好，在市场竞争中获胜就无从谈起。传统的财务管理模式通常在集权和分权之间权衡，从前面的论述中，我们得出集权和分权都有其不可克服的缺点，集权模式下，能够统一战略，齐心应对市场竞争，却因信息流动不畅而缺乏灵活性，显然不能适应不断变化的经营环境；而分权模式下，灵活有余，却统一不足，失去了成员联合作为企业存在的意义，即资源得不到最优配置，难以实现整个利益最大化；集权分权相结合的模式，作为一种折中的模式，只是通过类似于代数抵消的方式弱化了两种模式的部分弊端，但没有完全解决问题，而且，找到集权分权的最佳结合点非常困难，更何况内外部环境不断变化，需要实时调整集权分权的程度，实际操作根本不可行。

根据集成化财务管理模式的优点，可以看出集成化财务管理模式不同于传统的财务管理模式，对企业的发展有着重要作用，这种作用主要体现在四个方面。

1. 方便企业对投资决策权的统一规划

企业为了扩大规模往往设有众多子公司，其中，母公司是投资的主体，对重大的投资决策具有决定权；子公司对于本企业的资本构成一定比例的投资项目有一定的决策权。集成化财务管理模式有利于对投资决策进行统一的管理。利用集成化财务管理，可以利用网络对投资决策进行在线管理，也可以在企业内部设置投资指导网站，通过设置用户和权限的管理参数，有利于对子公司的权限进行限制和界定，有利于对投资决策和投资的情况进行控制，同时有效的、有针对性的评价体系来对投资项目进行评估，也可以提高投资决策的有效性，减少投资的风险性。

2. 促进融资管理和决策制度的统一和规范

利用集成化财务管理模式，有专一性的融资网站，可以使企业在融资过程中以自身的运作情况和融资特点为依据来设计资金的调控权利，使内部资金的流转实现系统化。如果融资的审批数目在限额之外，或者超过投资中心的审批数额，利用集成化财务管理模式可以对资金进行内部控制。

3. 实现企业资金的流动性

集成化财务管理模式可以有效地分配资金的调度权力，通过资金运作可以对资金的调度权力进行有效设置，利于企业内部资金流转的系统性，通过计算机智能化的分析，系统可以分析子公司的具体特点，根据其特点设置不同的资金管理方式。

同时，有利于母公司的成员企业根据不同的企业特点而采取不同的融资方法。在层级结构比较紧密的企业，集成化财务管理模式可以实现企业和银行的虚拟结算，利用虚拟结算可以使银行对企业的财务管理权限、内部资金结算和拆借等进行统一代理。如果企业处在紧密层之外，集成化财务管理模式又可以为企业资金的规划进行统一管理。

4. 利于对预算的管理权限进行明确

集成化财务管理模式有利于企业建立起健全的预算制度。集成化财务管理模式可以将预测对象明确，对预算单位的级别进行划分和确定，计算机系统可以使企业内部确立起中心网站，预算管理网站可以对预算的管理权限进行设定。另外，集成化财务管理模式可以明确企业预算的内容，有利于对企业的现金和费用进行有效预算，对成员企业的费用、销售、现金流量等资金进行全面的预算。同时，集成化财务管理模式又可以将预算的程序固定下来，通过预算程序的编制、审核、调整等流程进行程序化设定，对管理的权限、责任以及时限进行设定。同时，集成化财务管理模式还可以为企业收入分配的明确起重要作用，利于收益分配方案的有效实施。

集成化财务管理模式有着集成性、直接性、实时性和灵活性等四个重要特点，对企业的生产经营和企业的发展有着重要的作用。企业的财务管理层面要强化对集成化财务管理模式优势的认识，在日常工作中要不断加强对集成化财务管理模式的探索和应用，使集成化财务管理模式真正为企业的发展发挥积极作用。

二、集成化财务管理模式的构建基础

（一）业务及财务流程再造

1. 业务流程再造

ERP是一种面向供应链管理的现代企业管理思想和方法，它把经营过程中的有关各方如供应商、制造工厂、分销网络、客户等纳入一个紧密的供应链中，有效地安排企业的产、供、销等活动，使企业利用全社会一切市场资源快速高效地进行生产经营。为了适应现代企业外部竞争环境的变化，实现业务流程中的所有资源的有效利用，从而改善管理水平与管理效率，增强企业的核心竞争力。很多企业实施了ERP项目。但是，据不完全统计，目前我国企业在ERP系统应用中，按期、成功实现系统集成的只占10%～20%，没有实现系统集成或实现部分集成的占30%～40%，而失败的却占50%。调查显示，不少的企业在ERP应用过程中没有提前或同步实行业务流程再造（BPR），有的企业即使实行了BPR，但实行不到位，也未能达到预期目的。未实施BPR或实施BPR不当是ERP项目失败的一个主要因素。我国的许多企业，还没有完全从传统的计划经济经营方式转变到市场经济经营方式上来，管理方法和管理手段也相对落后。而ERP是从国外引进的一种运行于典型市场经济模式的系统，与国内企业的经营流程有着很大的区别，这就要求企业在应用 ERP 之前，首先要进行业务流程的再造。很多成功实施 ERP 的企业，其效益的提高，一方面是来自于 ERP 软件本身，另一方面还得益于业务流程再造。可见业务流程再造是企业成功应用 ERP 的一个重要的因素。企业业务流程再造可以从以下几个方面进行。

（1）工作合并。在流程再造中，最普通与最基本的做法是将许多过去不同的任务和工作合并为一个。例如，成立项目小组（project team），每个项目小组负责某一专门的项目。小组的成员从各个部门中抽调，采取脱离或不脱离的形式组成，每个小组中有一个负责人。以新产品进入市场这一流程为例，先由市场部门的人决定产品进入市场的时间，然后由生产部门的人排定生产日程，再由研究人员制定开发计划。这样各个部门的人共同工作，实现信息共享，便于相互之间的沟通，减少了管理费用，提高了控制程度。

（2）决策成为人们工作的一部分。业务流程再造不仅使流程在水平方向上简化，同时也在垂直方向上简化，即在原流程中许多需要向上级请示的节点，变为由员工自己决策。这样既节约时间，又降低管理成本，并且能够实现对"客户"的迅速反应。

（3）采用并行过程。传统的企业中，流程的每一环节必须在上一环节完成之后开始，而流程再造对一些流程进行并行处理。以产品开发过程为例，由于实现了信息共享，使市场人员在搜集到足够的信息后即可开始产品的研制等工作，而不必等到市场研究过程完全结束后才开始。这样使得许多工作可同时进行，节约时间，提高效率。

（4）超越组织界限工作。现在企业中多数工作是由连续的几个部分组成，这几个部分分别由相互独立的部门执行。流程再造后，工作可以超越组织界限转换，以提高整体效果。每一项工作在其最有意义的地方进行吸引，从而节约了时间，降低了成本。

（5）建立标准作业程序。对每一项工作都建立规范化的程序，规定事务处理时间、方式等标准要求。其主要意义不是在作业时提供参考，而在于在制定过程中对工作合理化的深入思考。由于企业竞争环境的不断变化，企业的标准作业程序也应定期修正，以适应市场。

（6）减少检查及控制。流程再造强调一次做好工作，避免返工和修正错误。这种观念扎根企业，就能有效减少检查和控制这种无价值的工作，可以大大降低成本及控制所带来的其他弊病。

（7）建立计算机管理系统。流程再造以完善的计算机信息系统为基础，达到实现内的信息共享，保证流程再造的彻底性和有效性。

2. 财务流程再造

（1）会计数据的系统收集方式。原始数据采集是传统财务流程的起点，会计记账以真实、合法的纸质原始凭证为依据，传递具有滞后性。传统的财务信息系统没有与其他管理子系统集成，是一个孤立的系统，不能直接共享各管理子系统的数据，而要手工录入到会计信息系统中。这样，信息重复录入，浪费了大量人力，增加了错误概率，且财务人员的工作量大，不能全面、及时提供决策支持信息，财务部门的职能局限于事后反映。鉴于传统财务信息系统的缺陷，采用流程重组的方法，运用信息技术，根据整个系统的目标要求去收集财务信息，这种收集方式称为系统收集方式。其基本原理是建立企业局域网，运用信息技术将企业财务信息系统和其他管理子系统集成起来。可利用 Web 服务器提供信息和收集信息，即当业务事件发生时，业务部门将原始数据录入并存储到全局共享数据库中，财务部门可以直接从全局数据库中提取所需数据进行处理，实现信息同步共享。利用信息技术实现会计数据的系统收集后，财务人员的工作量大大减少，会计数据收集范围、数量和效率大大提高，财务监控的深度和力度加大，财务部门能够实时监控业务，控制风险。对于外部信息，可以将企业局域网与互联网相连，利用电子邮件、文件传输等功能从企业外部广泛、高效、低成本地收集决策相关的信息，使会计充分发挥在管理、决策方面的作用。

（2）会计处理方式。传统财务信息系统是功能驱动的，是一个顺序化的信息处理过程，通常将财务系统分解为若干有专门职责的子系统。其缺陷是只对经济活动的结果进行反映，不能跟踪每项经济活动发生、执行与完成的全过程，而且采用单一化的信息披露方式，定期将全部会计信息存放于几张固定的报表中予以反映，只能提供以历史成本为基础的价值信息，且只能是主要信息、通用信息。然而，当今经济环境瞬息万变，主次信息之间不断相互转化，难以区分，并且在进行决策时，专用信息比通用信息更重要。流程再造后采用事件驱动财务信息系统，将事件作为会计分类的最小单元，在经营活动中，只存储业务事件的特征，财务信息使用者按其要求对事件特征进行分类、加工为他们所需的信息。其流程是：当业务事件发生时，相关部门将业务事件的原始数据录入业务事件数据库，当信息使用者需要时，只需输入信息处理命令，系统便会运行相应的信息处理程序，对业务事件数据库中相应的原始数据进行处理，并将处理结果实时反馈给信息使用者。重组后的财务流程可以描述为：第一，业务事件发生，各管理信息子系统录入业务事件数据，并将其存储到全局数据库中。第二，为落实经营管理责任，对业务事件数据中的货币计量信息进行审核，并编制记账凭证，将其存入到数据库中。第三，根据规则对业务事件数据进行编码并存储到业务事件数据库中。第四，当信息使用者需要某项信息时，可以随时由信息使用者通过浏览器向事件驱动型会计信息系统输入信息处理代码。第五，系统从事件数据库中提取需要的业务事件数据，并根据加工模型库中的财务模型对数据进行处理。第六，定期生成各种账簿供财产清查所用，并定期产生各种通用的常规报表，提供给财务信息使用者使用。采用系统收集和事件驱动的财务流程如图 5-1 所示。

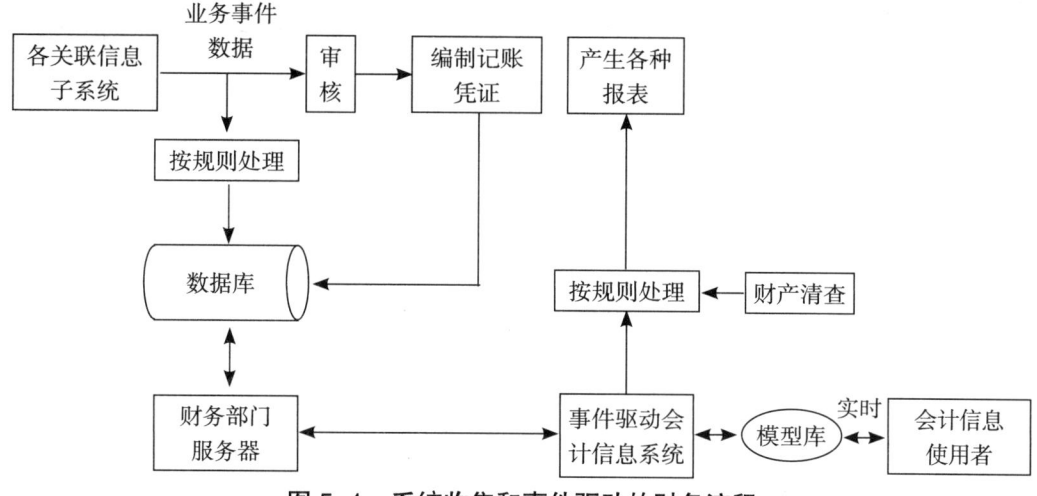

图 5-1　系统收集和事件驱动的财务流程

（二）企业组织结构及财务组织结构重组

1. 传统企业组织结构的类型及与其相对应的财务组织结构

财务组织结构是企业组织结构的重要组成部分，是财会人员运用资源实现组织目标的载体。随着经济环境的变化及竞争的加剧，企业组织结构不断变化，相应的，财务组织结构也要随之变化，不同的企业组织结构应与不同的财务组织结构相对应。

（1）职能式企业组织结构及其财务组织结构

又称为"U"形结构，在这种组织结构下，企业的生产经营活动按职能划分为若干部门，如生产、销售、财务等，将同类工作划分在同一职能部门里，如财务经理划分在分管财务的副总裁领导的财务部门里，在上级的领导下在其职责范围内进行财务管理。职能式组织结构如图5-2所示。

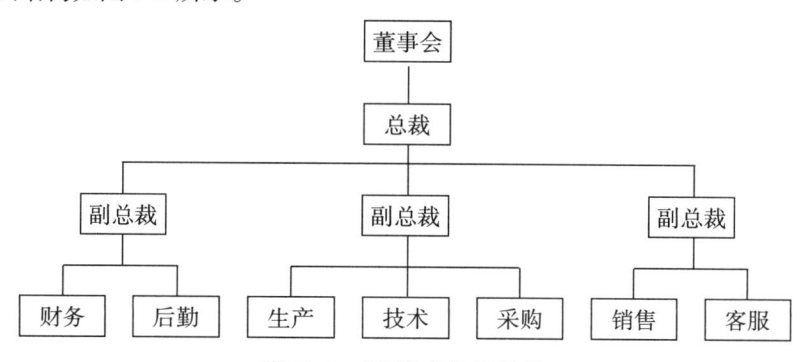

图 5-2　职能式组织结构

职能式组织结构下，每个部门由企业最高层直接领导，实行高度集权的管理体制。相应的，财务控制模式也必须与整个企业高度集权的管理模式相一致，即财务控制权集中在企业的高级管理层。为实现集权化的财务管理，整个企业只设立一个财务部门，对企业全部经济业务进行反映和控制，并定期向利益相关者提供反映财务状况和经营成果的财务报告。在这种财务组织结构中,财会部门的职能是反映经济业务的记账工作及财务管理工作,子公司仅仅是收集原始凭证,并按时上交总部。职能式组织结构中财务组织结构如图5-3所示。

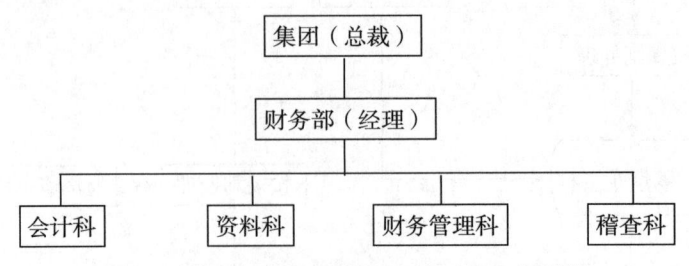

```
                    集团(总裁)
                        │
                    财务部(经理)
          ┌──────────┬──────────┬──────────┐
        会计科      资料科    财务管理科    稽查科
```

图5-3 职能式组织结构下的财务组织结构

这种组织结构决策权高度集中,可以使管理高层更有效地优化资源配置,对子公司进行监督,但是,当企业规模扩大,经营环境发生变化时,会造成组织结构效率低下,因为决策权的集中,使高层管理者工作量巨大,不能对发生的变化及时做出反应。

(2)事业部式企业组织结构及其财务组织结构

随着企业的成长及多元化经营,职能式组织结构不再适应企业的发展,这时就产生事业部式组织结构。其思想是,组织按照业务活动的不同类别如产品、区域、市场分成不同的经营事业部,各事业部由总公司统一领导,实行独立经营、单独核算、自负盈亏,各事业部分别确定成本中心、收入中心、利润中心,由事业部直接领导,如图5-4所示。

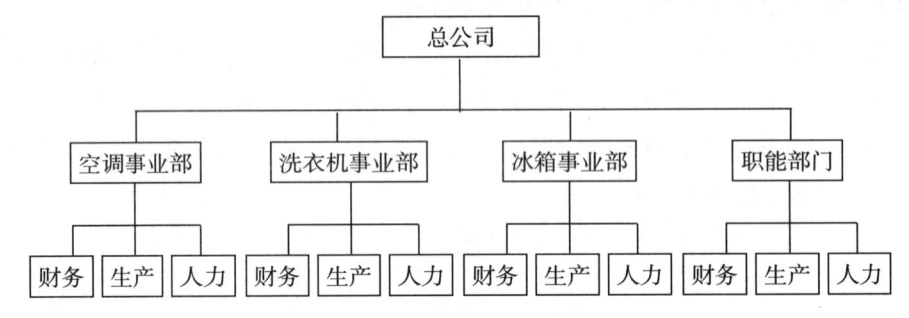

```
                          总公司
         ┌────────────┬────────────┬────────────┐
      空调事业部    洗衣机事业部   冰箱事业部    职能部门
      ┌─┬─┬─┐    ┌─┬─┬─┐    ┌─┬─┬─┐    ┌─┬─┬─┐
     财务 生产 人力  财务 生产 人力  财务 生产 人力  财务 生产 人力
```

图5-4 事业部式组织结构

与事业部式组织结构相适应,财务控制模式应采用分权制,总部只掌握重大经济事项的控制权,而把大部分控制权下放到各事业部。相应的,财务组织分为两个级别:总部设立财务部门,各事业部设立自己的财务部门。财务部门主要职能是制定会计政策、对各事业部的重大经济业务进行监督审核;各事业部财务部门在本部门范围内对经济业务进行反映及控制,如图5-5所示。

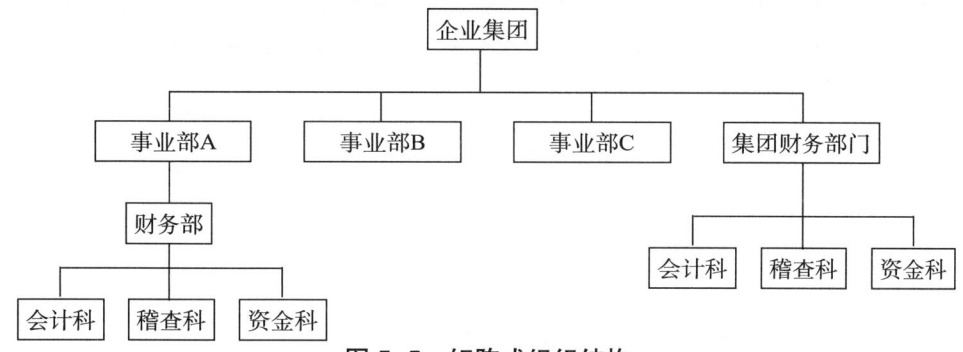

图 5-5　矩阵式组织结构

与企业矩阵式的组织结构相适应，财务部门的组织结构也应当从横向和纵向两个维度，其对应的财务控制模式是集权分权相结合的模式，横向为分权控制，每个事业部都设立财务部门，拥有相对独立的财务控制权；纵向为集权控制，总部设立财务部门，对整个企业进行管理控制，其结构模型如图 5-6 所示。

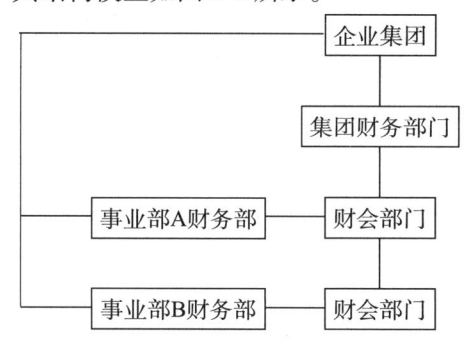

图 5-6　矩阵式组织结构下的财务组织结构

矩阵式组织结构下，企业可以根据项目需求及时组织人员、配置资源，提高项目开发和生产经营的效率，满足迅速变化的环境要求。但是，这种组织结构也造成双重领导及责任不明的问题，容易产生利益冲突，影响项目的顺利进行。

2.集成化管理模式下的企业组织结构及其对应的财务组织结构

（1）集成化管理模式下的企业组织结构

随着企业的成长和多元化经营，企业的组织结构由职能式到事业部式，再到矩阵式，一步步走向先进。当今世界市场竞争日趋激烈，传统的大规模生产逐渐向多品种、小批量、个性化的定制生产转型，企业只有在高度信息化的基础上，建立起能够迅速反应市场需求的组织结构，才不至于在激烈的市场竞争中被淘汰，这样，一种面向流程的企业组织结构便应运而生。面向流程的组织结构是一种能够快速重整资源并能即时响应市场需求的组织结构，它不限于某种固定的组织结构框架，而是以各种经济业务事项为构件建立的扁平化、网络化的有机组织结构，表现为各种虚拟企业、工作团队、动态联盟、企业集群，旨在迅速整合、集成内外资源以抢占市场先机，对市场需求作出快速反应。

这种组织结构以流程团队为基本工作单元，团队以流程对象为核心、按照流程需求组建，所有与流程相关的工作人员共同执行集成化的管理职能。流程团队不是固定的组织，而是根据流程的需要而构建，随着流程的变化而调整，具有动态性；流程团队超出专业分工及企业界限，不同部门、甚至不同企业的人员共同协作，优势互补，实现全局最优；团队的构建不受空间限制，成员通过信息系统实现信息实时共享。面向流程的组织结构最明显的特征是扁平化、网络化。流程团队之间通过扁平化、网络化结构联结，构成逻辑上的整体组织；不同流程团队的成员交叉，即一个成员可以属于多个团队，实现了人力资源的有效利用，也增进了不同团队的沟通协作。

（2）集成化管理模式下的企业财务组织结构设计

实行业务流程重组后组织围绕业务流程运行，职能单元为业务流程的运行提供服务性的支持。一方面，财会组织以业务流程为主干，建立与业务流程相应的流程团队，满足业务流程横向的全面控制的要求；另一方面各个会计流程团队都归属于总部财务中心，其作用在于培养并提供财会专业人员，根据流程的需要进行人员调配，为员工提供专业指导与咨询，参与解决流程执行上的问题，从而在纵向上保证本组织内核算与管理的系统性。重组后会计信息系统的数据采集工作由各业务部门完成，因此业务部门要设立专门的数据处理部门，财会部门在流程重组后只需设立系统部及财务团队。系统部主要负责会计信息系统的使用、维护及数据库管理。而财务团队也不划分专门的职能岗位，其主要职责是利用各种信息，对有关的要素进行管理、监督等。面向流程的财务组织结构如图5-7所示。

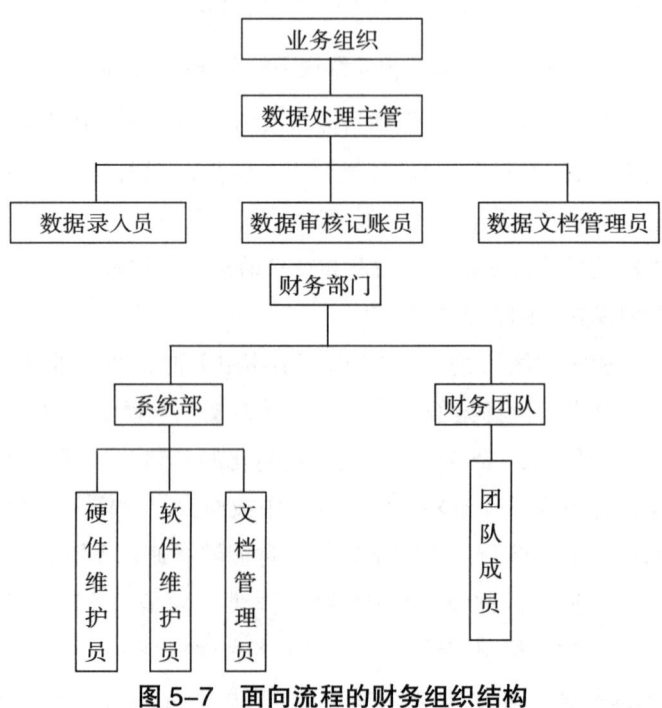

图5-7 面向流程的财务组织结构

重组后财务组织结构的特征如下：第一，以流程为中心。针对传统财务组织内部分工过细的做法，财务组织围绕业务流程进行重组，将具有逻辑关系的财务活动连接起来，由流程团队来完成整个流程。流程团队实际上是财务组织的基本单元。改革后的财务组织不再存在以功能划分的岗位或职位，原先的若干个不同的岗位或任务被整合或压缩成一种，同时，取消没有增值意义的岗位或职位，最后根据流程的需要设立新的岗位。第二，扁平化。组织的扁平化，首先体现在管理层次的减少，大幅缩减管理人员，流程团队负责流程实际操作的同时，也实施对流程的管理，流程团队被赋予更多的权力，可以根据实际情况在授权的范围内，独立思考分析，做出决定，使得会计事务可以更好地面向决策；扁平化的另一体现，是管理幅度的加大，原属于管理层的许多权力下放到流程，在基于业务流程重组的财会组织中，管理人员的作用在于协调、指导各流程的工作，并对流程进行设计或修改。第三，面向客户。这里的客户包括外部客户和内部客户，外部客户指供应商和顾客，内部客户指内部的业务组织。财务组织与供应商之间相互开放，共享资源，加强对市场需求预测及生产计划的交流，以降低存货成本，避免缺货风险；财务组织与顾客紧密协作，建立顾客信用档案，对不同信用的顾客采用不同的信用政策，减少错误，避免舞弊，加强与顾客的沟通，为顾客提供更好的服务；财务组织将业务组织视为内部客户，为之提供最佳的服务。在传统财务组织结构下，财务组织与内部的业务组织之间缺乏横向的沟通。财务部门不能为业务部门提供最需要的财务信息。财务部门的作用主要是反映及监督业务活动和规章制度执行，与业务组织之间是监督与被监督、控制与被控制的关系。基于业务流程重组的财务组织打破了这种关系，财务组织与业务组织成为业务伙伴关系，财务组织通过信息系统及时收集本流程及竞争对手的流程信息，及时分析整理，并反馈给业务组织，帮助其进行决策；另外，财务组织还负责协助业务组织对业务流程的绩效进行评价，对流程团队成员的业绩进行考核。

三、集成化财务管理系统的步骤

（一）项目启动阶段

1. 项目组织

企业实施ERP需要有两级组织，即项目指导委员会和项目实施小组。项目指导委员会对项目计划的执行情况进行定期审查，及时解决问题，协调矛盾，确保项目实施的顺利进行，对ERP实施负决策级上的责任。项目小组负责ERP在操作级上的实施，财务人员参与项目小组，保证财务模块的实施以及财务模块与其他模块的集成。

2. 制订项目实施计划主计划

项目小组工作的日常准则，是制订各阶段详细计划的依据，主要内容包括：项目实施阶段的划分、每个阶段的起止时间、具体工作内容、应配备的资源、阶段目标、应提交的工作成果等。培训计划。培训始终贯穿于项目实施各阶段，培训的质量和深度是影响项目进程的重要因素。培训计划中应列明培训时间、地点、培训内容、授课老师、培训对象、培训方式等。启动阶段的培训主要是 ERP 系统基本概念培训，是 ERP 系统实施实质性任务的开始。在这一阶段，对财务人员的培训主要是 ERP 系统整体概念培训以及 ERP 财务模块的基本概念培训。

（二）业务蓝图设计阶段

ERP 系统在业务蓝图设计阶段实施的主要项目管理任务包括：进行现有业务需求分析、未来 ERP 业务组织架构设计及确认、未来业务流程设计及确认、未来业务流程管理文件编写及其确认、主数据定义策略及实施方案、报表及单据分析、接口策略定义。该阶段的主要实施成果体现为蓝图文件，它被描述为 ERP 软件实施后企业的形象化模型，其内容包括：目前的流程及将来运行的流程、实施 ERP 要求的组织架构、实施范围、现行的功能、ERP 实施后的功能、潜在的风险、主数据和业务数据、数据转换和迁移的要求、要求创建的接口、将退出的遗留系统等。其中在业务蓝图中达成的重要的决策是基于组织业务流程的 ERP 组织架构的设计。

ERP 组织架构设计按顺序可分为两大步骤。步骤一，定义业务组织架构基本单元，即对业务组织架构进行编码，定义完业务组织架构基本单元，并未完全实现对业务组织架构上的模拟和匹配，因为定义完的组织架构单元只是零散的业务组织架构元素，只是静态地实施企业的业务组织架构元素，并不能真实反映实施企业的业务架构。因此，ERP 组织架构设计的步骤二，就是根据实际需要，将步骤一定义的 ERP 组织架构基本单元进行组织和关联。在这一阶段，项目小组的财务人员应与专业人员及其他业务部门人员充分沟通，密切配合，以实现有效集成的财务模块的蓝图设计。这是实现集成化财务管理的关键，包括三个层次的集成：第一层次，企业内部财务的集成，这是集成化财务管理的基础。其思想是将所有下属机构的财务信息集中到总部统一核算、集中管理，即实现企业财务的集中核算，这一层次以扁平化的财务组织结构为基础。第二层次，企业内部财务与业务的集成，这是集成化财务管理的深化。这一阶段实际上是将财务管理与业务管理相结合，实现对企业内部供应链的管理。这一目标的实现，需要对企业内部工作流程进行重组，精减中间环节，建立跨职能型群体。第三层次，整个供应链集成，这是集成化财务管理的最高目标。实现这一目标，需要与供应链上的所有企业协同，对整个供应链进行流程再造。在供应链上，物流、资金流和信息流循环且各自独立，又密不可分。物流循环和资金流循环相互配比，信息流的前期形成基础来源于物流和资金流，这"三流"保持互动促进和互动修正的关系。基于供应链的财务管理系统在开发设计阶段就应该充分考虑这"三流"循环的成分，把这样复杂的信息流、物流、资金流及时准确地集成起来，以基于 Web 平台的文本信息处理手段为依托，从企业的日常业务入手，面向未来，面向控制，从而实现基于价值的管理。

（三）业务蓝图实现阶段

1. 实施团队小组职责在业务蓝图实现阶段

系统将基于业务蓝图的要求进行配置和测试，并为系统正式上线做基础性准备工作，是整个实施项目承上启下时阶段。为了保证业务蓝图实现阶段的各实施任务的顺利完成，必须首先从实施团队的组织分工职责上加以保证。根据本阶段实施任务的特点，实施团队分为五组：业务流程组、数据组、开发组、授权组、宣传培训组。每个小组的职责如下。

（1）业务流程组：负责测试文档的编写及完整性；负责系统流程的测试；负责业务流程及管理文件的完善；负责报表、单据的开发需求及验收；负责对流程角色、岗位、人员的需求定义；确保同各业务模块的沟通；确保测试中出现的问题的解决；负责同业务部门及领导的沟通以确保测试计划的执行；负责最终用户操作手册的编制；负责对最终用户的培训。

（2）数据组：负责编制数据实施计划；负责主数据的实施计划执行负责协调各模块数据（静态、动态）转换策略的制定及实施；提取现行系统数据；负责数据的初始化工作；确保数据的收集及正确性；测试并修正数据转换程序。

（3）开发组：负责业务蓝图设计阶段确定的开发需求。

（4）授权组：负责对流程组提出的权限需求进行系统授权；负责对系统权限的调整；负责对系统权限设置的测试；确保授权计划的执行。

（5）宣传培训组：负责项目的宣传工作；负责编制培训计划；确保培训计划的执行；负责培训环境的建立。

2. 系统测试是验证参数设置准确性、流程作业可行性的有效手段

ERP 的测试包括单元测试和集成测试两个阶段。分别介绍如下：单元测试是测试的第一阶段，其关注的是局部的系统，每一个配置发生改变，即使只影响很小一部分流程，也要进行单元测试。如创建客户、子公司账户的增减等，都要进行测试。不同类型的事物在特定的职能领域中进行阶段性或周期性的测试，在每一周期，测试工作会变得越来越复杂。集成测试是多维度地考证系统是否能集成，跨部门、跨业务的作业能否成功的主要鉴定手段。许多作业和设置，从单项业务、单个部门作业来看是可行的。一旦集成测试，便暴露出相关业务互不相容或口径差错的问题。为此要重新设置参数、增设功能和改造流程的并不少见。因此，在测试阶段，要尽可能设计多种测试方案，从各项专业角度来评价、分析测试结果。

（四）系统上线前的最终准备

1. 数据准备包括数据收集、分析、整理和录入等工作

需要准备的数据分为静态数据和动态数据。静态数据是指数据本身与企业日常生产活动关系松散的数据，如物料资料、供应商资料、客户资料、计量单位及转换资料、会计期间、会计科目等。动态数据指与生产活动紧密相关的数据，如库存记录、银行存款、应收账款等，一旦建立，需要随时维护。数据准备的基本要求是及时、准确、完整。"及时"指必须在规定的时间内完成数据的收集和整理；"准确"指符合实际，数据正确；"完整"指要满足系统对数据的所有要求。数据准备的工作量很大。在实施新系统之前，由于企业内部没有实现集成，信息不能共享，必然会有账务方面的不一致等问题存在，而集成系统要正常运行，首先要保证初始录入的数据是一致的，所以，对"脏数据"进行"清洗"是数据准备工作必不可少的一步。数据的准备需要动用大量的人力，要有集成系统中各部门的密切配合沟通，以确保数据的正确性。

2. 测试和系统优化在这一阶段，要对系统进行优化、修整和调节

最终用户测试的反馈情况、对于程序和流程的修订、单元测试与集成测试的结果以及实施范围和需求的变更等，都会触发变动和调整。另外，继续对系统进行测试，每一个由于受到诸如使用新的接口或者修改了配置等变化影响的流程都需要进行再测试，因为变更有可能带来各种潜在的问题。

3. 对于人员培训，在 ERP 项目的整个生命周期都是必需的

无论是项目组成人员还是最终用户，都需要接受培训。项目组成人员在项目规划和蓝图阶段，就已经开始接受最初的培训，而到了系统实现阶段，还需要继续进行培训。不过到了最后准备阶段，培训的重点就转向业务群体——最终用户。培训方面最大的挑战在于很短的时间段内，对所有用户进行培训。解决方法是：在项目开始初期就抽调财务关键的用户进行培训，关键用户接受培训后，就可以针对他们所处的不同职能范围对最终用户进行传授，这样既节省了企业的培训费用，又保证了培训的效率和效果。

4. 知识传递在 ERP 实施过程中，主要技术驱动力是企业外聘的顾问

企业内部的人员缺乏 ERP 相关知识，往往到项目比较晚的时候才认识到他们所做的是什么工作。到那一阶段时，大部分的配置都已经完成，新的业务流程也已经建立起来了。因此，大多数情况下，他们对于大多数实施所涉及的领域、系统具体配置以及实际实施的所知都很有限。为了防止这些知识随外聘人员的离开而消失，有必要在系统安装过程中把顾问所获得的具体知识向公司的雇员进行传递。知识传递采用系统化的方法，应该在项目进行期间尽早对知识传递所需的流程、方法和时间表进行定义。最理想的方式是在项目一开始就为每个顾问指定一个项目组成员与其共同工作，这种两人小组制可以最大限度地保证知识被公司的员工所吸纳和保留。

（五）系统上线

1. 新旧系统并行

新旧系统并行即新的 ERP 财务系统与原财务系统同步运行，保留两个系统的动态和静态的财务信息。其目的是检验新旧系统的运行结果是否一致。同时，新系统上线初期，很多流程和工作方法与以前不尽相同，并行可以让最终用户有一段适应时间，去熟悉各项功能的操作。但并行会增加用户的工作量，应让用户做好充分的思想准备。并行阶段时间不宜过长，企业在并行期间要给予全力支持，合理进行资源配置。

2. 系统切换

经过一段时间的并行，认证了新系统能正确处理业务数据，并输出了满意的结果，新系统就可以开始独立正式运行了。在系统切换前，项目组要针对企业的实际情况，编制系统切换的可靠计划，明确规定系统的启用日期、系统的期初数据、系统切换的基本步骤、用户数据的安全及保护措施、切换系统可能影响因素的预测及预防措施等内容。确认切换时点时，要考虑切换时机是否成熟。系统切换运行时，要充分考虑到系统切换的工作量及人员因素的影响，对涉及的岗位、人员进行明确分工。系统切换可根据企业的条件来决定应采取的步骤，可以各模块平行一次性切换，也可以分系统模块、分步骤、分业务地逐步扩展。

四、基于 ERP 的集成化财务管理模式的设计

(一) 集成化财务管理模式下财权配置

1. 资金调控权

资金管理是企业财务管理的核心内容，关系着企业集成化财务管理的成败。针对不同类型的成员企业应当采用不同的模式：针对紧密层的企业构建银企合作下的企业"虚拟"结算中心，企业向银行申请将其所有下属企业账户设置为结算中心，账户的子账户，银行根据申请，在下属企业账户与结算中心账户之间建立关联关系。结算中心每月将确定的每个下属企业账户的用款和贷款权限传送给银行。在此基础上，银行就可以代结算中心归集收入资金、划拨对外支出资金和控制下属企业的权限。上述模式的核心思想是将企业内部的资金结算、权限控制和资金调度置于银行的结算网络之中，其架构如图5-8所示。

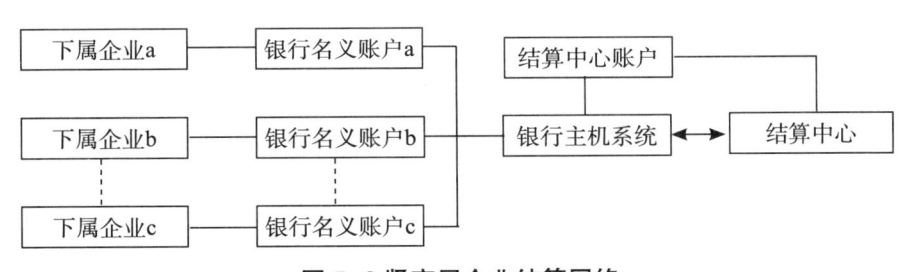

图 5-8 紧密层企业结算网络

对紧密层以外的企业应该成立资金部，进行统一规划：企业设立资金部，主要负责对整个企业的资金实行统一管理。各成员企业的财务部门向资金部及时编制资金计划，资金部根据各单位的资金计划，统一编制整个企业的资金计划，并制定一整套资金管理制度，贯彻执行，做好资金管理日常工作。

2. 财务控制权

加强财务控制权在总部的集中，财务经理的任免权必须由母公司统一管理，并对一些重要的成员企业委派财务总监进行监控。另外，确立重大财务审批制度。根据重大财务事项的范围、标准及处理权限，结合设计的组织结构图，设计处理程序。

3. 预算管理权

实行全面预算制度，企业为一级预算单位，各成员企业为二级预算单位，在企业内部局域网上建立预算管理中心网站。本部以费用预算和现金预算为主，下属成员企业预算采用全面预算，包括生产、销售、现金流量、费用预算。规定严格的预算程序，预算的编制及审核、预算的跟踪和控制、决算管理及审定要有明确的期限和责任。

4. 对外融资决策权

由企业集中办理，再通过内部投资或贷款向子公司提供资金。首先，在企业内部的局域网上设立筹资中心的专门网站，并根据筹资权的审批体系，规定总部和下属企业相应的权限和范围。其次，将各下属企业的银行账户全部取消，统一在结算中心开设账户，由结算中心以一个银行账户对外办理企业内的资金结算业务。最后，在内部结算中心通过内部投资或贷款提供资金时，应区别情况对待：在子公司的限额以外的，经投资中心审批的项目所需资金通过内部投资方式得到满足；而在限额以内的项目则通过内部贷款提供。另外，对子公司自主的小额融资，应由结算中心审查或备案。

5. 对外投资决策权

母公司作为投资主体，当有重大投资决策时须进行统一规划，子公司在一定限额或一定比例内享有投资决策权。首先，投资的权力集中于总部，设置投资决策中心并在内部的区域网上设立投资中心的专门网站，事先确定用户管理、权限管理和系数设置，界定操作员及下属单位的操作权限和范围。其次，总部规定一定的限额，限额以内的项目由子公司根据其具体情况享有决策权，总公司实行必要的监控；限额以外由子公司根据自己的账号进入投资中心的网站进行实时申报，由总会计师根据企业的总体战略审查批准之后，进行投资项目的可行性预测，将资金投入到收益尽可能高的项目上，并对投资项目的实施进行跟踪监控，及时解决问题，纠正偏差。最后，总公司的投资中心将投资业务的原始资料输入网络财务软件，实行实时控制，并生成相应的评价指标来对投资项目进行评估，对投资的效果进行考核与评价，从而确保投资的收益性与安全性。

6. 资产处置权

子公司的对外长期投资、无形资产、关键设备、成套设备等资产的处置必须经母公司审批，流动资产及其他资产的处理可由子公司自主决定，但须报母公司备案。企业总部成立专门的资产管理中心并在内部局域网上设立资产管理中心网站，对子公司等下属企业的资产根据权限进行实时管理。

7. 财务监督权

一个企业的财务监督权是由两个方面的权利组成的：一是总部的审计部门能够通过内部的局域网了解投、融资情况以及重大资产的购置情况，根据实际情况进行审计，有效执行财务监督权；二是向子公司派驻财务总监，负责监督子公司的财务行为。

8. 收入分配权

ERP 环境下，企业总部能够实时掌握各成员企业盈亏情况，并根据情况进行分配。不同类型成员企业所具有的收入分配权不同：全资子公司利润应由母公司统一支配、调度，其收益分配方案由其董事会制订，上报母公司后执行；而非全资子公司的其他成员企业，其收益分配方案由其董事会制订，并经子公司股东大会或股东会审议通过，母公司只具有监督权并做好利润分配的备案工作。

9. 成本费用管理权

由企业的财务部门进行监控，在企业内部的局域网上建立专门的网页，在网站上公布对整个企业的成本费用分类、核算内容、核算方法，各成本费用中心在网页上实时反映成本预算的执行情况；财务部门对专门的网页收集来的实时信息进行分析，纠正偏差，调整预算方案；财务部门定期监督检查，进行考核。

（二）基于 ERP 的集成化财务管理模式的内容

1. 建立集成化财务管理

ERP 将企业的信息系统进行集成，实现企业管理的全过程控制。而以财务为核心的全面预算管理是 ERP 实现事先计划与事中控制思想的重要手段。根据全面预算管理的要求，将全面预算管理系统划分为 3 个子系统：预算编制子系统、预算控制子系统和预算分析与考核子系统。

（1）预算编制子系统

预算编制子系统是一个相对静态的系统，用于每年期末编制第二年的预算。全面预算管理是一项系统工程，涉及业务预算、资本预算、筹资预算和财务预算 4 个模块。其中业务预算包括销售预算、生产预算、直接材料预算、直接人工预算、制造费用预算、产品生产成本预算、销售费用与管理费用预算等；资本预算主要指技改项目预算及长期投资预算；筹资预算是企业在预算期内需要新借入的长短期借款、经批准发行的债券以及对原有借款、债券还本付息的预算；财务预算包括现金预算、预计利润表、预计资产负债表和预计现金流量表。预算的编制体现在 ERP 上就是"事先计划"。

（2）预算控制子系统

预算控制是全面预算管理过程中最核心的环节，该子系统的功能是在 ERP 的各业务子系统范围内采用一定的控制方法，对预先设定的预算项目进行控制，并提供相应的预算控制报告。主要包括立项申请、承诺推荐和支付申请 3 个模块。其基本控制方式为：一个预算项目可以进行多次立项、多次承诺、多次支付，但单个预算项目的累计立项额不能超过该预算项目预算额；单项立项项目的承诺总额不能超过该立项的立项额；合同支付累计额不得超过合同总额。否则，系统将给出提示信息并拒绝接受超额信息，必须在办理相应的预算、立项、承诺等变更审批后，才能继续进行信息处理工作。

（3）预算分析与考核子系统

预算分析与考核子系统主要包括预算对比与分析、责任中心考核与管理和综合查询3个模块。预算对比与分析模块主要功能是采用各种分析方法，反映预算责任中心的现状及发展趋势，旨在防止预算执行教条化，使企业能够灵活调整生产经营计划。责任中心考核与管理模块用于对各责任中心进行综合考核与管理，目的是考核各责任中心预算完成情况、责任中心的利润分配情况及对各责任中心的奖励、处罚措施。综合查询模块提供全面的查询服务，使企业管理者可以获取各种实时信息，做出合理的决策。总之，在ERP系统平台上，企业的业务活动、资金流动、会计核算、资产管理、人力资源都实时动态地纳入到预算管理体系中，形成覆盖整个的预算管理体系，从而充分利用ERP环境下集成化财务管理的优势，达到实现预算管理的事前、事中和事后控制的目的。

2. 构建集中式资金管理系统

传统的资金管理方式存在很多问题，如下属单位多头开户，无法有效监控；内部资金闲置与短缺不易调节；成员企业资金沉淀严重，占用不尽合理，周转缓慢，企业信用和盈利能力下降，资金使用效率低，资金风险大等，这些都不利于规范财务管理，影响资源的整合。

企业采用集中式资金管理系统，将信息技术与资金管理相融合，实现资金的动态管理。在资金全面预算管理、资金决策和资金结算等方面构建基于网络平台的资金集中管理模式，实行资金集中调配，降低资金使用成本，提高资金配置效益，加速资金周转，发挥资源整合作用。总公司可以利用集中起来的资金在各子公司之间进行余缺调剂，降低贷款额度，帮助企业实现低贷款、低费用，从而提升企业的资本运作水平，使资金得到高回报和创造最大价值。集中式资金管理系统主要包括资金预算控制系统、资金结算控制系统、资金分析决策控制系统和资金全程预警系统4个模块。资金预算是一种逻辑紧密的动态资金管理控制方法，资金预算一经确定，即成为企业内部经济活动的依据，不得随意更改。资金预算控制系统模块是企业生产经营活动有序进行的重要保证。也是实行资金控制与管理的有效模式。资金预算控制系统主要实现接收汇总资金预算、用预算数据控制结算执行、用预算数据推动资金的拨付、用预算执行的分析改进资金管理。

资金结算控制系统模块为企业集中控制管理资金结算提供了有效平台，使企业办理每一笔结算业务的资金流动全过程都处于资金结算控制系统的严密监管之下，这些有利条件使资金的事前和事中控制得以实现。资金结算控制系统以资金预算为依据，内置严格的预算执行程序，要求每一笔资金收支业务都必须按规定程序办理，严格控制现金流入和流出，保证企业整体支付能力和偿债能力。资金结算控制系统通过网银接口与银行联网，使企业的资金结算业务方便快捷，同时也更有利于对资金的集中控制和管理。资金分析决策控制系统模块包括资金存量分析、资金流量分析和资金财务比率分析3个功能子模块，综合利用整个资金网络控制系统里的原始数据，具有分析资金存量、资金流量以及资金财务比率的功能。资金分析决策控制系统对企业资金数据进行统计分析和比较分析，评价企业过去的资金管理和控制能力，反映资金管理的现状，预测企业未来的资金使用情况，揭示企业资金管理和控制中存在的风险，从而为企业管理人员的资金管理提供决策支持，提高资金管理水平。资金全程预警系统模块，作用在于及早诊断出企业资金财务风险的信号，使管理层能够及时发现财务状况的恶化，并找出恶化的原因，从而及时地、有针对性地调整和改进，扭转公司经营状况恶化的势头；资金全程预警系统是防止企业资金管理和运用偏离正常轨道的报警系统，旨在及时反映企业资金管理和运用状况的变化，并对企业资金管理和运用各环节发生或将可能发生的风险发出预警信号，为资金管理提供决策依据。

基于ERP的集中式资金管理系统可以避免由于人为因素造成的制度执行不力、内部控制不完善等问题，一方面可以减少企业的运营成本，提高资金集中管理的运行效率和质量，有效地整合了企业的财务资源；另一方面可以整体上把握企业资金的获取、投放和增值的信息，为企业的经营决策提供及时、真实、可靠的财务信息。

3. 建立风险管理体系

为实现ERP环境下的集成化财务管理，建立财务风险预警系统，实时动态把握公司的财务运行情况，预先了解公司财务危机的征兆。财务危机预警子系统应包括报表生成模块、指标生成模块、预测模型生成模块及实时预警模块。报表生成模块能自动实时生成资产负债表、损益表、现金流量表等，并进行绝对数分析、定基分析、环比分析、对比分析、结构分析等趋势分析；指标生成模块根据报表自动生成财务比率指标，包括偿债能力、盈利能力、经营效率、成长能力、每股指标等；预测模型生成模块，即调用ERP系统中的预测模型及数据，对财务是否存在财务危机进行分类预测；实时预警模块主要功能是当财务比率或其他项目超出标准值范围而进行自动报警的模块。例如，若资产负债率的标准值设定为60%，当资产负债率>60%时，系统报警。系统自动生成预警分析报告，包括企业名称、行业性质、"危机"定义、样本选择、预测方法、预测模型、变量、判别规则、预测结果等内容的描述。

4. 完善的财务内部控制

ERP环境下的财务系统内部控制分为一般控制和应用控制。一般控制是指对企业经营活动所依赖的内部环境实施的总体控制，包括以下几个方面：一是组织控制，是关于职责分工和人事管理控制措施建设的控制。二是系统开发与维护的控制，是确保企业对ERP系统开发成功的控制。三是系统安全控制，包括环境安全控制、软件安全控制、病毒防治及内部审计。四是操作控制，是通过制定严格的、标准的操作规程，并认真地加以执行来实现的规范化工作流程。其根本目的在于保证信息处理的高质量，减少差错的发生和文件、程序及报表的未授权使用，包括机房管理制度控制，操作权限控制，操作规程控制。五是档案控制，包括存储在计算机硬盘、其他磁性介质或光盘中的会计数据和计算机打印出来的书面形式的会计数据。应用控制是指直接作用于企业生产经营业务活动的具体控制，也称业务控制，分为输入控制、处理控制和输出控制。输入控制的目标就是要保证未经批准的业务不能进入计算机，保证经批准的业务没有遗漏、没有被添加、重复或不适当地更换，对不正确的业务进行剔除、改正等，是保证会计数据真实性中关键的一环。数据处理控制是指为确保计算机运行时发现、纠正和报告某些有错误的输入，为保证数据处理的正确性和可靠性而设置的控制，措施包括：检验登账条件，防错、纠错控制，修改权限与修改痕迹控制等。输出控制包括加强输出结果的人工核对、加强输出资料分发和保管等。

5. 实行财务负责人委派制

为充分发挥 ERP 环境下的集成化财务管理的作用，企业总部在董事会下面设立专门的财务部门，由总部财务总监牵头，领导总部各部门负责人和下属各分子公司经理，这样不但保证了总部的权威，而且保证了总部与下属各分子公司之间的信息沟通，可以及时反馈，使决策更合理，且各下属企业负责人本身也参与了决策，可以有效保证决策的贯彻落实。另外，在集成化财务管理模式下建立激励机制，合理划分各层次管理者的责任和权限，并将其经济利益与所经营管理资产的效绩紧密结合起来。财务负责人委派制是世界各大跨国公司进行财务管理的基本方式之一，子公司的财务负责人实行由总部委派，委派的财务负责人必须进入子公司的决策管理层，使子公司的财务管理具有实施经营全程财务监控的功能。同时，委派的财务负责人对总部负责，避免了受子公司管理层制约，能够更好地开展工作，严格按照国家的规定，正确、及时地披露存在的问题，从而可以显著地提高企业核算的准确性和及时性，帮助总部对下属各分子公司进行有效的财务管理。

第六章　企业内部会计控制制度与内部审计

企业内部会计控制建设是企业治理的内部控制的重要内容，是维护市场经济秩序的重要基础建设，加强单位内部会计控制制度有利于提高企业经济管理水平，完善现代企业制度的建设。在企业改革不断深化和稍纵即逝的经济机遇面前，企业不仅要求会计提供反映经济活动的信息，而且在提供信息的同时需要加强内部会计控制。而企业究竟怎样建立健全行之有效的内部会计控制制度，规范自身的经营管理，有效地提高自身的竞争力，将是考验企业的一个重要命题。本章从内部会计控制的含义及其理论基础、内部会计控制存在的问题、内部会计控制制度建设应遵循的原则和企业内部会计控制制度的建设四个方面进行论述，同时提出企业内部会计控制制度要加强对人的控制，注重加快财务信息系统建设，推进企业管理数字化这一新观点。

第一节　企业内部会计控制制度

一、内部会计控制的含义及其理论基础

（一）加强内部会计控制是企业管理的内在要求

1. 加强内部会计控制的含义

内部会计控制是指企业为了保证各项经济活动的有效进行，提高会计信息质量，保护资产的安全、完整，防范规避财务与经营风险，防止欺诈和舞弊，确保有关法律法规和规章制度的贯彻执行等方面制定和实施的一系列具有控制职能的方法、措施和程序。内部会计控制包括组织规划财务预算，保护与财产安全和财务报告真实性有关的程序和记录等内容，其目标是：保证经济活动的合法性；保证财产物资的安全性，防止资产的流失；保证会计资料的真实性、完整性；促进内部管理水平的不断提高。内部会计控制是内部控制的核心。

2. 企业建立内部会计控制制度的理论基础

从本质而言，内部控制是为了规避风险，保证会计信息的准确可靠，提升管理效果，更好地促进企业的经营管理与持续发展。从政府宏观经济的角度看，企业的稳定经营有利于国民经济的平稳健康发展，保证社会稳定；从企业所有者和管理者自身的角度来看，企业经营中的风险对企业持续经营和发展有不利影响。

（二）内部会计控制制度建设应遵循的原则

1. 合法性原则

内部会计控制制度应当符合国家法律法规和《内部会计控制规范——基本规范》规定以及单位的实际情况。这一规定是一个单位建立会计控制制度的前提条件，任何一个单位建立任何内部控制制度都必须把国家法律法规和政策体现在内部控制制度中，都不能违反国家法律法规政策，国家法律法规体现了公民根本利益，它对单位的会计核算和会计监督活动等起着强制性作用或指导作用。因此，内部会计控制必须符法律法规的要求。

2. 相互牵制原则

企业每项完整的业务活动，必须经过具有互相制约关系的两个或两个以上的控制环节方能完成。在横向关系上，至少由彼此独立的两个部门或人员办理以使该部门或人员的工作受另一个部门或人员的监督；在纵向关系上，至少经过互不隶属的两个或两个以上的岗位或环节，使下级受上级监督，上级受下级牵制。对授权、执行、记录、保管、核对等不兼容职务及工作内容要做到互相独立、互相牵制。

3. 协调配合原则

内部会计控制制度的触角渗透到企业管理工作的各项业务过程中和各个操作环节，覆盖所有的部门和岗位，因此管理与执行的每一个人都必须互相配合工作，各项业务执行的每一个环节都要互相协调环环相扣，共同完成，从而保证企业各项经营管理工作得以持续有效进行。协调配合原则是对相互牵制原则的深化和补充。贯彻协调配合原则，尤其要避免只顾互相牵制而罔顾办事效率的愚钝机械做法，必须保证既相互牵制又相互协调，保质保量且高效地运行管理企业。

4. 程序定位原则

企业应该按照实际的经济业务的内容及执行过程中各个阶段的职责内容，根据其职责范围内的性质功能将本企业的经营管理活动设置成具体的工作岗位，将各个工作岗位的职责内容明确，职责权限、执行规范、管控力度等一一列出并明确到每个人。形成事事有人管、人人有专职、办事有标准、工作有检查，以此定出奖罚制度，增加每个人的事业心和责任感，提高工作效率。

5. 成本效益原则

企业是以营利为目的的经济体，因此必须保证企业实行内部会计管理控制制度的收益大于其产生的成本，保证企业运转的利益最大化。

6. 层次效益原则

追求层次效益要求企业合理协调企业内控的层次与工作效率之间的关系，避免以单纯增加层次的方式来获得较好内控效果的情况发生。以合理管控及高效运转为原则，恰当设置内控层次（或人员），明确规范各个层次的职责范围，划分各个层次执行的工作内容，订立合理的奖惩制度，保证企业内控制度的有效实施。

二、企业财务管理中的内部控制

随着现代企业的不断发展,其对企业内部的管理和控制的要求也越来越高。内部控制作为企业对各项业务活动顺利有效进行的保障,同时也是进行有效财务管理的一个重要的手段,企业内部控制的强弱直接影响着其财务管理水平的高低。通过完善企业内部的控制系统,可以及时的发现和纠正企业中各项管理中的漏洞和薄弱环节,借以增强企业财务会计报表的可信赖程度,并提出改善企业财务管理和经营管理的建议,从而能够达到制止或减少作弊、消除或防止损失,改进企业财务状况的目的。

(一)管理者思想方面存在的问题与加强内部会计控制制度的必要性

1. 管理者思想方面存在的问题

(1)管理者思想上的认知

其一,企业内部会计控制意识薄弱。企业管理者与执行者对内部会计控制制度的认识普遍不足,把企业内部会计控制认为是多余的企业工作环节,浪费人力物力,事倍功半会束缚企业的发展,或者简单地把内部会计控制制度理解成企业内部的资产控制及成本控制等制度,或者直接理解为指定的会计工作文件和工作制度。在实际会计控制制度的执行上,存在已订立的章法不依,执行不到位、管控不严谨,甚至为行一时之方便简化必要程序,导致公司既定的内控制度泛于形式,并未发挥实际的管理管控职能。

其二,内部会计控制制度执行力不强,缺乏有效的激励机制。企业的内部会计控制制度在初建立时,员工还能积极执行,由于企业的种种原因,很多制度及工作在执行时为了方便,使得原有的内部会计控制仅仅作为制度并未切实执行。另外,企业管理者往往不是专业的会计人员,对企业内部会计制度缺乏管控意识,执行标准也不尽统一,又缺乏明确的奖励惩罚制度约束,对于某些以追求短期利润为目标的企业而言,企业的内部会计控制在执行过程中逐渐丧失作用,最终形同虚设,导致企业的运营管理陷入恶性循环。

(2)企业管控制度方面存在的问题

其一,企业内部会计控制的审计职能不强。一个企业的内部审计工作必须以企业日常运营管理工作为基石,是企业内部会计管理制度正常正确执行的保障,在企业内部控制执行中起着监督与控制的重要作用。一个公司内部审计部门工作的健全也是企业内控会计控制制度完善的重要环节。然而很多企业认为内部审计工作是财务工作的内容之一,没有另设内部审计部门的必要;有些企业即使已建立了内部审计部门,却未能正确区分其与财务的工作,将其与财务划为平行甚至隶属部门,摒弃了审计工作的独立性原则,不能正确发挥其监督管控的职能效应,不利于企业内控制度的实施与监督。

其二,企业内部会计控制信息系统相对滞后,更新换代缓慢。企业数字化信息管理施行后,所有的财务经营数据都集中在信息系统中进行操作处理,信息数据的备份与信息系统的技术维护工作也是内控的重要工作之一。根据各个企业的实际情况,对信息系统的使用程度、管理方法等也大相径庭，甚至有的企业至今仍在手工记账并未进行信息数字电子化的处理，有的企业即使已开始使用电子系统进行记账，但无人管理维护系统，信息处理不及时，系统更新换代严重滞后等情况经常发生。信息系统易错乱或受到外部篡改、盗取，导致信息丢失、信息失真、信息更新不及时等问题，危害企业的健康发展。

2. 企业内部会计控制制度建设的必要性

（1）加强内部会计控制制度建设是贯彻会计法规制度的重要基础

为了规范和加强会计工作，国家制定颁布了一系列会计法律、法规、规章、制度，这些是进行会计核算、实行会计监督和从事会计管理的基本依据。国家颁布的会计法律、法规、规章、制度是从全国会计工作的总体要求出发而制定的，尽管在制定过程中尽可能地考虑到了不同地区、部门、行业、单位的会计工作的要求和特点，以及不同的会计工作水平的要求，但相对于各单位而言，仍需要结合本单位生产经营和业务管理的特点、要求将国家颁布的会计法律、法规、规章、制度的各项规定进行具体化，并作必要的补充，以使本单位的会计管理工作能够渗透到经营管理的各个环节、各个方面。这种对国家会计法律、法规、规章、制度具体化的办法和措施，就是单位内部会计控制制度。单位内部会计控制制度是国家会计法律、法规、规章、制度的必要补充，是贯彻实施国家会计法律、法规、规章、制度的重要基础和保证。各单位必须重视和不断加强单位内部会计控制制度建设。

（2）加强内部会计控制制度建设是规范会计工作秩序的客观要求

会计工作涉及各方面的利益关系，处理不当将会影响有关方面的利益，因此会计工作必须依法进行。从我国1996年以来进行的整顿会计工作秩序的情况看，许多单位内部会计管理制度不健全，会计核算混乱，财务收支失控，这不仅损害了国家和社会公众利益。也给本单位的经营管理带来消极影响。因此，各单位应当加强内部会计控制制度建设，使内部会计管理工作的程序、方法、要求等制度化、规范化，这样才能保证会计管理工作有章可循、有据可依、规范有序，才能保证会计工作发挥应有的作用。

（3）加强内部会计控制制度建设是完善会计管理制度体系的要求

以企业会计工作为例，《会计法》《会计准则》和其他会计制度对企业会计工作的原则、基本方法和程序做出了规定，并赋予企业一定的理财自主权和会计核算选择权，这为企业会计工作更好地为经营管理服务提供了制度保证。但是上述规定只是指明了企业会计工作的方向和目标，实现这些目标还需要企业根据上述规定并结合本企业内部管理要求进行充实和细化，这样才能使会计法规的规定和理财自主权落到实处，进而保证会计管理制度体系的完整性和有效性。

（4）加强内部会计控制制度建设是改善单位经济管理的重要保证

财务会计管理是单位内部管理的中心环节，是一项重要的综合性、职能性管理工作。

一般而言，会计可以分为财务会计和管理会计。会计法规制度主要侧重于对财务会计的基本要求做出规定，管理会计方面的内容则因其是单位内部的管理行为而未涉及。但这并不是说在财务会计与管理会计两者之间可以厚此薄彼，实际上，财务会计与管理会计都是单位内部管理的重要手段。因此，必须制定一套规范完整的内部会计控制制度，充分保证财务会计和管理会计更好地参与单位的内部管理，使会计工作渗透到单位内部管理的各个环节、各个方面。这不仅有利于更好地发挥会计工作的职能作用，更有利于改善单位内部管理，提高经济效益。

（二）完善企业财务管理内部控制的措施

1. 管理体系方面

（1）加快财务信息系统建设，大力推进企业管理数字化。企业应该积极推进财务管理信息系统建设，健全会计信息质量保证机制。企业财务管理信息系统的建设和完善，将有助于建立严密的会计控制系统，使会计核算从事后转到实时，财务管理从静态走向动态，实现"过程控制"，推进集中式财务管理，经过几年的努力，最终实现建立以预算控制为核心的财务管理信息系统，通过及时、准确、全面、实时的财务会计信息，满足企业决策层的需要，利用信息技术，逐步建立企业数字化管理系统。

（2）加强对内部控制行为主体"人"的控制，企业内部控制失效，经营风险、会计风险产生，行为主体全是人。这里所指的人是指一个企业从领导到有关业务经办人员的所有人员。只有上下一致，及时沟通，随时把握相关人员的思想、动机和行为，才能把内部控制工作做好。具体来说，除领导本身以身作则，起表率作用外，还应做好以下几点工作：第一，要及时掌握企业内部会计人员思想行为状况。内部业务人员、会计人员违法违纪，必然有其动机，因此企业领导及部门负责人要定期对重点岗位人员的思想和行为进行分析，掌握可能使有关人员犯罪的外因，以便采取措施加以防范和控制。第二，对会计人员进行职业道德教育和业务培训。职业道德教育要从正反两方面加强对会计人员的法纪政纪、反腐倡廉等方面的教育，增强会计人员自我约束能力，自觉执行各项法律法规，遵守财经纪律，做到奉公守法、廉洁自律；加强对会计人员的继续教育，要特别重视对那些业务能力差的会计人员的基础业务知识的培训，以提高其工作能力，减少会计业务处理的技术错误。

2. 内部控制方面

（1）构筑严密的以内部会计控制为中心的企业内控体系

企业内部控制体系，具体应包括三个相对独立的控制层次：第一个层次是在企业一线"供产销"全过程中融入相互牵制、相互制约的制度，建立以防为主的监控防线。有关人员在从事业务时，必须明确业务处理权限和应承担的责任，对一般业务或直接接触客户的业务，均要经过复核，重要业务最好实行双签制，禁止一个人独立处理业务的全过程。第二个层次是设立事后监督，即在会计部门常规性的会计核算的基础上，对其各个岗位、各项业务进行日常性和周期性的核查，建立以"堵"为主的监控防线。事后监督可以在会计部门内设立一个具有相应职务的专业岗位，配备责任心强，工作能力强的人员担任此职，并纳入程序化、规范化管理。第三个层次是以现有的稽核、审计、纪律检查部门为基础，成立一个直接归董事会管理并独立于被审计部门的审计委员会。审计委员会通过内部常规稽核、离任审计、落实举报、监督审查企业的会计报表等手段，对会计部门实施内部控制，建立有效的以"查"为主的监督防线。以上三个层次构筑的内部控制体系对企业发生的经济业务和会计部门进行"防、堵、查"递进式的监督控制，对于及时发现问题，防范和化解企业经营风险和会计风险具有重要的作用。

（2）建立内部审计制度

内部审计是在一个组织内部建立的一种独立评价活动，并作为对该组织的活动进行审查和评价的一种服务。内部审计既是企业内部控制的一个部分，也是监督内部控制其他环节的主要力量。内部审计通过监督控制环境和控制程序的有效性，监督企业的内部控制是否被执行并及时反馈有关执行结果的信息，帮助企业更有效地实现预期控制目标。同时，在监控过程中，内部审计可以促进控制环境的建立，为改进控制制度提供建设性建议，从而成功地达到组织所需要的内部控制服务。实践证明，内部审计无论在对企业内部会计控制制度的建立和完善、成本的控制，还是在财务状况和经营成果的真实性查证方面，都起到了一定的监督作用和参谋作用。企业内部应逐步建立和完善内部审计制度，设置组织结构，并全面进行资产负债表审计、损益表审计等财务审计及以经济效益为主的经营审计等，为企业堵塞漏洞、加强管理、提高经济效益发挥应有的作用。

3. 制度强化方面

（1）深化产权制度改革，建立健全现代企业制度

建立产权清晰的、责任明确的，既符合国际惯例要求，又能契合当下中国社会主义制度发展的现代企业制度，这是我们国家国有企业改革的方向。这一改革政策的提出，标志着我国在企业改革上准备走出"放权让利"传统思路的误区。这项改革措施将有利于增强我国国有企业活力，转变企业经营机制，有助于国有企业走出目前低效运转的困境，增强国有企业的市场竞争力。

（2）强化外部监督，实行强制性审计并建立企业内部控制的披露制度

在法规体系初步健全、监督体系完整的情况下，监督效果也不能尽如人意，会计信息失真问题也会时有发生。解决的最佳方法就是对内部会计控制实施强制性的外部审计。一般的做法是，首先，企业对自身的内部会计控制进行全面而深入的自我评估，出具内部控制报告。其次，注册会计师就内部控制报告进行审计，并发表审计意见。最后，对外公开内部控制报告。需要说明的是，这种审计必须是强制性的，对外公布的内部控制报告必须是履行的法律手续。这样做的最大效应是，可以增强企业管理当局和注册会计师的责任感，迫使他们不断健全和完善企业内部会计控制制度，减少企业营运风险，提

高营运效益，进而提高企业会计信息质量，增强资本市场的透明度和有效性，保护投资者的利益。企业内部会计控制制度是一项不断更新、任重道远的工作。随着时代的变化，内部会计控制制度也得顺应时代潮流不断修改，以适应企业的发展。实现企业最终的战略目标。只要企业存在，就有内部会计控制。好的内部控制制度可以帮助企业完成它的目标，保证企业经营合法合规，促进企业实现发展战略。

随着改革的进一步深化，对企业管理结构和产业的调整要求更加迫切，如何有效地利用内部会计控制体系来保证会计资料的完整性、会计数据的真实性以及会计工作的及时性，都依赖制度的创新。而内部会计控制的创新对新形势下财务报告资料的真实性与完整性就显得更为重要。

第二节　企业内部审计

一、内部审计的概念及作用

随着经济体制改革的深化和现代企业制度的建立，作为会计工作的重点，会计监督工作对企业来说有着特殊的意义。一般来说，企业内部需要建立相互独立而又相互联系的内部控制模式，从企业内部管理方面为企业会计工作的依法开展奠定了基础，首先，要定期对企业的会计资料进行相应的内部审计和管理工作；其次，要加强对会计工作的监督和再监督，并在整个监督过程中，明确内部审计监督和会计监督的任务。因此，在企业的会计监督工作中，先要明确会计工作人员的职责和义务，加强会计核算工作在会计工作中的作用，只有这样，企业的会计工作才能从真正意义上得到发展。新《会计法》在对会计监督工作进行强调和重视的同时，也开始从法律层面重视内审监督工作，内部审计监督、评价有了更为科学完善的尺度。内审监督是内审人员对会计监督的再监督，是审计人员根据国家相关的财政法律、法规，根据企业自身的情况，编制相关的模式并采用一定的程序，运用自身的技术和专业知识，对企业自身及其相关单位经济活动的合法性、合规性、合理性、效益性以及反映经济活动资料的真实性进行审核与评定工作，并针对相应的结果，提出改进工作建议的一种经济监督活动。因此，新《会计法》在法律的层面，规定了财务会计工作和内部审计工作的合理合法性，并强调了两者的作用和意义，从而促进企业自身的财务工作。

（一）财务会计与内部审计的联系

1. 财务会计工作和内部审计工作的基本特点

通过对比财务工作和内部审计工作的工作性质、工作对象、工作原则等内容，我们可以看出财务会计工作和内部审计工作的基本特点：

（1）财务会计工作的基本职能是有效反应企业经营活动的各项开支和费用，而内部审计工作的最基本职能是进行经济工作的监督。

（2）对于会计工作来说，其针对的对象是商品生产条件下的价值运动，审计的对象是监督财务的收支情况和经营活动的经济效益。

（3）会计的任务是加强经济管理，提高经济效益，审计的任务是审计监督，完善管理。会计的基本原则是统一性、真实性、政策性、社会性，审计的基本原则是独立性、依法性、权威性、客观性。

2. 财务会计与内部审计的联系

根据对财务会计和内部审计工作自身特点的论述和对比，我们可以看出财务会计工作和内部审计工作的关系：

（1）会计工作与审计工作都具有监督的职能

会计与审计都具有监督的职能，而会计主要体现在事中监督，审计主要体现在事后监督。这两种监督相辅相成，相得益彰，各负其责，密切配合。

（2）会计与审计都具有共同的目的

从目标来说，会计工作与审计工作有一致性，他们能够有效预防企业自身违法违纪行为的发展，并健全相关制度，加强对企业的管理和控制，从而提高企业的效益。

（3）会计与审计在工作对象、基本原则方面都有许多相似之处

在发展轨迹来说，审计是会计工作发展到一定阶段的产物，因此，审计工作是以会计工作为基础的，并能够监督和控制会计工作。从会计工作的特点来说，会计在工作中面对企业的资金，虽有审核监督职责，但因为种种原因，会计监督往往具有一定的局限，致使个别会计人员以权谋私，因此，需要充分发挥审计能够进行独立监督的作用，对企业自身的经营活动、会计工作进行管理和控制。

（二）企业内部审计的必要性

1. 内部审计更深入企业内部，防范会计舞弊问题的产生

内部审计人员来源于企业内部，并通过与企业内部的联系和接触，对企业自身的情况最为了解，因此，在防止会计舞弊问题上，内部审计及其相关人员有着巨大的优势，对企业自身来说，内部审计可以通过自己的监督工作，发现问题并及时纠正，更加真实快捷地披露会计信息，保证企业财务报告的可靠性。内部审计职能的全面实现，有利于帮助企业降低经营风险，提高企业经济效益和会计信息的质量

2. 内部审计能充分发挥其评价职能的作用，增加组织价值和改善经营管理

与此同时，内部审计具有评价的作用，增加组织价值和改善经营管理，提高有关数据和信息的相关性和可靠性，为管理层提供专业服务，为风险管理出谋划策，降低企业风险，从而在实质上促进财务报告内容的确定性和质量的提高。

（三）内部审计和财务会计对企业的意义

1. 内部审计对于公司治理的意义

进行公司治理的过程，便是对企业自身权利、责任等方面的安排和规定，这是现代

企业中最重要的制度构架。从狭义上讲，它规定了公司的领导人、执行人和监督人之间的关系和工作安排；从广义上来说，它明确地指出了企业的投资人、经营管理者、劳动者和监督者之间的关系及各自的权力和义务，并规定了他们与外部之间的联系。所以从根本来说，企业的治理，便是规定了企业内部各利益相关者之间的关系。而对于结构完整的企业来说，其内部框架一般包括股东大会、董事会、监事会。而在具体的职能，股东大会是公司最高的权力机构，董事会是公司最高的决策机构，是企业的法定代表，从经济管理方面对企业自身进行控制和管理，并在企业经营目标的指引下，协调公司的内部关系；而监事会是企业内部的监督机构，一般是企业选拔股东和企业员工，通过参与企业内部的管理活动，参与股东会议，对企业内部的经营活动进行管理和控制；而企业的经理层是企业管理活动的执行机构，他们一般由董事会聘用，并在董事会所制定的职责范围内，处理企业内部的经营管理活动，因此，内部审计对公司来说，能够帮助企业更好地进行经营活动，监督企业的行为，使企业的经营活动能够更加规范和合理。

2. 财务会计是企业之间经济联系的纽带

企业自身的财务会计工作，一般是按照特定的会计法律、会计准则或会计制度，对企业的经济活动进行核算和监督，也就是单纯地向企业的经济活动提供各种信息，从而实现企业管理的目标，因此，为帮助企业实现目标最大化，从财务会计工作角度，企业必须有明确的财务管理目标。现在，对于企业财务管理活动来说，其目标一般是实现产值最大化、利益最大化和股东利润最大化，因此，必须制定恰当合理的财务管理目标。而作为企业财务管理目标利益的主要成员，企业所有者、债权人、企业员工等都需要增加企业自身的投入，同时分享企业利益、承担企业风险。事实上，市场经济体制将各个独立的经济实体联系到一个市场主体当中，企业自身在进行内部活动的前提下，需要通过市场交易，形成市场联系，充分满足企业生产经营的需要。所以，财务会计工作通过对经济活动中交易的内容进行管理和控制，对企业之间的经济联系进行管理，通过财务会计工作的审计和管理，将企业的经济联系和经济活动进行控制，从而提高企业的经济效益。

二、内部审计在企业财务管理中的作用

（一）内部审计在实际财务管理中的具体作用

1. 内部审计是提高企业会计信息质量的重要方法

企业内部审计是企业自身的一种独立的评价体系，并对企业的一切经济活动进行审查和评价，对企业管理起制约、防护、鉴证、促进、建设性和参谋作用。通过内部审计工作，我们能够及时发现会计管理工作中存在的问题，并及时反映到企业领导或者相关负责部门，以保证企业会计管理工作维持正常的秩序。企业在开展各项经济活动的过程中，自然离不开会计活动的参与，会计核算是否符合标准、会计制度是否违反了国家的相关法规和政策、会计信息是否存在失真问题，这些都是内部审计部门需要进行监督

与控制的内容。可见，内部审计与财务会计的终极目标都是为了保证会计信息的真实、完整。

2. 内部审计能够保证财务报告的真实可靠性

现代企业内部审计的职能已从查错防弊发展成为企业价值的保值、增值服务。内部审计可以通过监督工作，发现并纠正存在的问题，督促企业各级管理人员及各位员工遵纪守法，严格执行制度规定，对企业各项经济业务进行客观的会计核算并及时地真实地披露会计信息，保证财务报告的真实可靠性。其目的在于增加价值和改进组织的运作，它通过系统化和规范化的方法，评价和改进风险管理、控制的有效性，帮助组织实现目标。由于内部审计人员熟悉企业经营环境并了解企业经济活动及其过程，因此有效的内部审计工作可以充分发挥强有力的监督功能，检查企业对下属各部门的管理控制效果，验证各下属部门经营层和财务负责人是否有效履行受托的经济责任职能。因此，内部审计能够充分发挥其评价职能作用，促进企业会计信息质量的提高，增强企业防范会计风险的能力。

3. 内部审计监督与企业财务会计共存是管理现代化的必然

企业内部审计是我国社会主义审计体系的重要组成部分，它的重要职能是进行经济监督和经济评价。建立内部审计制度也是国际上通行的做法。作为整个企业内部管理系统的内部控制子系统，也越来越受到人们的重视。它不仅仅事后审计监督，还进行事中、事前的审计监督；不仅仅进行财务收支审计，还进行内部控制和经济效益审计；不仅仅对企业的各个部门或事项进行审计，还对企业的整个管理过程进行审计监督。随着我国社会主义市场经济体制的建立，内部审计正发挥着越来越重要的作用。从财务会计和内部审计的产生和发展来看，它们都是适应社会生产的发展和经济管理的要求，尤其是随着企业规模的扩大，为了适应企业经营管理的需求而产生和发展的。因此，企业财务会计和内部审计监督都是企业管理不可缺少的重要管理环节。

（二）加强企业内部审计，提高财务管理水平

1. 增强内部审计能力，提高会计信息的有效性

我国内部审计主要针对会计信息的真实性、合法性进行监督和审查。会计信息的有效性在我国企业会计管理中非常重要，它是会计工作能否在合理、规范的状态下，顺利开展的基础。审计的对象主要是会计报表、账簿、凭证等信息和资料。现代企业大多采用会计电算化方式来实现会计管理的高效性，审计工作会显得不容易入手。因此，内部审计也应该适应企业发展趋势，将对会计工作监督和检查的重点，转移到对会计信息化管理的监督上来。在实现会计信息化管理以后，内部审计的工作可能会存在很多挑战，可能会面对更多技术上和新会计制度上的挑战，内部审计也必须在工作能力上有所提高，保证自身工作能力能够符合现代化的技术需求。另外，内部审计人员必须审时度势，增强审计工作能力，进而提高会计信息的有效性。

2. 合理设置内部审计机构，提高对会计管理审计的有效性

随着我国经济体制改革的进一步深入和现代企业制度的逐步建立，企业的规模越来越大，层次越来越多，自主权空前扩大。但多数情况下，管理者只能实行间接控制，因此企业的管理者们需要一种保障，即保障企业控制系统按计划运作，并为他们提供一切必要的信息，以此来控制他们职责范围内的事情，内部审计则提供了这种保障。因此，要确保企业内部审计在会计管理方面发挥其监督和检查工作的有效性，必须完善内部审计机构的体制，合理设置内部审计机构。

3. 加强内部审计队伍的建设，提升审计工作水平

内部审计人员要想成为企业风险的规避专家和会计舞弊的预警专家，不仅要懂得相关的会计业务，更要了解相关的法律法规，使自己具有扎实的专业知识和技术能力，更重要的是要有一批合格的、高素质的内部审计人员。因此，内部审计人员应该熟练运用内部审计标准程序和技术，能够灵活的开展审计管理工作，对企业会计中存在的各种舞弊现象进行深入了解和分析，进而寻找出正确的解决方案。只有这样，才可能较大幅度地提高内部审计人员的素质，使内部审计机构真正成为现代企业管理的臂膀，在现代企业管理中发挥应有的作用，更好地为企业的经济活动服务。

随着社会主义市场经济的不断完善，现代化企业管理制度也逐步规范，再加上企业之间的市场竞争日趋激烈，内部审计制度在企业财务管理中的地位和作用越来越重要，内部审计在企业财务管理中，对于企业降低财务风险，提高企业经济效益有着重要的作用，已成为企业健康生存与发展的重要保障。

三、企业内部审计风险及应对管理

在 21 世纪的前 10 年里，伴随着国内外管理舞弊案件频发、金融风险及不良资产问题频发，引起了政府及社会各界的高度重视，公司治理受到广泛的关注。而公司治理在很大程度上是风险的管理，公司治理的重要任务就是根据金融资产的风险特性和风险程度，贯彻"合规为先，风险为本"的经营理念，及时采取有效措施降低或化解风险。企业风险管理的有效性在一定程度上取决于企业对风险管理工作的监督和评价。

（一）内部审计与风险管理的关系

1. 内部审计作为内部控制的重要部分，与风险管理密不可分

内部控制与风险管理的联系日趋紧密。在制定内部控制政策，或评估特定环境中内部控制的构成时，企业决策层应对诸多风险管理问题进行深入思考。作为企业内部控制的重要组成部分的内部审计，其工作重点也随之发生了变化：除了关注传统的内部控制之外，更加关注有效的风险管理机制和健全的公司治理结构；审计目标与公司最高层的风险战略连接在一起，内部审计人员通过当前的风险分析，使用适应风险管理原则的审核过程确保企业经营目标的实现；内部审计的工作重点不仅是测试控制，还有分析、确认、揭示关键性的经营风险，也是内部审计的焦点。

2. 对企业风险管理进行监督和评价是内部审计发展的必然要求

内部审计的范围延伸到风险管理和公司治理，内部审计以内部控制作为生存与发展的基础，以对组织风险的评估与改善作为目标，旨在增加企业价值和改善组织的运营，风险管理已发展成为内部审计的一项重要内容。内部审计的建议更加强调风险的规避、风险转移和风险控制，通过有效的风险管理提高组织整体管理的效果和效率。

3. 内部审计介入风险管理具有独特的优势

内部审计机构在企业组织结构中享有独特的位置，能够客观地、从全局的角度管理风险，使其在风险管理中发挥不可替代的独特作用；内部审计师更了解组织的高风险领域，会计信息系统提供的会计信息的真实性是内外部激励机制正常运行的前提条件，而有效的审计监督制度是确保这一前提条件实现的关键，因为，对公司财务报表的外部审计，仅对其公允性发表审计意见，从而起到增强会计信息可信性的作用；而内部审计处于公司内部，对于公司内部控制、管理经营活动、风险管理都有透彻深入的了解，与外部审计人员相比，内部审计对公司治理发挥的作用在层面上更为深入，在范围上更为广泛。

（二）内部审计运用于风险管理中应注意的问题

1. 建立科学的企业组织结构、理顺内部审计管理体制

要使内部审计机构能够有效地在企业风险管理中发挥作用，必须建立适合内部审计在风险管理中发挥作用的组织结构，使得内部审计机构既能参与到风险管理过程中，又能独立行使职权。同时，还应建立有效的沟通机制，保障风险信息及时完整的传达到内部审计机构。

2. 树立全新的审计监督理念，提高风险导向审计人员的素质

树立内部审计大局观、总体观。传统的管理是将注意力放在个别控制系统和经营机制上，而现代管理则强调总体管理概念，把总体管理控制系统与组织的长远目标联系起来；把达不到目标与可能发生的风险联系起来。树立全新的审计监督理念，实现两个方面的转变。第一，要实现合规性审计监督向风险性审计监督的转变。第二，要实现事后监督向事中、事前监督的转变，内部审计应积极探索，变被动为主动，防患于未然，提高监督效能。

3. 建立适合企业风险管理审计的审计程序

传统的标准化审计程序存在很大问题，一是不能对症下药，没有贯彻风险导向审计思想；二是实施内部审计很多时候都是从财务资料入手，而很多的财务人员都系统学习过审计，或长期有与各种内外部审计打交道的经验，传统的、标准化的审计程序被他们所熟知，他们从自身角度考虑，可能会预先设置一些障碍和防范措施，而使得内部审计人员无法突破。审计测试程序个性化就是为了克服传统审计测试的缺陷，针对不同的风险领域，采用个性化的审计程序。在对企业风险管理审计过程中，可实施以下程序。

（1）可通过询问被审计单位管理当局和内部其他相关人员、分析程序、观察和检查等风险评估程序实施了解被审计单位及其环境。内部审计人员应当了解被审计单位的行业状况、法律环境与监管环境以及其他外部因素；被审计单位的性质、会计政策的选择和运用、经营目标、战略以及相关经营风险，以及财务业绩的衡量、评价和内部控制等。

（2）关注重大错报风险。作为风险评估的一部分，内部审计人员应当运用职业判断，确定识别的风险，哪些是需要特别考虑的重大风险。应当重点考虑下列事项：第一，风险是否舞弊风险；第二，风险是否与近期经济环境、会计核算和其他方面的重大变化有关；第三，交易的复杂程度；第四，风险是否涉及重大的关联方交易；第五，财务信息计量的主观程度，特别是对不确定事项的计量存在宽广的区间；第六，风险是否涉及异常或超出正常业务范围的重大交易。

（3）实施控制测试程序。实施控制测试的目的是为了测试企业内部控制的设置和运作在防止、发现并纠正认定各个层次的重大错报方面的运行有效性。

（4）实施实质性程序。实施实质性程序包括对各类交易、账户余额、列报的细节测试以及实质性分析程序，目的是为了发现认定层次的重大错报。

目前，我国内部审计一般尚未与公司治理相结合，成为公司治理的有机部分，对风险管理也不够关注。为此，要逐步完善企业法人治理结构，明确企业外部和内部的委托代理关系，培养管理者的竞争意识和风险意识，形成内部审计的需求市场，为内部审计的发展创造良好的环境。同时，要顺应内部审计科学发展的客观规律，在实践中有意识地推动企业风险管理与内部审计的结合。作为内部审计人员，我们应该及时把握机遇，善于迎接挑战，以实践成果取得企业的信任，发展内部审计，使内部审计工作更具生命力。

第七章 优化财务会计管理的措施

第一节 加强财务会计管理人员的培训

为适应市场经济的变化趋势,企业财会管理人员必须与时俱进,具备较高的专业素养,才能满足时代的发展需要。为此,一方面,企业内部要建立完善的人才培育机制,加强对财会管理人员的培训工作,通过培训提升员工的能力和素养,为他们的发展、成长、进步创造平台和条件。另一方面,还要培养财会人员的敬业精神,增强他们的职业责任感和使命感,要结合企业发展实际,从自身所处岗位的实际情况出发,创造性地开展工作。

一、新时期对企业财务管理人员转型的要求

(一)对人员法制意识提出了新要求

财务管理工作是企业管理的重要组成部分,无论对企业自身还是对于投资者、债权者,提高管理的正规性,严格依法办事具有十分重要的意义。近年来,我国相继出台了《会计法》《新会计准则》等一系列法律法规,这就要求工作人员必须要切实掌握相关的法律法规,在工作中自觉遵守相应的规则制度,提高职业道德素养,切实发挥财务管理的应有作用。

(二)对人员团队精神提出了新思路

随着社会分工的逐步细化和市场环境的变化,提高财务人员的团队意识成为当前企业财务管理工作的突出要求。财务管理工作涉及企业工作的各个方面,需要企业各部门之间的密切协调,因此,财务管理已经从传统的闭门造车型的岗位变为协调沟通各个部门的综合型岗位。

(三)对岗位职业性质提出了新内涵

专业技能的高低是工作人员履职尽责的关键和核心。传统的财务技能已经不能满足新时期财务管理工作的需要。一方面,财务管理已经从传统的管理变为了管控。企业财务管理不仅仅是简单地统计核算,更重要的是风险控制、预算管理等内容。另一方面,财务管理已经从传统的执行型变为了决策型。财务管理工作已经成为影响企业决策的重要因素。财务人员必须要转变观念为企业决策提供可靠依据。

二、当前企业财务管理人员转型面临的主要问题

（一）财务管理人员思想观念太陈旧

财务管理人员的思想观念还停留在以往的认识中，对市场经济的特点和国际化趋势的发展还没有充分的认识，对自身职责的定义、对岗位的实际需求、对企业一线工作的实际情况缺乏必要的了解。工作中还处于记、算、划的初级阶段，难以发挥财务管理的真正作用。

（二）财务管理人员工作环境不规范

在一些企业特别是一些中小企业中，不少财务管理人员并非专业出身，缺乏对财务管理工作的系统认识，在工作中不规范、不合法、不真实等问题还时有发生，影响了工作的开展。相关财务制度执行不严格也造成了企业财务管理人员工作随意性大。

（三）财务管理人员培训方式不科学

著名企业家牛根生曾讲到，培训是企业最大的福利，企业最重要的事就是培训，如果不能把你的员工培训到你想要达到的标准，就难以达到目标。而在实际的操作中，企业缺乏对财务管理人员的正规化培训，造成了财务管理工作与企业的实际脱节。

（四）财务管理人员考评机制不合理

一方面，企业缺乏对财务人员考核的有效机制，在确定评价指标、制定合理标准方面还不规范；另一方面，对财务管理人员缺乏系统的评价监督机制。对企业财务人员的绩效评价的监督不应仅仅是合法性和合规性审核，还应转向创新性、效率性和有效性的评价监督。绩效评价不能只限于发现资产经营管理中存在的问题，而是要转变为发现问题并找出原因，提出建议，进行改进，从而提高财务管理水平。

三、促进新时期企业财务管理人员转型应关注的重点问题

（一）注重财务管理人员思想认识的提高

（1）加强财会人员的法制意识。就是要进一步提高财会人员对相关法律法规的认识和理解，提高自律意识，加深对职业道德的理解，规范履行自身义务。

（2）加强财会人员团队意识。财务人员要充分认识到团队意识的重要作用，主动参与到企业管理、决策之中，加深与企业相关部门的联系沟通，全面了解企业真实情况，提高工作的实效性。

（3）加强人员创新意识。在工作中将企业实际与专业知识结合起来，真正建立适应企业特点的财务管理制度和工作方法。

（二）注重财务管理人员专业技能的培养

（1）重视企业财务信息化建设。信息化是促进财务管理人员转型的基础，企业要结合自身的实际情况，打造财务管控平台。

（2）要重视财务管理与企业决策之间的有效衔接。

（三）注重财务管理人员培训体系的构建

（1）在选拔上不仅仅要将专业技能作为重要条件，更要通过短期实习、轮岗交流等方式，让财务人员参与到企业生产经营等环节之中，使财务人员能够全面了解企业情况。

（2）在使用方面，要重视财务管理人员的积极作用，特别是企业管理者要将财务管理作为决策的重要基础，为其提供良好的发展空间。

（3）注重考评机制的确立。在评价体系、评价奖惩等方面做好工作。通过对企业财务人员绩效评价工作的实施，发现资产经营工作中存在的问题和不足，反馈给具体负责的财务人员，由其对问题制定相关制度和解决方案，从而对工作进行不断的改进和完善，形成一个"考核—评价—反馈—改进—考核—评价"的闭环体系。

第二节 全面深化企业的预算模式

预算管理在企业的财务会计管理中占据着重要的地位，对于企业的发展来说，在未来的财务会计管理工作中必须高度重视预算管理工作，并全面深化落实，才能实现企业的有效管理。为此，一方面，企业应健全预算组织体系，调动各部门的参与积极性，在全体员工的配合与努力下有效协同地开展预算管理活动，并实现业务驱动财务预算，不断健全和完善，以保证全面预算管理的深入实行。另一方面，企业要制定预算管理手册，对预算管理的标准和准则进行细化，明确资金的配置准确，以更好地完善预算管理体系，确保其得以全面深化落实。

一、现代企业全面预算管理的基本特征

（一）现代企业中预算管理的特征

1. 全方位的管理

现代企业要对本企业的各方面进行预算管理，如企业的经营预算、财务预算、筹资预算、资本预算等。企业的全面预算管理对企业经营的全过程进行有效的控制管理，从全面预算活动的编制、控制、贯彻与执行、考核与分析、绩效评价与奖惩等。这些过程贯穿于企业运营的每个部门、每个细节、每位员工。因此，全面预算管理不是依赖一个人或一个部门的力量就能完成的，需要企业内部各职能部门通过密切的配合、相互之间良好的沟通与协作共同完成。

2. 指示性的战略

全面预算管理的主要特点是对企业的现有资源作出合理的、科学的配置，提高其有效使用率。因此，现代企业的全面预算管理必须以实现企业的战略发展目标为基本前提条件，这样才能对企业的经营做出有效的规划，并为企业战略发展目标的实现提供有效保障。

3. 利益性的追求

随着现代企业所面临的竞争环境越来越激烈，企业在社会主义市场经济中追求企业价值最大化的目的越来越明显。企业的全面预算管理能够对企业在生产经营中投入的资金进行精确的管理与压缩，从而全面降低企业的生产成本，促进企业获得更多的经济利益，全面实现企业的经营发展目标。

4. 控制性的监督

现代企业进行全面预算管理的目的不仅仅是为了下达各种预算目标、对预算进行编制、预算额度的汇总等，更多的是对企业的预算过程进行全方位的控制与执行，对预算的结果进行科学的、合理的、公正的考核与评价，真正发挥出全面预算管理的职能与对企业经营活动的指导作用。

5. 系统性的执行

对于企业全面预算管理的系统性可以从横向与纵向两方面来分析。全面预算的纵向系统性主要是指全面预算从编制、执行、控制、考核、评价、奖惩等各环节之间共同构成一个完整的体系，这些环节之间是紧密相连的。而横向系统性主要是指企业内部各部门之间的工作内容是互相联系的，一旦某一部门的预算目标不能按预算实现或完成，将严重影响企业其他部门的预算执行情况。

（二）现代企业全面预算管理的模式分析

各企业的经营战略与经营发展目标是不同的，由于企业所处的生命周期、条件、环境的不同，可以将全面预算管理的模式分为以下几类。

1. 以产品周期为基础的四种管理模式

这种全面预算的管理模式主要是以企业产品的生命周期理论为基础，在产品的市场进入期可以视为资本预算，在市场的增长期可以视为销售预算，在市场的成熟期可以视为成本预算，在市场的衰退期可以视为现金预算。例如：在企业的初创阶段，企业产品的销售额较小，竞争者较少，企业运营资本主要是来源于投资者，存在潜在的经营风险。因此，这一阶段的企业投资需求大，此时的全面预算管理就应以资本预算为主。建立在企业产品生命周期基础上的四种预算管理模式有其针对性的优点，但是对生产多种产品的企业而言，仍以生产品的生产周期为基础的预算管理模式将失去其有效的指导意义。这主要是由不同产品的生命周期的不同而决定的。

2. 建立在销售预算编制起点上的预算管理模式

随着现代企业在国内外竞争市场上所面临的激烈竞争，企业的销售决定着企业的生产，决定着企业的生存。而且有的生产又决定着设备、物资材料的采购与人力资源的聘用，从而决定着企业的投资与筹资活动。因此，现代企业以销售预算为起点来编制预算流程，然后再编制存余预算、产品产量预算、原材料与员工工资的预算、产品制造费用的预算等。由于市场竞争的激烈，市场出现了供过于求的局面。如果采用这种建立在销售预算编制基础上的预算模式，对我国现代企业的生存与持续、健康发展比较有利。

3. 建立在利润与成本目标为导向基础上的全面预算模式

近年来，随着信息技术的迅速发展与网络技术的普及，很多企业逐渐将全面预算的依托模式建立在网络的基础上。依据计算机网络为基础建立的全面预算模式主要包括预算管理机构、业绩指标的设计、预算表格体系、预算编制的方法与流程、预算的执行与分析、预算的考核等内容。这种模式的区别就是并未将预算与企业的战略发展目标、员工的奖惩指标等联系在一起。现代企业如果采用这种模式，对调动企业员工的工作积极性不利。企业的财务部门的工作也会是无效的。

4. 新型全面预算管理模式

新型全面预算管理模式的最大优点就是将现有的多种全面预算管理的模式进行有机的整合。它有效地将企业的每位员工、各职能部门、投资理财、各领导阶层进行了密切的联系，他们将以企业的总体经营目标为导向，经营企业的业务活动。与前面的几种预算模式相比，这种模式相对而言比较完整，具有较强的内在逻辑性，并有丰富的经验作支撑。

二、现代企业全面预算管理的意义

（一）现代企业全面预算管理的有效方法

现代企业要想在激烈的竞争中处于不败之地，就必须加强全面预算管理，在编制预算时尽量采取上下结合的方法。如，企业的领导层与管理层先根据企业的发展状况制定总体发展目标与各职能部门的发展目标，而各职能部门则根据基层单位制定的预算方案编制出部门的预算方案，最后向企业管理部门上报。这种上下结合的预算编制方式可以分解到各个部门来执行。企业进行全面预算要与企业的现金收支、预算的控制力与约束力、成本管理、职工的奖惩等相结合。如，奖惩主要是针对企业内部的财务活动行为进行的奖励与惩罚，对于那些严重违反国家财务制度的现象必须及时对当事人进行惩罚，并将其违反行为记录其业绩考核中。而对于那些恪尽职守、认真负责、为企业的全面预算出谋划策的员工，为降低企业的经济损失做出贡献的员工必须予以奖励。总之，现代企业的全面预算管理是一项系统性、整体性、规划性工程，更是现代企业的重要管理手段。我国企业要借鉴国外企业全面预算管理的先进经验，在企业推进全面预算管理，提高现代企业的管理水平、提升企业的核心竞争力，为企业战略发展目标的实现提供保障。

（二）现代企业全面预算管理的重要意义

全面预算管理是优化企业资源配置，提高企业经济效益的一种科学的管理办法。它以货币为计量单位，将决策目标所设计的经济资源的配置，以计划的形式具体地、系统地反映出来。它为企业的经营者、投资者和股东描述企业未来经营发展的蓝图。常言道，凡事预则立，不预则废。全面预算管理已经成为现代化企业管理不可或缺的重要管理模式。它通过业务、资金、信息、人才的整合，明确适度的分权、授权、战略驱动的业绩评价等，来实现企业资源的合理配置。全面预算是以战略目标为出发点，以市场需求为导向，全体员工参与，涉及企业生产经营全部内容的预算体系。

1. **全面预算可以比作企业经营管理和财务管理的纲，纲举目张**

（1）明确目标

通过编制预算，明确企业总体经营目标和各部门的具体目标，实际上是企业未来经营活动预期要达到的成果。目标明确，有挑战性，完成目标有成就感，才能最大限度地激发员工积极性。

（2）配置资源

编制预算的过程是根据企业经营目标，合理安排人力、物力、财力进行综合平衡，使企业的经济资源得到合理配置的过程。预算是使企业的资源获得最佳生产率和获利能力的一种方法。

（3）考核标准

通过编制预算，将企业各项目标分解为各个部门的责任和指标，这细分的责任指标就成为衡量各部门工作业绩的具体标准。预算管理是绩效考核、薪酬制度的基础，没有预算管理的指标体系，绩效考核、薪酬制度就是无源之水、无根之本。

（4）控制依据

就是运用预算规定的各项具体指标，对企业生产经营活动进行监督检查，发现偏差，分析原因，从而采取措施，使生产经营活动顺利地进行。

2. **全面预算所要达到的目标**

经过多年的实践运用经验，总结出全面预算管理能达到以下目标就可以认为取得了成效。

（1）统一思想

通过预算管理，使企业各部门和全体员工明确企业的经营目标和实现目标的具体措施，统一企业全体员工的思想认识和行动准则。

（2）规范生产经营管理

通过预算管理，使企业各部门和全体员工按照预算规定的要求，有序地开展工作，有利于企业建立良好的生产经营秩序。有序性等于有效性，良好的生产经营秩序对企业提高经济效益有很大作用。

（3）提高资金利用效果

通过预算管理，使企业在遵循资金运动规律的基础上，合理地安排和使用资金，把企业有限的资金充分运用好，发挥出最大的效能。资金是企业资源的集中体现，而企业经常感到缺钱，怎么把企业有限的资金运用好预算是很重要的方法。

（4）降低成本费用

通过预算管理，先算账后花钱，精打细算对控制成本和费用非常有好处。

（5）较好地应对市场变化

通过预算管理，使企业各级管理者，认真分析研究市场需求和资源供给的变化趋势，使企业各级逐渐提高管理水平，形成一种预见性的工作能力，较好地应对市场变化。

全面预算管理以其在企业经营中的独特功能及其达到的成效，表明在企业推行全面预算管理，对企业建立现代企业制度，提高管理水平，提升战略管理的应变能力有着十分重要的意义。

3. 企业推行全面预算管理的意义

（1）提升战略管理能力

战略目标通过全面预算加以固化与量化，预算的执行与企业战略目标的实现成为同一过程；对预算的有效监控，将确保最大限度地实现企业战略目标。通过预算监控可以发现未能预知的机遇和挑战，这些信息通过预算汇报体系反映到决策机构，可以帮助企业动态地调整战略规划，提升企业战略管理的应变能力。

（2）有效的监控与考核

预算的编制过程向企业和子公司双方提供了设定合理业绩指标的全面信息，同时预算执行结果是业绩考核的重要依据。将预算与执行情况进行对比和分析，为经营者提供有效的监控手段。

（3）高效使用企业资源

预算计划过程和预算指标数据直接体现了（企业）各子公司和各部门使用资源的效率以及对各种资源的需求，因此是调度与分配企业资源的起点。通过全面预算的编制和平衡，企业可以对有限的资源进行最佳的安排使用，避免资源浪费和低效使用。

（4）有效管理经营风险

全面预算可以初步揭示企业下一年度的经营情况，使可能的问题提前暴露。参照预算结果，公司高级管理层可以发现潜在的风险，并预先采取相应的防范措施，从而达到规避与化解风险的目的。

（5）收入提升及成本节约

全面预算管理和考核、奖惩制度共同作用，可以激励并约束相关主体追求尽量高的收入增长和尽量低的成本费用。预算执行的监控过程关注收入和成本这两个关键指标的实现和变化趋势，这迫使预算执行主体对市场变化和成本节约造成的影响做出迅速有效的反应，提升企业的应变能力。

第三节　优化企业会计环境

在高度发达的市场经济环境中，经济全球化将成为未来会计环境中占主导地位的影响因素，而且这种趋势下的国际会计大融合对我国今后的会计改革及会计事业的发展将起到影响作用。

一、会计的发展与经济环境的关系

会计是以货币为主要计量单位的，反映和监督一个单位经济活动的经济管理工作，是人类社会生产经营活动发展的产物。会计的发展经历了古代会计、近代会计和现代会计三个重要阶段，目前我国的会计依然处于不断发展和完善之中。古代的经济活动比较简单，会计活动也比较简单。随着人类社会的进步和经济的不断发展，商品经济活动也变得越来越复杂，于是出现了复式记账。我国的近代会计出现于复式记账前后，而以"公认会计准则"的"会计研究公报"的出现标志着我国进入了现代会计阶段。这一会计发展阶段，会计理论与会计实务都取得了惊人的发展，标志着会计的发展进入成熟时期。

（一）经济的发展促进会计的产生

随着人类社会的不断进步和经济的发展，社会出现了剩余产品，人们为了使剩余的产品得到保留、交换或分配，于是出现了管理的行为。在这样的情况下，以简单的人脑记忆和计算为主的记账方式已经不能满足人们日益复杂的商业行为，于是出现了会计的行业。会计的出现就是为了满足人们管理、生产行为的需要，是符合社会经济活动的客观需要，是商品经济活动生产和发展的需要。资本主义的萌芽引发复式记账方法的出现，工业革命导致成本会计的产生，经济危机情况下出现"公认会计原则"，现代科技的发展促进了会计电算化、会计信息系统的产生和发展。所以从历史的角度来看，经济的发展促进了会计的产生。

（二）经济环境能够影响会计的发展

经济环境是会计发展的前提，经济环境决定了会计的存在形式。经济发展状态对会计的发展有好的影响也有不好的影响。比如，在低碳经济环境下对会计的发展有了积极影响，对会计人员提出了更高的要求，使对会计人员的培养由原来仅仅侧重于会计、财务、审计等经济管理知识向会计理论知识与环境保护知识相结合发展，并提出了完善环境会计的对策：第一，完善环境会计体制，健全环境会计法律法规；第二，明确会计核算主体，确立低碳经济环境责任；第三，规范环境会计的披露方式，完善低碳经济披露。

经济的发展虽然在一定程度上对会计的发展有利，但是也有不利的影响。比如，在经济危机的时候，多数企业为了渡过难关，不惜提供虚假的会计信息，以便获取更多的利润，这种不良的经济态势严重影响了会计的正常发展。所以经济的发展在一定程度上能够影响会计的发展。

（三）经济环境的变化给会计发展带来了挑战

近年来，随着全球经济的发展，一种崭新的经济形态——知识经济时代到来了。知识经济时代的到来，必将推动社会向前发展，同时也会给财务会计带来一系列的影响和挑战。比如电子计算机的运用，不仅促进了会计记录和数据处理上效率的提高，更重要的是，因为信息技术产业和互联网的发展，使会计工作本身也发生了革命性的变化，同时也对传统的会计工作方法提出了新的挑战。电子商务的无纸化，使得传统会计收入的确认和计量原则难以应用。而网络信息的快速传递和实时性特点也会对定期进行会计报告的会计制度提出质疑。在新的资产结构中，以知识为基础的专利权、商标权、商誉、计算机软件、人才素质、产品创新等无形资产所占的比重将会大大提高。而如此重要的知识资产，在传统会计中却得不到反映，使一些技术型企业报表披露的资料与实际情况不符。会计信息使用者仅仅通过媒体或传闻来了解他们所关心的信息，这无疑会增加会计信息使用者与企业之间的隔阂，甚至造成误导，这是与披露会计信息的初衷相违背的。

（四）会计能够促进经济的发展

会计是经济活动的基础，是企业进行管理的重要手段之一，随着经济社会的发展，国家向着多元化发展，企业内部结构也逐渐呈现多元化，此时就需要发挥会计的管理职能，通过会计活动，进行企业内部监督、控制，促进企业内部积极有效地执行经济活动，促进企业经济发展。从国家角度来看，国家有关部门通过提供的会计信息，运用会计手段，监督国民经济的发展状况，对经济运行中出现的问题及时做出正确的政策进行宏观经济调控和微观经济管理，从而避免限制、阻碍经济发展的不稳定、不协调因素，有效促进经济的发展。

二、社会经济环境对会计理论及模式的影响

（一）社会经济环境对会计方法及理论的影响

1. 对会计对象带来的挑战

会计对象是指企事业单位在经营过程中流动的资金现象，这些流动的资金就是会计需要计算和控制的内容。是反映会计要素的冲击，其具体表现就是会计要素根据社会形势的变化来不断调整。因为，要更好地适应经济的变化发展，就必须及时修改会计要素，由此才能够为会计的目标做出相应的准备。

2. 对会计目标带来的挑战

会计目标是指会计所需要达到的目的，会计主要是生成和提供会计信息。"受托责任观"与"决策有用观"是关于财务会计目标的两大主流观点。"受托责任观"认为，财务会计的目标是反映受托责任的履行情况，因此，财务会计应以提供反映经营业绩的信息

为重心，且在反映财务信息时主要强调客观性和可靠性。"决策有用观"认为，财务会计的目标是为了向财务会计使用者提供有助于他们做出合理的投资、信贷及类似决策的信息，因此，财务会计应以提供反映企业现金流动的信息为重心，且在反映财务信息时主要强调相关性和有用性。显然，考察财务会计的目标必须与具体的社会环境与经济环境相适应。在资本市场不太发达的情况下，"受托责任观"比较切合实际，它能使企业的会计行为与其经济行为一致。而在资本市场比较成熟的情况下，"决策有用观"显得更为科学，它促使财务会计的理论与方法产生质的飞跃。

3. 对会计计量带来的挑战

会计计量就是用货币等不同的计量单位来计算各种经济业务发生的过程，用明确的数字计量来确定事物发生之间的关系。以前会计在计量方面是用成本计算、折旧、损益类等实务来表现，这种计量成本的模式是过去传统的方法。而在经济社会，人们讲究的是无形资产代替有形资产。由此可见，传统的计量模式将被公允价值计量的模式取代。但是公允价值模式的计量法带有主观判断性，缺乏可靠性，而历史的成本计量模式具有可依据性，比较客观。所以，面临不断变化发展的社会经济环境，在推行以公允价值为基础的计量模式要依据传统的成本计量模式，这也是未来会计发展的趋势。

（二）社会经济环境对会计模式的影响

1. 会计管理体制与经济环境

一国会计管理体制类型是由其经济体制来决定的，一般会采取集中与立法型会计管理体制，大多是政府部门制定会计规范。

2. 会计信息披露制度与经济环境

会计信息披露的实质是在不同的会计信息使用者之间配置会计信息的一个政策问题，会计信息披露制度被分为公开、核准和混合制度。会计信息披露包括财务报表、财务报表注释、补充信息及其他会计信息等。对于会计信息问题，日本和法国对信息披露是十分具体的，并且会计信息披露的内容有很多。这是在两国经济体制下政府力量的表现。而相比较这两国来说，美国对会计信息披露的规定就比较笼统，但是在实务中，会计信息披露的内容很多，证券交易所对信息披露的要求也十分严格，这样充分体现出美国经济中政府力量较小。会计信息披露的时间要求和披露的频率不同，反映了各国对会计信息质量特征的重视不同，同时也表现了各国对吸收外资的政策不同。由此可见，在既定的经济环境下，既要充分考虑到本国证券发展的阶段及投资者的心态，也要考虑到本国经济体制等诸多因素，这样才能建立并完善本国的会计信息披露制度。

3. 会计准则与经济环境

在各国会计中，会计准则都占有举足轻重的位置。但是会计准则的产生是经济环境变化的结果，会计准则的存在、发展则需要适应既定的经济环境。为了更深刻地认识到会计准则，还要深入地研究会计准则与经济环境的相互联系。随着股份公司的发展，公司所有权与经营权相互分离，公司的投资者越来越多，投资者种类也越来越多样化，真实公允的财务报表成为需要，随之也产生了对会计准则的需要。

（三）社会经济环境对会计实务的影响

（1）会计电算化从低级向高级发展，会计工作的重点发生转移。传统的会计工作集中于确认、计量、记录和报告。随着会计环境的变化，会计电算化被广泛应用，会计人员从繁杂的日常会计事务转向参与决策和经营分析等方面。

（2）会计核算方法的选择着重强调科学性和合理性。简化核算不应当再成为评价会计方法是否应当选用的标准，而是将科学性和合理性当作选择会计核算方法时唯一需要考虑的因素。

（3）增强会计信息的时效性和多样性，导致财务报告体系的改革。在社会经济大环境下，会计要消灭信息"孤岛"，实现信息集成。由于不同用户对会计信息有不同的需要，所以会计应当建立多元化的会计频道，提供不同的会计信息来满足不同用户对会计信息的要求。

（4）对国际会计准则的需要更加迫切。社会经济环境在客观上要求国际会计准则对会计信息应予协调和统一。

（四）对社会经济环境的影响做出的相关调整

1. 借助于政府的影响力对经济环境进行有效规范

目前，我国的市场经济体制还有很多缺陷和不足，这就要求政府采用适当的法律或其他政策来正确地规划经济体制，干预市场的发展形势，从而为会计工作的正常发展提供良好的经济环境。

2. 改变会计计算的计量模式

在社会无形资产不断增多的状况下，也应该对会计计算的范围作出调整，尤其是在知识经济时代到来后，更决定了传统的成本计量模式已经出现许多不足，无法适应社会发展。因此，改进会计核算和计量模式就成了必然。首先，要增加会计信息的容量，充分考虑到非货币形式的模式。其次，还要采用货币计量和非货币形式的计量模式，结合传统的成本模式和多种计量模式来改变会计核算的计量模式。通过这种方式的结合才能确保企业会计信息的全面性。

3. 跟上国际会计的步伐，健全会计制定标准

会计作为一门国际化的管理学课程，我国必须跟上国际会计的步伐，严格依据国际会计的变化形势，降低会计准则中的多项会计方法和标准。同时，也要避免由于主观性的控制出现会计信息不准确的问题。

在社会经济大发展背景下，如何确保会计在社会经济环境的影响下稳定的发展成了主要研究课题。所以，会计专业人员要不断提升自身的业务能力，在今后的事业发展过程中找到经济环境与会计融洽互动的有效解决方法。

三、当前经济环境下会计计量模式的选择

经济环境可分为外部经济环境与内部经济环境。外部经济环境指一个国家所面临的世界经济环境，而内部经济环境指一个国家国内的经济环境。不同的计量属性，会使会计信息反映的财务成果和经营状况有所差异。中国新的《企业会计准则——基本准则》中对计量属性专门做出了规范，规定了包括历史成本、重置成本、可变现净值、现值和公允价值五种主要的会计计量属性。

（一）计量属性之间关联

从我国的会计实践看，历史成本计量属性长期以来一直占据主导地位。近年来，随着资本市场日益发展，融资手段逐渐丰富，社会投资者和债权人等利益群体越来越关注会计信息的掌握和运用，对决策目标的要求越来越高。在这种情况下，对计量属性一般采用历史成本，在确保可靠的前提下可以应用其他属性，从而形成五种计量属性并存的状况。在考虑时态因素的情况下，计量属性可分为历史价值和现时价值两类。其中，历史成本可归为历史价值计量，其他四种计量属性则都属于现时价值计量。如重置成本指现在购买资产或偿付债务所需支付的现金或现金等价物金额，公允价值指当前公平交易中，熟悉情况的交易双方自愿进行资产交换或者债务清偿的金额，这两种计量属性直接包含了现时价值的概念；可变现净值以资产未来销售将收到的现金或现金等价物金额扣减至资产完工时预计发生的成本、费用和相关税费计量，现值则以资产或负债未来现金净流量的折现金额计量。尽管这两种计量属性均考虑了会计要素的未来价值，但都通过抵减或折现等方式予以变换，因而亦可归属为现时价值的范畴。

值得一提的是，在四种现时价值计量属性中，公允价值较为特殊，属于一种复合或综合性的计量属性。其他三种现时计量属性相互之间非此即彼、相互排斥，而公允价值则包容了其他计量属性，在特定情况下，以公允价值计量的结果很可能是其他三种计量之一。公允价值强调的是在交易公平、双方知情和自愿条件下所产生的市场交换价格，只要符合相关条件，所产生的价值就属于公允价值，而不需考虑其计算方式。此外，从重置成本和可变现净值的含义来看，重置成本指现时阶段获取资产或偿还负债所需支付的现金流量值，实际上等于未来期间折现对结果无影响的"现值"；可变现净值是指实现资产销售所收到款项和需付出成本税费的差额现金值，这一计算过程显然可视作现值计量的简化。从这一角度看，重置成本和可变现净值均可理解为现值的简化计量模式，更侧重计算方法的表述而较少体现要素反映的实质，主要是为满足实务操作的需要而作为两种单独计量属性在新准则中加以明确。事实上，会计计量不论采用什么模式，本质上都应以能够反映其真实价值为标准，最大限度地满足会计目标的要求，但在会计实务中很难将会计目标和会计计量模式进行一一对应，只有使多种计量属性共存并相互配合才能符合会计多元化的目标，满足各方面会计信息的使用者对多元化会计信息的需求。

（二）会计计量模式的变迁因素

在市场经济下，会计目标应是决策有用性与受托责任性相结合。因为：首先，决策有用性对两权分离（所有权和经营权分离）的认定更适合于当下，因而，决策有用性对会计目标的表述更为恰当。其次，两种观点各自所认定的两权分离是同时存在的，在资本市场上既有能够行使控制权的大股东，也有中小股东。从理论上讲，经济时代的理想会计目标观念应当是两种观点的有机结合，既重视决策有用性，又不轻视受托责任。

1. 经济环境

一般说来，无论采取什么样的计量属性，都要适应当前的经济环境。现代经济已逐渐向知识经济转型，人力资源、无形资产等会计要素的计量越显重要，这对会计计量模式提出了新的要求。

2. 政治因素

在不同的政治体制下，政府对经济资源的配置与管理的要求和侧重点不同。在计划经济体制下，国家拥有全部固定资金、土地和其他经济资源，很少甚至没有企业财产的私人所有权。例如企业没有土地所有权，在单一公有制经济下也不需评估确认与计量土地使用权，在改革开放、引进外资、合资入股时，才产生将土地使用权作为一项重要的"无形资产"进行确认与计量。

3. 技术因素

21世纪是以现代科学技术为核心，高科技产业为龙头和支柱的产业模式，这种新型的技术环境推动了会计计量方法的发展。如网络使信息的沟通更加快捷，会计人员可以迅速获得相同或相似资产的市场价格作为计量依据，提高了财务信息的相关性，相应地，现值、公允价值等计量模式将得到广泛应用。随着会计环境的变化，经济活动变得极其复杂。资本市场的发展，资产取得方式的多样化，使资产价值形成不再是一次投资的结果，债务重组、企业合并、租赁等经济活动变得更加频繁，这些都加大了会计确认和计量的难度。传统计量模式是封闭的过程，它不能全面准确地反映真实情况，而公允价值计量模式则能准确地反映交易的实质。

（三）我国会计计量模式的现实选择

1. 历史成本计量属性仍是重要的计量属性

因为历史成本属性所依存的社会经济环境没有发生根本的改变，现阶段，我们仍处于工业经济为主的社会，有形资产仍然是绝大多数企业的主要资产形式，对于有形资产，历史成本应作为主要的计量属性。此外，除历史成本外的其他计量属性在很大程度上要依靠会计人员的判断与估计，这种人为因素的影响使会计信息带有一定的主观色彩，使得会计信息的可靠性难以保证。历史成本由于具有客观性和可验证性，仍然会在计量属性上起重要作用。

2. 公允价值成为主要的计量属性之一而且在未来将扮演越来越重要的角色

这是因为：第一，公允价值很大程度上已将要素时间价值考虑在内，成本费用与收入的配比就有了逻辑上的统一性，可以真实地反映一个企业当期的财务状况和经营成果，进而使公司的决策者作出准确判断。第二，那些没有明确的历史成本支出，但对企业发展极具重要意义的"软"资产项目也可以计量，能真实反映企业的资产和负债的价值。第三，它排除了相关主体的特定交易价格，只取一般公认市价，不考虑相同要素在不同主体之间、不同用途状况下效用或价值的不同。第四，金融工具和金融衍生工具层出不穷，而公允价值是计量众多无形资产和金融工具、金融衍生工具等价值变化快的会计要素相对较好的计量属性。

3. 公允价值并不是真正意义上的第五种独立的计量属性

它仅仅是对前面所分析的计量在市场交易条件下的一种再现和重复，是一种复合型的计量属性。公允价值从定义上并未反映作为一个独立的计量属性所应有的在时间、交易性质、交换价值类型等方面的特征。在交换价值的类型上，要分清投入交换和产出交换价值。同时，公允价值的本质只是市场对计量客体价值的确定，只要参与市场交易的双方通过某种可观察的市场金额或在允当合理的基础上通过估计相关的计量属性，从而自愿达成一致的交易价格就是公允价值。从理论上讲，所有会计计量属性的最高目标应该是提供所计量资产和负债在特定时日和特定市场情况下的真实、公允的价格。从这个角度来看，公允价值是所有现存会计计量属性的核心，它与所有会计计量属性相联系，并统领它们。

人们必须考虑周围经济环境及其对会计工作的影响并做出反应，努力协调好会计与经济环境的关系以便促进我国会计的进一步发展。相信随着经济的发展和改革的深入，会计计量会逐步走向现代化，会计计量模式会更加系统完善，多元化会计目标会得到更好的实现。

四、优化企业会计环境的方法

管理会计是指在当代市场经济条件下，以强化企业内部经营管理、实现最佳经济效益为宗旨，以现代企业经营活动及企业价值表现为对象，通过对财务等信息的深加工和再利用，实现对经济过程的预测、决策、规划、控制、责任考核评价等智能的财务分支。管理会计环境是指企业的管理会计体系内部的环境和整个外部环境，比如在企业中内部环境一般指一些财务活动、业务操作和规章制度等，外部环境一般指企业所处的大的经济和法律环境。管理会计环境对能够有效全面开展会计工作具有很大影响作用，尤其是内部环境可以产生很大作用，因为管理会计针对的就是企业内部进行的经营决策，所以内部环境影响更为显著。就像在企业中形成的会计管理体系，明确的规章制度、良好的组织文化和结构设计都能够很好地推进管理会计的正常发展，企业员工能否积极配合管理会计工作很大程度也跟组织文化有关系。

（一）对我国管理会计环境进行识别和分析

1. 我国企业管理会计环境的现状

从企业内部环境来看。管理会计正处于起步阶段，在企业中并没有形成完整的管理体系，领导人和管理层对管理会计的概念及其实施方式并不了解，这就造成当前在企业内部没有一个很好的内部环境形成，使得管理会计不能充分发挥自身作用。而且一些企业内还存在管理制度和组织结构不合理之处，也对管理会计造成破坏。在企业外部环境方面，从市场经济体制建立以来，我国会计工作紧密服务于经济财政工作的要求，同时会计在不断改革和发展中越来越完善，像会计准则、会计信息化等都已形成相对完整的体系，并取得良好效果；但是，我国的管理会计发展相对落后一些，需要进行不断的深入研究探讨。

2. 企业管理会计环境存在的问题

管理会计体系存在缺陷，缺乏科学的管理会计思想。管理会计在企业中的具体应用大多体现在规划、控制、决策和业绩评价等领域，在企业管理中没有完整的管理会计体系是一个显著问题。出现这种现象的原因可能是由于企业制度的不完善、组织结构不合理等造成的问题。另外就是没有详细准确的管理会计工作流程和企业内相关部门相互协调，同时也使得一些建议不能被采纳。管理会计意识薄弱主要体现在企业内的管理人员和财务人员没有认识到管理会计的本质，及其在企业决策中的重要作用。

没有充足信息支撑管理会计，人员素质偏低。虽然信息化已经在企业中得到广泛使用，但是没有形成科学的信息系统，很多企业仍然停留在传统信息收集模式。使得管理会计信息与财务状况不能很好地对接转化，影响管理会计工作进行，使其不能形成完整管控闭合系统。企业内缺乏对高素质人才的引进，难以形成高素质的管理会计团队，仅通过对现有会计人员的培训，不利于做出科学决策而产生良好经济效应。会计人员只掌握传统的会计核算已不能适应新常态下企业经营管理的需要，财务管理转型升级已迫在眉睫，所以，管理会计人员必须具有良好的管理能力，才能创造更好的管理会计环境。

（二）优化企业管理会计环境的对策

1. 不断完善管理会计体系

建立一个完善的会计管理体系，并根据外部环境变化进行及时的改变和调整体系内容。激发企业管理活力和创造力，促进企业的预算管理和绩效管理；深化会计改革力度，是进一步深化企业改革，推动会计人才水平、会计层次、会计事业上台阶的重要举措。

2. 提高企业管理层的管理会计意识

为了优化会计环境应从提高领导层相关意识入手，使他们能够正确认识管理会计在现代企业中的重要作用。管理者应深入领会管理会计的内涵，增强对风险分析力度，明确激烈竞争形势。企业需要在有积极决策控制监督的领导者的带领下，强化企业风险管控，依据外部环境的变化对企业的战略进行调整，充分发挥管理会计在这个过程中的积极影响作用。

3. 搭建可衔接的信息平台

企业应该以信息化为手段形成会计与业务的融合，推进我国管理会计的发展。首先要引导企业将信息化应用于管理会计中，对管理会计信息进行监控，并对业务进行事前、事中、事后动态监督，一旦预测业务或者决策存在财务风险发生时，做出具体分析报告向管理层进行汇报，并且能够及时有效的处理，形成完善的闭合管理。

从我国的企业会计管理现状分析，仍然存在一些明显的问题，比如没有形成完整的会计体系、企业领导层缺乏管理意识没有良好的带头作用、没有信息化的平台和充分的信息化应用，而且企业没有高素质的管理会计工作队伍等不良现象存在。所以必须非常重视企业进行管理会计环境优化工作的进行，并就现实中存在的问题分析研究提出好的解决措施，这样才能更好地优化管理会计环境。

第八章 财务管理创新模式选择策略研究

在财务管理实践中结合新组织的情境对企业家引进或创造的创新原型进行整合与修正至关重要。本章主要分析财务管理模式选择策略研究的意义与财务管理创新影响因素和企业家导向及财务管理创新模式的适配框架。

第一节 财务管理模式选择策略研究的意义

适配理论的核心是通过协调系统内的要素，使其相互匹配，进而实现系统的长期稳定与发展。因此，除了财务管理创新系统内部协调，确保财务管理创新系统自身的稳定外，还需要将财务管理创新放在更为宽泛的组织系统中，即组织面临的内外部环境系统中，实现大系统的协调和匹配。为此，从相对宏观的层面出发，探究在不同组织内外部环境组合要素情境下，如何对所采取的财务管理创新模式做出选择，进而满足不同情境的适配需求。

一、问题提出的意义

由于组织是一个由特定的内外部情境构成的复杂有机体，因此不管是引进型还是自创型财务管理创新，在实施创新模式时，都必须找到组织实践中的适配点。组织的内外部环境共同作用决定了组织的适配点。组织的外部环境的发展变化造成内部管理与运营落后，所以会驱动企业开展管理创新；内部环境主要指组织内部问题，企业高管层选择和实施新实践或方法的直接目的在于解决内部问题，伯金肖等也指出管理问题驱动了管理创新活动。财务管理属于管理活动的组成部分，而且是核心部分，也不例外受组织外部环境的动态性和组织内部问题的驱动而进行创新。这是组织内外部环境主导的均衡适配理论主张的观点，但是这一观点也有其不足之处，原因在于其忽视了企业家导向，对财务管理创新模式的影响，这也解释了为何外部环境、资源和能力都相同的企业的财务管理创新模式可能会大不相同。因此，分析企业的财务管理创新模式时，除了考虑企业的外部环境以及内部资源和能力两个维度外，企业家导向这一维度也必须予以考虑。

以上问题主要存在于理论研究中，在财务管理创新模式实践中存在的主要问题是如何选择合适的创新模式。通过对北京、杭州、天津、沈阳、大连和济南等地的多家企业进行调研，发现没有"因地制宜"，即没有根据企业实际情况选择适合的财务管理创新模式类型是导致财务管理创新难以高效实施、成功率低的主要原因。由此可见，现有的财务管理创新理论和实践都存在着一些问题。理论方面，现有的经典模型未能充分考虑适配主体的重要作用；而实践层面上，企业又难以根据自身实际情况选择适合的适配模型。因此，在现有经典适配理论的基础上，构建出一个不仅涵盖企业内外部环境还要囊括企业家导向的财务管理创新适配模型，除此之外，还将财务管理创新模式自身也纳入模型当中，以弥补现有理论的不足，并提高财务管理创新的实践性。

二、方案设计的意义

现有的经典理论模型未能充分考虑适配主体作用，而实践中可操作性有待提高。因此，必须根据中国企业的实际情况构建财务管理创新模式的适配模型。该理论分析将中国企业的内部环境、外部环境、企业家导向以及财务管理创新模式四个子系统都纳入在内。从三个维度出发，构建了一个以经典分析理论为基础的财务管理创新适配模型。这三个维度是：①影响中国企业财务管理创新的因素，其中包含影响企业财务管理创新模式选择的重要内部和外部环境因素，并进一步把影响因素区分为驱动因素和支撑/阻碍因素；②财务管理创新的企业家导向类型；③财务管理创新模式。在研究过程中力求使这三个维度实现适配。在研究过程中，根据研究需要将这三个维度分解为两部分研究。第一部分框架的前两个维度为研究对象建立映射关系框架，第二部分以框架的后两个维度为研究对象建立映射关系框架。

具体研究思路：首先，选取具有代表性的企业进行分析，归结出基于财务管理创新企业家导向的企业类型体系。而代表性企业的选取可以依据"财务管理创新的影响因素及行为调查问卷"中的企业财务管理创新行为调查量表；其次，在上一步骤的基础上构建框架的第一个映射模型，财务管理创新企业家导向类型和其影响因素之间的映射关系模型；再次，构建框架的第二个映射模型，财务管理创新企业家导向类型和财务管理创新模式之间的映射模型；最后，在以上步骤构建的两个映射框架的基础上，又将两个映射框架予以整合，以企业家导向为桥梁，构建财务管理创新框架三个维度之间的映射关系，最终形成了企业财务管理创新模式选择的具有三层映射关系的适配模型。

在进行研究设计之前对已有的相关理论研究进行了检索，并没有相关的研究基础。由此可见，中国财务管理创新模式的适配模型的研究还处于探索阶段，通过案例研究的方式剖析中国财务管理创新模式选择机理显得尤为必要。需要通过案例研究弄清如下问题：中国企业在财务管理创新模式的选择上有何种倾向？企业选择财务管理创新模式时，企业家导向是否发挥了关键作用？发挥了怎样的作用？选择财务管理创新模式时，中国企业应如何进行抉择？在研究上述问题时，由于企业众多，不同类型企业财务管理创新模式的选择也不尽相同，因此，研究案例也应充分考虑各种可能的情况才可以支撑所得出的关于中国企业财务管理创新模式选择的结论，这也决定了必须要采取多案例研究的方法，对中国企业财务管理创新的适配模型进行构建和检验。

除此之外，在构建财务管理创新适配模型的第一层映射关系（财务管理创新影响因素企业家导向类型）时，为了对企业的不同企业家导向类型进行分类，采用聚类分析法。在构筑第二层映射关系时，采用了扎根理论的研究方法。

第二节 财务管理创新影响因素与企业家导向的适配框架

一、财务管理创新企业家导向类型

中国企业财务管理创新模式选择中存在的一个重大的问题就是未能准确地定位本企业，识别本企业类别，并意识到本企业与其他企业的不同点，导致决策失误。基于此，本部分基于"财务管理创新影响因素调查问卷"中的数据对企业进行聚类分析。由于目前缺乏关于财务管理创新企业家导向分类的文献基础，对财务管理创新企业家导向类型进行分类仍属于探索阶段，需要在研究过程中不断修正与改进，以确定最终对应类别，所以选用凝聚法聚类分析方法。从问卷调查得到的97个有效样本企业中采用随机抽样方法选取了16家样本进行了聚类分析。

16家样本企业中的新华制药（XH）、华英农业（HY）、正泰（ZT）的企业家导向处于初级阶段，因此将其命名为财务管理创新的消极响应者；聚类2中的太钢（TG）、宝钢（BG）、中国移动（ZY）、思源电气（SY）的企业家导向较低，将其命名为财务管理创新的跟随者；聚类3中的传化集团（CH）、华为（HW）、中交二航局（ZJ）、兵器集团（BQ）、中海油气电（ZHY）、武钢（WG）、中航工业（ZH）的企业家导向较高，将其命名为财务管理创新的积极响应者；聚类4中的海尔（HA）、长化（CH）在财务管理创新的企业家导向上表现得很高，将这些企业家导向很高的企业命名为财务管理创新领导者。

分析16家样本企业的调查问卷，财务管理创新消极响应者的财务管理创新的三个特征指标都很低，这些企业对财务管理创新表现出消极的响应态度，主要由于这些企业自身能力有限，无暇顾及财务管理能力提升。财务管理创新的消极响应者以中小型企业为主，其中，小型企业占了更大的比重。这些企业所处的环境表现出不一致，有的处于较稳定的环境中，有的处于较高不确定性的环境中。对处于低不确定性环境中的企业，其财务管理能力基本可以满足其发展需求，但综合来看，企业的整体能力较弱；对处于高不确定环境中的企业，其财务管理能力无法满足其发展需求，但由于企业各方面综合能力存在的限制，使这些企业的企业家无法积极实施财务管理创新。

财务管理创新消极响应者的两个比较典型的企业有华英农业和正泰。首先，处于较稳定环境中的华英农业，其主打产品肉鸭属于半活消费品，其销量基本不受经济周期影响。而且，虽然上游企业的养殖成本提高，其产品成本随之上涨，但肉鸭售价也相应提高，对华英农业并不会造成重大影响，因而，华英农业处于低不确定性的环境之中。其次，华英农业以农民为主的员工性质及固定的操作流程也导致了组织内部氛围不强。同时华英农业的董事长多次在公开场合表示了融资的欲望，但是却并未筹取足够资金支持公司发展。最后，华英农业发展过程中在管理上从未进行明显的创新，其企业家导向也较弱。综上所述，华英农业处于低不确定的外部环境中，同时综合能力不强，企业家导向也较弱，所以属于财务管理创新的消极响应者。

处于外部环境不确定性较高的正泰，其属于低压电器行业，早在中华人民共和国成立之初，低压电器业就不断发展完善，现如今已经发展到比较成熟的阶段。如今市场上该行业企业众多，竞争激烈，外部环境变化迅速。面对高度不确定性的外部环境，虽然正泰在技术创新方面有所引进、消化吸收和再创新，但由于管理人员的创新意识不强，正泰的管理还一直停滞不前，并未进行大幅度的管理变革，这也反映出在财务管理创新的企业家导向方面，正泰还表现出很大的不足。

通过对16家样本企业调查问卷的分析可以得出，对于财务管理创新跟随者而言，其财务管理创新的几个特征指标都是较低的。这些企业很少进行原创性的财务管理创新，其财务管理创新的路径主要是模仿行业中的其他企业。大中型企业占财务管理创新跟随者的大多数，其特点是在正常的营运之余，有能力通过模仿其他企业的财务管理创新来推动本企业财务管理能力提升，最终支持和保障公司的发展。

财务管理创新跟随者一般在高不确定性的环境中运营且企业已经有较强的综合能力，但可能受到企业内部创新氛围不足、风险承受能力较低或是企业家导向不足等因素的制约，导致其没有成为财务管理创新的积极响应者或是领导者。

太钢是企业家导向较低企业的一个典型例子。中国虽然是产钢大国，但是铁矿石却严重依赖进口，一些特殊钢种的添加原料更是严重依赖进口，这种格局对钢铁行业形成了资源约束效应。此外，中华人民共和国成立后受发展工业经济的影响，中国前些年建立了很多大型的钢铁企业，同时，也产生了上千家小型钢铁生产企业，竞争十分激烈。资源约束加上激烈竞争导致中国钢铁企业面临着较高的不确定性。在中国，生产不锈钢的两家比较有代表性的企业有太钢和宝钢。整体来看，太钢的企业家导向要弱于宝钢，这可以从技术和管理两方面体现出来。技术上，太钢的新产品研发较慢，生产工艺也较为落后；管理上，太钢一直坚持原来的传统管理方式，未能在管理制度、管理体制等方面创新，这也表明了太钢的企业家导向较弱。而财务管理创新的企业家导向作为企业家导向的一个方面，因而太钢的财务管理的企业家导向也较弱。近年来，太钢主要实行以下财务管理创新：全面预算管理、资金管理信息系统体系建设、设立财务公司等，但是，这些财务管理实践并非太钢原创，而是模仿了其他钢铁企业（如武钢）的创新实践。

对于财务管理创新积极响应者而言，其财务管理创新的三个特征指标都较高，这些企业的特点是意识到了财务管理对保障公司发展战略实现的重要作用，财务管理随着公司发展战略的进行而发展。财务管理创新的积极响应者多是处于高不确定环境中的大中型企业，整体能力较强。在高不确定环境和较强综合能力二者共同作用下，形成了财务管理创新积极响应者的企业家导向类型。中交二航局是财务管理创新积极响应者的一个很典型的例子，在财务管理过程中，中交二航局发现公司分散化的财务管理模式导致企业财务管理效率低下，财务管理成本高，可是当时，中国建筑施工行业由于项目部和财务部的分离往往采用分散化的财务管理模式。在这种情况下，中交二航局率先在财务管理过程中对财务共享服务进行了探索和建设。从这一点来看，中交二航局属于财务管理创新的积极响应者。

另外，以传化集团为例，在财务管理过程中，传化集团发现公司非信息化的财务管理手段效率低下，但是在20世纪90年代的时候，信息化管理技术并未在企业当中得到普遍运用，尤其是民营企业由于自身资源（如资金）的限制，在财务管理过程中对信息化的运用极少。在这种情况下，1997年的时候传化集团率先引入CIS信息管理系统，成为国内最早运用这一财务信息化管理系统的民营企业。

2008年的金融危机，因为原材料价格不断上升对企业毛利率的"侵蚀"，所以传化集团还自行开发了快速成本传导机制，在行业中属于首创。在内外部环境发生变化时，传化集团迅速反应并制定出相应的财务管理创新模式予以实施，符合财务管理创新积极响应者的特征。

对于财务管理创新领导者而言，其财务管理创新的几个特征指标都是极高的，这些企业的财务管理创新表现出很强的主观能动性，甚至超越企业战略需求，而不是被动改变。财务管理创新领导者多是综合能力极强、处于高度不确定环境中的大型企业。强大的综合实力与高度不确定的环境导致了财务管理创新领导者极高的企业家导向。长虹是财务管理创新领导者一个很典型的例子，完成了财务共享变革并不是长虹信息化在财务应用上的终结，长虹已经提出新的目标，要做智能和大数据时代的引领者。基于云计算和大数据技术，打造财务共享的升级版，推出了以企业信息化管理为支撑的"智能化系统管理平台"，这属于行业中首列，除了大大提高财务管理效率外，还给长虹带来额外的利润。长虹主动进行财务管理创新并获得额外收益，是财务管理创新的领导者。但是，财务管理创新的领导者和积极响应者之间并没有一个明确的界限，只是财务管理创新领导者的创新意愿强烈一些。同样的问题也存在于财务管理创新积极响应者群体中，某些企业有可能同时也是财务管理创新跟随者，称其为财务管理创新积极响应者主要是由于其企业家导向更强一些。

二、财务管理创新影响因素与企业家导向映射关系模型

对于财务管理创新消极响应者，由于其资金能力、技术能力、管理能力及企业家导向较弱，财务管理创新的阻碍力过强，超过了财务管理创新的驱动因素和支撑因素。这时，企业难以形成创新性的财务管理模式。但当外部环境的变化导致企业仍按照原来的财务管理模式难以生存时，其将会进行被动的财务管理变革。由此可见，外部环境不确

定性的高低是影响财务管理创新消极响应者的最重要因素。

对于财务管理创新跟随者，受外部环境高不确定性影响，资源约束会作用于其企业家导向；模仿型和企业家导向较弱均可列入财务管理创新跟随者范畴。企业家导向弱而形成的财务管理创新跟随者一般为风险承受能力较弱，资金实力不足。同时，管理能力可以确保财务管理创新跟随者能够从外部获取财务管理创新的相关信息并保障其在企业顺利实施，因而，管理能力也会影响财务管理创新的企业家导向。而技术能力不会影响到财务管理创新的风险，故其不会对财务管理创新的企业家导向造成影响。

对于财务管理创新积极响应者，也面临着高度不确定的外部环境，因此资源约束会影响其财务管理创新企业家导向；同时，能够对企业的战略做出及时的响应，定期扫描企业财务管理能力以及存在的问题并进行分析，进而有针对性地在第一时间开发出支撑企业发展战略的财务管理模式，因此企业发展战略是财务管理创新积极响应者这一企业家导向函数的自变量。此外，由于财务管理创新积极响应者能够迅速反应，根据企业制定的发展战略设计并实施创新性财务管理模式，因而其财务管理创新的几个特征需要同时满足，即创新性、先动性和风险性都要具备。财务管理创新开发并实施的支撑因素包括企业家、资金能力、管理能力和技术能力（科技因素）。因而，财务管理创新的这四个影响因素也会影响到财务管理创新积极响应者的企业家导向。

财务管理创新领导者是积极响应者在创新能动性方面的进一步提升，这也决定了财务管理创新领导者的企业家导向函数是财务管理创新积极响应者企业家导向函数的进一步发展。发展战略与财务管理之间的关系是区别财务管理创新领导者和积极响应者函数的重要因素。财务管理创新积极响应者的财务管理模式完全服务于其发展战略，根据发展战略的改变而变化。而对于财务管理创新领导者，其财务管理本身提升了战略的高度，财务管理战略不仅仅服务于发展战略，而且还起到提升企业价值和形象的作用。

第三节　企业家导向与财务管理创新模式的适配框架研究

财务管理创新适配模型的第一部分适配框架已经构建完成，本节的研究重点是构建适配模型的第二部分适配框架，即后两个维度：财务管理创新的企业家导向类型和财务管理创新模式间的函数关系，便为企业在识别自己所属的财务管理创新的企业家导向类型的基础上，能继续参照这一框架为企业选择适合的财务管理创新模式。但由于这部分内容也缺少相关的理论研究，本节仍继续采用多案例进行探索性研究。具体的研究思路如下：首先，通过对多案例的研究总结归纳出不同财务管理创新企业家导向类型的企业都应用了何种类型的财务管理创新模式；其次，在上一步骤的基础上分析企业家导向是否对财务管理创新模式造成影响；最后，构建财务管理创新企业家导向和财务管理创新模式间的关系框架。

一、样本筛选与确定

在理论构建过程中，在每种财务管理创新企业家导向类型下都保证有两个样本企业作为支撑，保障理论模型的有效性。为保证足够的样本数量，在剔除一些不适当样本后，根据典型性、广泛性等原则增加了 6 个样本，分别是中石化、东盛仪表、绿风食品、中石油、GE 和花旗银行，这样每种财务管理创新企业家导向类型都有 4 个样本作为支撑，同时也最大限度保证专家有空间选择最合适的 2 家样本企业。

东盛仪表、绿风食品、兵器集团、中国移动、思源电气、武钢 6 家企业的财务管理模式的适配程度的可分析性得分相对较低，因而，将这 6 家企业从样本企业中予以剔除。此外，考虑到海尔和长虹均为中国本土企业，因而在财务管理创新领导者企业家导向下，选择了海尔和长虹作为进一步的研究案例，将 GE 和花旗予以剔除。最后，经专家评审决定以下 8 家企业最终成为构建财务管理创新企业家导向和财务管理创新模式映射关系的样本企业，其分别是：华英农业、正泰、太钢、中石化、华为、中交二航局、海尔和长虹。8 家样本企业涵盖了 4 种不同类型的财务管理创新企业家导向类型且财务管理创新模式与企业适配程度很高，具有广泛性和一致性的特点。

除此之外，这 8 家企业还具有代表性，无论是企业的行业地位、财务管理创新模式的主流态势还是财务管理创新模式的适配程度，这 8 家样本企业都是行业的佼佼者甚至领军者。因此，案例企业满足案例选取要求，可以作为研究财务管理创新企业家导向和财务管理创新模式间映射关系的理论基础。

二、财务管理创新的模式类型

在对企业管理创新的调研以及对"'天职杯'中国民营企业财务管理创新十佳案例""中央企业财务管理创新奖"的得奖案例总结的基础上，将财务管理创新模式归为三大类：模仿型、改进型和激进型。模仿型财务管理创新是指企业直接移植的创新模式；改进型财务管理创新是指在借鉴原有模型的基础上，做出相应改变以适应自身企业；激进型的财务管理创新模式是指首次出现的创新。

三、企业家导向与财务管理创新模式关系模型构建

在进行案例样本的选择和典型性论证之后，又对挑选出的 8 家样本企业的财务管理创新模式进行了归类。企业财务管理创新模式的新颖性与企业家导向相关。按照财务管理创新企业家导向类型分类的更具体的映射关系有以下：

（1）模仿型财务管理创新模式是成功的财务管理创新消极响应者的主要创新模式。

（2）模仿型（+改进型）财务管理创新模式是成功的财务管理创新跟随者的主要创新模式，其中，（+改进型）表示有些财务管理创新跟随者并没有实行改进型模式，仅是依靠模仿型财务管理创新模式，而另一些成功的财务管理创新跟随者则同时实行了改进

型财务管理创新模式。

（3）对于成功的财务管理创新积极响应者，其财务管理创新模式要么是以改进型为基础，要么是激进型为基础制定，两者择其一而行之或者是两者同时并行。

（4）对于成功的财务管理创新领导者而言，其财务管理创新模式是以激进型为基础制定的。

第四节　财务管理创新模式适配模型的构建与检验研究

一、财务管理创新适配模型的构建

（一）环境与财务管理创新模式的适配框架

环境与财务管理创新模式既有区别又有共同点。其共同点有：①需要组织内外部资源的支持；②以内外部环境的适配作为成功标准。其区别主要存在以下四方面。

对问题或机会的识别速度不同。进行激进型财务管理创新模式的企业，对问题或机会的反应高度灵敏，其总是能最先意识到问题或发掘潜在机会；而实施改进型和模仿型财务管理创新的企业，其识别问题或机会的过程较为漫长。

所处环境变化速度不同。实施激进型财务管理创新模式的企业，其可以迅速识别问题/机会并快速反应，说明其所处环境处于激烈变动之中。而实施改进型财务管理创新模式的企业，其可能处于高度变动的环境也可能处于低度变动的环境。对于模仿型财务管理创新模式的企业，只靠单纯模仿便可取得成功，说明其所处环境十分稳定。

组织内部对财务管理创新的支持强度不同。进行激进型财务管理创新的企业需要浓厚的组织内部创新氛围强力支持财务管理创新、及时反映存在的问题并予以修正，其组织内部对财务管理创新的支持强度最大。同理，实施改进型和模仿型财务管理创新所需的组织内部创新氛围的支撑强度依次降低。

进行改进型财务管理创新的企业，必须具有较强的企业家导向或是较强的组织创新氛围。因为实施此种创新模式的企业，其需要在原有创新模式的基础上根据自身情况进行适应性改进以实现适配。这一过程中，要么需要企业家根据自身情况的判断做出改进型决策，要么需要在实施过程中组织内部进行自觉的自我完善。

实施激进型财务管理创新的企业，一般同时具备环境变动剧烈和组织创新氛围较强的两个条件；实施改进型财务管理创新的企业，一般至少具备环境高度变动或组织创新氛围较强这二者之一；而实施模仿型财务管理创新的企业，一般处于低度变动的环境中且组织内缺乏创新氛围。

（二）剧烈变动环境下企业财务管理创新模式的适配框架

结合对"天职杯""中国民营企业财务管理创新十佳案例"的分析总结，并基于Hendrson和Clark对技术创新的分类，将处于高度变动环境中企业的财务管理创新模式分解为四种类型，分别为激进式、元素式、结构式和渐进式财务管理创新。激进式财务管理创新是指原有财务管理模式在结构与内容上都发生了巨大变化；元素式财务管理创新是指企业在原有财务管理模式的基础上，对其组成部分进行革新而形成的结构未变但组成部分发生较大变化的财务管理创新模式；结构式财务管理创新与元素式财务管理创新相对应，是指企业在原有财务管理模式内容不发生较大调整的情况下对财务管理结构进行重构而形成的财务管理创新模式；渐进式财务管理创新顾名思义是指企业在原有财务管理模式基础上，对其结构或内容进行渐进性的适应性修正形成的财务管理创新模式。根据此定义可以判断，此处的激进型财务管理创新可以归类为构建的激进型财务管理模式创新之中。而元素式、结构式和渐进式财务管理创新归属于前文构建的改进型财务管理创新模式之中。

（三）低变动性环境下企业财务管理创新模式适配框架

处于低变动环境中的企业，企业财务管理创新的模式相对较多，包括结构式财务管理创新、元素式财务管理创新、渐进式财务管理创新、模仿式财务管理创新，及少/无创新五种类型。少/无财务管理创新是指自企业成立（成立时间短于5年时）近5年来，企业财务管理没有进行任何形式的创新。一般而言，低变动环境中仍进行财务管理创新的企业，均为主动变革，或是企业家导向较强或是组织内部创新氛围较为浓厚，否则，其没有动机或压力进行财务管理创新。

进行元素式或者结构式财务管理创新的企业，说明其对财务管理模式进行了局部的或系统的变革。而由于企业处于低变动的环境之中，这种变革不是企业正常运营过程中所必须采取的，因此说明企业的企业家导向较强，其愿意积极主动实施变革，期望通过创新引领企业向更好的方向发展。同时，在不是必须变革的情况下企业仍成功进行了财物管理模式的变革，说明变革得到了组织内部的认可与支持，表明了组织内部的创新氛围较强。因而，处于低变动环境中进行元素式或结构式财务管理创新的企业，其同时具备较强的企业家导向和较浓郁的创新氛围两个条件。

实施渐进式财务管理创新的企业，其在长期的过程中对原有财务管理模式与企业实际情况不匹配的地方进行了微调，最终较原有的财务管理模式产生了较大的不同。这说明企业改革的欲望并不是十分强烈，企业的企业家导向相对较弱，但是企业能在发展过程中发现组织局部存在的问题并提出解决方案，说明组织内部的创新氛围很强。

实施模仿型财务管理创新的企业，说明其创新意愿很强，希望能在变革中取得长足发展，企业家导向较强。但是，其虽有强烈的变革欲望，但却没有能力找出欲引进的财务管理模式与企业的不适配之处，并予以修正，而是照搬引用，说明企业内部的创新能力较弱。因而，实施模仿型财务管理创新的企业，其企业家导向与组织内部创新氛围呈现出一强一弱的状态。

（四）财务管理影响因素——企业家导向——财务管理创新适配模式

依据环境（包含内部和外部）动态性和企业家导向两个维度构建的企业财务管理创新类型分布。当企业所处内外部环境不确定性比较低，而且财务管理创新的企业家导向性也不高时，其财务管理创新模式应该属于少创新，甚至无创新的类型；当企业所处的内外部环境不确定性比较低，但是财务管理创新的企业家导向较强时，其财务管理创新模式的类型可能是模仿型也可能是改进型；当企业所处的内外部环境不确定性较高，但是财务管理创新的企业家导向较低，其财务管理创新模式属于改进型的类型；当企业所处环境不确定性程度高，财务管理创新模式属于激进型的类型。经过理论研究和实践调研，少/无财务管理创新模式适用于资金、管理及技术能力不强的企业。因为这些综合能力较弱的企业一方面企业家导向可能较弱，另一方面，即使有较强的企业家导向，其也没有能力进行财务管理模式的变革；模仿型财务管理创新模式的新颖程度低、没有任何变革，只是直接引入企业外部创新模式，不需要进行任何的适应性修正，一般适用于环境不确定性低但企业家导向较强的企业；改进型财务管理创新模式的变革涉及企业局部或者整体，所以对企业资金能力、管理能力、技术能力要求较高，另外改进型模式新颖程度、变革程度也较高，也需要较强的企业家导向做支持，因此，改进型财务管理模式适用于企业综合能力较强，企业家导向较强的企业；激进型财务管理创新一般来自企业自创，需要强的组织创新氛围支持。另外，激进型创新模式涉及企业整体，所需要大量的人力、物力、财力和技术的支撑。因此，激进型创新模式适用那些资金能力、管理能力、和技术能力极强的公司，而且财务管理创新企业家导向强的企业。

企业财务管理创新模式的类型分布，结合上述对少/无创新、模仿型、改进型和激进型的创新模式分析，构建财务管理创新模式的适配模型如以下几种。

消极响应者的财务管理创新适配模型。财务管理创新消极响应者一般为中小型企业，其综合能力不强，资金能力、技术能力以及管理能力都十分有限，尤其是资金十分匮乏，维持企业的正常运营，保证其生存是企业家关注的重点。而在这种情况下，企业家通常无暇顾及企业管理活动的创新，对财务管理模式创新的关注则更少。因此，对于财务管理创新消极响应而言，其经营目标是将有限的资金集中于生产经营并试图尽最大努力节约资金，其基本不会在财务管理上投入额外资金主动进行财务管理模式的创新，而只是在外力的驱动下，被迫进行模仿型的财务管理创新。

跟随者的财务管理创新适配模型。相对于财务管理创新消极响应者，财务管理创新跟随者的企业规模更大、综合实力更强，资金相对充足，管理能力和技术能力也有很大的提升，但是，和财务管理创新消极响应者类似，其财务管理创新的企业家导向也不强。通常，只是单纯地模仿其他企业试行成功模式，相关的技术比较成熟，风险被证实较低的财务管理创新模式，甚至直接跟随行业主流实行行业中被广泛采用的财务管理模式。其所进行的财务管理创新还处在初始阶段，进行的都是比较温和的且已经被大量应用的财务管理模式，属于模仿型财务管理创新。此外，有些财务管理创新跟随者会模仿海外其他优秀企业的财务管理模式，但是在引进过程中，会根据本土的实际情况做一些适应性的改进，这种则属于改进型的财务管理模式创新。综上所述，财务管理创新跟随者的主要创新模式是模仿型创新，部分实力较强的企业在模仿的基础上进行适应性改进。

积极响应者的财务管理创新适配模型。财务管理创新积极响应者具有较强的企业家导向和强大的综合实力。财务管理创新积极响应者重视财务管理，并将其上升到可助力战略目标实现的高度，根据发展战略的需求不断改善其财务管理模式。因为其财务管理需求和发展战略密切联系，所以其财务管理的模式必定十分新颖，应归属于激进型的财务管理创新模式。同时也正是由于财务管理与发展战略的密切相关性，其财务管理必将是根据某一（些）战略提出的，是原型的改进型。综上两点，财务管理创新积极响应者的财务管理模式应是在改进型基础上而形成的激进型。

领导者的财务管理创新适配模型。财务管理创新领导者企业，其具有强大的综合实力。一方面，企业在正常的经营之余，有额外的资金支持企业进行财务管理创新；利益方面，财务管理创新的企业家导向较强，财务管理已经上升到战略的高度，财务管理被用作提升企业价值和品牌形象的工具，助力企业获得竞争优势，因而，财务管理创新领导者会进行首创行的新颖程度很高的财务管理模式，且频率也相应提高，从而进一步提高财务管理能力，进而在巩固已有发展的基础上，提高企业的核心竞争力。

二、财务管理创新模式适配模型的多案例检验

（一）消极响应者财务管理创新模式的案例分析

河南华英农业股份有限公司（简称华英农业）是大型禽类食品加工企业，主营业务是肉鸭及肉鸡的加工。华英农业主营产品肉鸡肉鸭属于生活消费品，其销量基本不受经济周期影响。而且，即使近年来其上游企业的养殖成本提高，其产品成本随之上涨，但肉鸭售价也相应提高，对华英农业并不会造成重大影响，因而，华英农业处于低不确定性的环境之中。其次，在组织创新氛围方面，华英农业的员工性质以及固定的操作流程也导致组织内部创新氛围不强。同时，华英农业的董事长多次在公开场合表示了融资的欲望，但是企业发展急需的资金迟迟不到位，表明华英农业的资金能力有限。最后，华英农业的企业家导向较弱，自华英农业成立到现在无论是在技术上还是在管理上都没有明显的创新，只是在1991引进了"公司+农户"，之后又引进了"公司+基地+农户"模式，但是这两个模式也是全盘引进其他企业的模式。在管理上，受限于资金、管理和企业家导向等因素，财务管理创新方面则更加不明显，只是全盘地、未加任何适应性改进的引进了会计信息化管理系统，因此，华英农业属于少/无财务管理创新的范畴。

浙江正泰电器股份有限公司（简称正泰）是一家低压电器生产企业，配电电器、控制电器、终端电器等电器产品的研发、生产和销售是其主要经营对象。其商标以及断路

器等都在中国享有殊荣。早在中华人民共和国成立之初，低压电器业就不断发展完善，现如今已经发展到比较成熟的阶段。市场上该行业企业众多，竞争激烈，外部环境变化迅速。虽然企业不断鼓励员工进行创新，但由于传统制造业属性，员工创新意识低、创新能力较差。尽管给予大量的资金支持，由于企业创新人才的欠缺，致使总体创新资源基础差，进而导致组织创新氛围不强。另外，面临高度不确定性的外部环境，虽然正泰在技术创新有所引进、消化吸收和再创新，但由于管理人员的创新意识不强，正泰的管理一直停滞不前，并未进行大幅度的管理变革，这也反映出在财务管理创新的企业家导向方面，正泰表现出很大的不足。从这一点来看，正泰属于财务管理创新消极响应者的范畴。随着科技因素的发展，尤其是信息化、互联网的发展，行业内其他企业早已在财务管理上采用了信息化管理系统，甚至建立起了财务共享服务中心，正泰刚开始建设信息化系统，但并没有做出任何适应性修正，因此正泰的财务管理创新属于模仿型类型。

（二）跟随者财务管理创新模式的案例分析

太原钢铁（集团）有限公司（简称太钢）1934年成立，其前身是西北钢铁公司，1950年更名为太原钢铁厂并开始生产特殊钢。近年来，钢铁行业产能过剩，钢铁行业盈利能力衰减，进入了两难时期，企业面临的财务风险越来越大。太钢也走上了加快转型跨越发展的共建阶段，进行了全面预算管理改革，希望提升财务管理能力。但相对于行业内的其他企业，太钢在资金、管理和技术的支持上跟不上企业需求。其在财务管理创新方面构建的财务服务共享中心，也是学习和模仿中兴通讯的财务共享模式，所以从这一点上来看太钢属于财务管理创新的跟随者。并且由于其现有财务共享模式是学习与模仿中兴通讯的模式上引进的，并没有进行适应性修正，因此其财务管理创新属于模仿型的范畴。

中石化的财务管理创新也是财务管理创新跟随者的角色。中石化是中国资质最老、规模最庞大的石油企业，其拥有完善的技术以及管理体系，资金实力更是尤为强大。由于中国对资源行业有准入限制，有权经营加油站的企业只有中石油、中石化、中海油以及一家壳牌外资企业，同时，随着中国经济的快速发展，人民生活水平不断提高，加上汽车业发展导致的对成品油需求的迅猛增加，使得中石化的利润十分丰厚。但是，虽有强大综合实力的支撑，中石化的创新氛围却不强。一方面，由于经营垄断地位，竞争较为温和，导致其创新动力不足；另一方面，受到企业性质的影响，任何重大变革都要经过层层审批，这也降低了企业家进行变革的积极性，导致中石化很少进行财务管理创新，其财务管理创新的企业家导向也较弱。

中石化的企业家导向较弱，在财务管理创新方面很少有举措，通过财务共享服务中心，中石化以前分散化管理的财务管理模式得以转变，资金的归集利用更加快速高效，为企业创造了很大的价值。但财务共享中心这一财务管理手段和模式在世界级企业，甚至是中国的一些企业，如长虹、中兴通讯等企业也早已推行，所以中石化进行的财务管理模式创新并不是原创性的，属于模仿型的财务管理创新。但由于构建的财务共享中心还结合企业个性进行了适应性的调整，和企业更加适配，所以，其财务管理创新可以归属于模仿型+改进型的范畴。

（三）积极响应者的财务管理创新模式的分析

中交二航局全称中交第二航务工程局有限公司，是中国交通建设股份有限公司的全资子公司，是一家大型工程建设企业，业务涉及，设计、施工、科研及资本运作，下辖14家子公司、23家分公司、10家项目投资公司、5家参股控股公司、17个经营性办事处。

中交二航局作为特大型建筑施工单位，随着企业规模的扩大，项目数量、规模和复杂性均逐渐增加，而建筑施工行业项目地域比较分散，财务人员的集中与项目部现场的管理脱节给企业财务管理带来巨大的挑战。由于跨区域、跨法人等因素的存在，使得集团难以有效利用企业财务人员，造成财务管理成本急剧增加；各个项目部财务制度与相关流程的差异，使得企业关键风险点存在控制漏洞，也不利于企业集团统一管控；财务管理缺少业务信息支持，财务人员难深入业务环节进行相应的支持，导致财务、业务两张皮。

面对传统的逐级授权管理模式已经无法满足日益增加的企业风险管理及专业、高效的管理要求现状，中交二航局自2008年就率先在建筑行业内开始进行财务共享中心的探索和组织建设，并于2012年在武汉地区建立财务共享服务中心，开始了跨法人、跨区域运作模式的探索。但中交二航局不满足于此，不断寻找合适的技术方案，支撑财务共享服务管理的要求。一次偶然的机会，浪潮发布的财务云恰好满足中交二航局集团领导关于财务共享中心的要求。在财务云的帮助下，中交二航局成功打破了施工企业不适合建设财务共享服务中心的传统观点。目前，中交二航局与浪潮正在推进更深层次的合作，希望借助云计算、大数据、移动商务等新兴技术，不断实现企业财务管理的创新。

中交二航局属于财务管理创新积极响应者的范畴。虽然其现有财务共享中心在建筑施工行业内最早运用，但又是在借助信息化技术手段基础上进行的不断适应性修正，因此其财务管理创新模式属于改进型基础上的激进型范畴。

（四）领导者的财务管理创新模式的分析

长虹是中国传统家电企业的巨头，尤其以彩电产业著称。但随着科技的发展及世界经济一体化步伐的推进，中国家电市场竞争更加激烈。国外一些高端家电品牌更是对长虹产生了剧烈冲击，面对竞争，长虹率先进行了价格战，除海尔外其他家电企业争相模仿，价格战愈演愈烈，然而价格战并没有让长虹走出困境，反而越陷越深。为了走出经营困境，长虹开始探索财务集中核算的道路。董事长赵勇2004年上任就投入1亿元资金建设财务信息化管理系统，2006年还尝试将财务管理和财务服务之能力分离，进行专业分工和服务。到了2008年，长虹进一步成立财务共享服务中心，并将财务咨询作为盈利部门对外开放，开展市场化运作，推广对外咨询服务。此时，长虹的财务管理并不是仅仅为了管理，而已经上升至为企业创造价值的高度。

长虹并不满足于此，为了建立更加高端的财务咨询团队，一方面服务于公司的财务管理，支撑公司的财务交易能力；另一方面为其他公司做财务咨询服务，长虹开始大量引进并培养财务精英。财务共享服务中成立一年后，长虹进一步对财务共享服务中心进行深化改革，进一步提高了其共享服务水平，为企业创造了很大的价值，不仅与合肥美菱达成了销售分部的外包协议，还为泸州老窖做财务咨询，帮助其建立财务共享服务中心。借助领先的信息化平台，长虹的财务部门完成了从以成本为中心到以利润为中心的华丽转身，2009年长虹单位人工成本降幅达到43%，2001年通过更加高效的资金运营锁定汇兑收益3.2亿元。这也刺激了长虹继续加大企业信息化建设与变革的资金投入。据统计，长虹近几年对信息化建设的累计投入超时5亿元。长虹已经形成了比较完备的制造业信息系统框架，涵盖了公司经营的全流程。

同时，长虹还与海关、上下游产业、第三方物流服务商等开展了信息系统的协同及集成，完成了对长虹财务管理创新的强大支撑。实现财务共享变革并不是长虹信息化在财务应用上的终结，长虹已经提出新的目标，要做智能和大数据时代的引领者。2014年，《长虹：共享服务》单行本更是入选哈佛大学MBA教程，这也说明了海外权威经济学专家对长虹财务管理创新的充分肯定。长虹有十分强的企业家导向，不断将财务管理创新引入更高的台阶并将财务管理提升到战略高度，作为提升品牌形象和为企业创造价值的手段，因而其属于财务管理创新领导者的范畴。同时，因为其财务管理创新是财务管理的引领者，所以长虹财务管理创新模式属于激进型的范畴。

第九章 网络环境下企业财务会计管理模式的创新

企业的生产经营与发展与财务会计活动紧密相连，是一个无法分割的系统工程，企业财务会计管理的一个重要内容是汇集各类信息，综合分析比较，以便于决策。为此，企业务必要使会计电算化贯穿到信息管理的全过程，使之成为实现管理信息化建设的支撑。这样相关人员就可以充分利用现代化信息技术，构建智能化可操作技术平台，进而逐步实现管理现代化建设。除此之外，企业要加大会计软件信息资源的开发和建设力度。信息资源的建设必须要以现代化理念为指导，对会计信息资源进行合理规划、统筹安排，做好财务会计信息的收集以及管理软件的开发。

第一节 网络财务会计的发展及其内涵

近年来，现代信息技术尤其是网络技术在会计领域的应用和发展，预示着会计技术手段由会计电算化进一步跨越到会计信息化阶段。会计信息化的目标是通过将会计与现代信息技术（主要是网络技术）的有机结合，对会计基本理论与方法、会计实务工作、会计教育等多方面进行全面发展，进而建立满足现代企业管理要求的会计信息系统。为此，会计信息化的本质是会计与现代信息技术相融合的一个发展过程。作为会计发展史上的又一个里程碑，会计信息化是一次"质"的飞跃，其意义在于：它不再是会计技术手段的简单替代或电子计算机的延伸，而是由此引发的对现行会计规则的挑战，以及对传统会计理论与方法的整合。对此，一些有识之士，适时提出"网络财务会计"的全新概念。

一、网络财务会计是网络经济发展的必然产物

网络是国际互联网/企业内部网相互协同形成的开放式网络，它不仅仅是信息传播的载体，更为企业的生产经营活动提供了新的场所，开创了新的经济组织和经营方式，从而改变了传统的管理模式和交易方式。

（一）网络为生产经营提供了新的场所

对于企业来说，信息管理是极其重要的，它是对新技术和商务信息的捕获，是将这些技术与信息分布到能够帮助企业实现最大产出的过程。在网络经济环境中，企业可通过国际互联网/企业内部网不断拓宽自己的生产经营场所，了解最大范围内的客户需求，

从中挑选出最佳的供应商，通过客户、企业和供应商间的信息流，减少诸多中间环节，以最快的速度、最低的成本进入市场，不断提高企业自身的市场竞争力。

网络经济的兴起，使没有经营场地、没有物理实体、没有确切办公地点的虚拟企业出现。这些企业只要在国际互联网的一个结点上租用一定的空间，经过认证，便可在网上进行接受订单、寻找货源等买卖活动。虚拟企业使传统企业模式发生了根本性变化，同时也深刻改变了传统的交易方式。

总之，在网络经济环境中，企业成为全球网络供应链中的一个结点，企业经营和管理信息都以电子方式进行，企业的管理对象和管理流程都可以数字化，网络成为"经济的新战场"。

（二）电子商务是网络经济的重要内容

电子商务是各参与方之间以电子方式完成的任何形式的业务交易。电子商务分四种类型：一是企业对顾客的电子商务，二是企业对企业的电子商务，三是个人对个人的电子商务，四是记名拍卖。从本质上讲，电子商务是一种全新的市场运作方式，它的核心仍是"商务"。实践表明：从适用范围看，电子商务应用比较成功的是在企业的业务领域，如企业物流系统、网上虚拟商店以及金融证券交易系统和个人理财系统等。

二、网络财务会计体系构架

第一，网络财务会计采用真正意义上的网络系统结构。

该系统结构内是一个与经营管理及各种业务活动紧密联结的内部网络子系统，对外则与各种对外业务的处理及特定目的相联系，通过与多种公用系统的多极链接融入整个社会网络系统。

第二，内部财务会计系统将是一个完全网络化的计算机系统。

财务会计系统作为整个经营管理网络系统的一个子系统，与各种基本业务的执行紧密地结合在一起，从各个业务点（不是地理意义上的点，而是以业务为中心的一台计算机）上直接进行基本数据的输入，通过网络系统，按设定路径，以即时形式，传输到有关方面（包括会计系统中央处理机），构成一个以电子联机实时处理为基本特征的网络化控制及信息系统。

第三，财务会计系统的对外连接将是财务会计系统结构体系的一个重要方面。

由于许多对外交往事务、相关信息的收集以及大量的经济业务（如网上投资、网上购货、网上销售、网上结算、网上办税、网上信息发布、网上信息交流等）会在网上进行，因此，内部管理控制网络（包括财务会计系统）将以多极链接的方式直接与外部保持联系。

第四，在组织内部的计算机网络中设置财务会计信息处理控制中心（或称财务会计系统中央处理单元）。

该控制中心以信息集成的方式进行信息处理，以设定会计频道的方式对外发布信息与交流。这种系统结构的优势在于以下四点。

优势一：通过会计体系与业务处理及管理控制系统的密切结合，实现对基本业务的实时财务会计控制。

优势二：形成以业务为中心的责任考评体系以及便利迅捷的内部信息交流。

优势三：突出财务会计系统中央处理单元的作用。财务会计系统中央处理单元将是整个财务会计系统的核心，其主要职责是以满足内外各种信息需求、信息集成的设计、管理及信息发布，包括内外基本会计数据的收集、会计数据的分类处理（集成）、会计分析、会计预测、会计信息发布管理和反馈控制等。

优势四：通过网络进行内外各种相关财务会计业务的处理，利用网络系统的处理优势，极大地加强财务会计控制的力度，扩展财务会计信息的范围与内涵。

三、网络时代财务会计基本理论的变更和发展

（一）网络时代的会计假设

会计假设，是人们在会计实践活动中对客观经济环境中产生的最为基本的观念做出的总结，是对那些未经确切认识的或无法正面论证的经济事物和会计对象，根据客观的正常情况或趋势所做出的合乎逻辑的判断，是决定会计运行的基本前提和制约条件。现行的会计假设是与"实体企业"经济环境基本适应的，随着网络经济时代的到来，传统会计理论中的会计基本假设将有新的内涵、新的发展。

1. 会计主体假设

会计主体假设界定了会计核算的空间范围。在网络社会中，经济活动的网络化和数字化使企业突破了传统的活动空间，进入媒体世界，会计主体的外延不断变化，使会计主体对应于"虚""实"两个空间，如全球最大的网上书店亚马逊就是个虚拟企业，这种公司利用现代化信息沟通技术，将众多公司或企业组成一个网络组织，具备一个公司或企业所不能具备的市场能力。包括独立的供应商、制造商、生产商及顾客在内的，并以各自相对独立的优势为节点而组成的网络，往往是各个网络成员出于自身的某种战略考虑而临时组建的动态合作方式。这种临时网络关系不是法律意义上完整的经济实体，不具有独立的法人资格。虚拟企业以高度发达的通信、信息技术为必要的物质基础支持，通过合作进行竞争，具有高度的弹性与灵活性，在网络空间中迅速重构和解散，导致会计主体多元化和不确定化，甚至具有现金流量和负债的单一产品都可以形成一个报告主体。

因此，网络化经济环境中"会计主体"假设应具备以下特征：第一，它应是具有特定财产的经济实体，并有经济业务或事项发生；第二，应是一个相对独立的系统，其经济业务或事项应能明显地区别于其他"会计主体"；第三，应有资金的管理、使用权，

能进行经济核算并对外报告经济活动状况或业绩;第四,有相应的工作人员,有相应的技术技能;第五,应不断地与周边环境进行物质、能量和信息的交流。因此,在网络化经济环境中,会计主体的新概念应是"以经济利益为纽带,以项目合作为目标的社会组织集合体"。其会计活动空间范围可以包括传统会计系统界定的"实"的物理空间中的公司、企业及其分支机构和内部独立核算组织、责任中心、行政事业单位、基金组织、独资企业等,也可涵盖以网络"虚"的媒体空间为主的"网络公司""虚拟企业"等网络化开放式公司、组织、社团等临时性结盟组织。

2. 持续经营假设

持续经营是在一定历史阶段产生的。股份公司的出现、两权分离、有限责任股权分散、现代化大生产的大规模投入,使持续经营成为一种客观需要。会计不能建立在突如其来的终止企业营业活动可能性的基础上。但虚拟企业利用信息技术,打破联合公司的时间间隔,属于临时性结盟且分合迅速,具有随时性和随机性,是一种动态的有其适应能力的组织。市场机遇是虚拟企业建立的前提(多是基于具体项目、产品或服务的合作),虚拟企业随机遇获得而产生并随其消亡而解体。项目清算会计假设是指在网络化经济环境中会计主体为实现某个或某组合作项目,通过互联网手段,将大量的网络资源(技术、资金、人力资本等)迅速组织起来,并按照客户的具体要求进行产品设计、开发、创新、生产、制造、销售、服务和最终消费。当合作的某个或某组项目一旦完成,会计主体就需要对项目收益进行清算,不存在权责发生制、历史成本和跨期摊提等会计程序和方法。这种融数字环境和物理环境为一体的商务环境是由交互式数字而不是由生产要素驱动的,即端到端电子商务模式。网络资源在网络媒介中实现着快速的流动和整合。需要特别指出的是,这里的"清算"概念,与"实"的物理空间条件下的破产清算不是同一概念。因为,当一个合作项目完成并进行清算之后,"网络公司"又重新寻找新的投资合作项目。

3. 会计分期假设

因为信息的提供受到技术限制,会计信息系统加工信息需要较长的时间,所以传统的会计假设要求必须为编制报表留出一定时间,人为地将企业持续经营的时间划分为一个个相对独立又相互连续的期间,形成定期报告形式;这样做便于核算和报告主体的财务状况和经营成果,反映受托经济责任的履行情况。网络经济时代,虚拟企业的组成成员之间的松散联盟,可以在短期内仿效签合同的公司形式,也可以在短期内解除这种联盟。对于这种短暂的经营过程,再去人为划分多个时间间隔恐怕已无必要,这时可以以"网上实体的交易期间"作为会计期间,每次交易结束后编报一次会计报告。这样就可使交易的账务处理保持完整性,同时也有效地避免了跨期摊配时人为调节等问题,成本和费用的分配也不存在配比问题,便于企业清算。另外,在电子联机实时报告系统建立以后,会计信息的收集、处理、加工、披露都向着电子化、网络化发展。这种基于国际互联网/企业内部网的网络信息处理与报告模式的选择，使得企业各业务部门可借助于"群体软件"共享的接口环境协同工作，所产生的信息存储于共享数据库。已内化为互联网一部分的会计信息系统可通过对数据库的实时访问，同各业务部门随时保持信息沟通，发挥会计的反映与控制职能。而且，由于国际互联网与企业内部网是一脉相承的，企业外部信息使用者可随时登录企业网站读取网页上的信息发布，或根据授权通过防火墙身份检查，正当合法地利用数据库中心，浏览所需数据。这样企业外部与内部信息使用者都可以实时获得最新的信息，不必等到会计期间结束，而会计分期假设则可变更为实时按需获得信息的非等距交易期间假设。

4. 货币计量假设

货币计量假设的内涵主要包括货币计量、币种唯一、币值稳定。货币计量假设往往要求在不断变化的经济时空中保持不变，于是就有了应用上的局限性。

"货币计量"的经济信息，难以用货币计量对经济决策多余的信息排除在财务报表甚至财务报告之外。网络经济时代，虚拟企业仅仅是一个抽象的联合体存在，其最重要的资产只能是人力资本和知识产权，在资产负债上毫无显示，大量非财务信息得不到充分的揭示与利用。网络货币所带来的一个最重要的变化就是大大加快了资金流动速度，资本市场交易更活跃，各种现实货币之间的汇率变动更为频繁，加之网上交易可瞬时完成，记账的"币值稳定"假设受到冲击。而计算机技术提供了一种前所未有的计算工具，使会计假设敢于选择"币值变动"。数以千计富有创造力的软件开发公司可以提供精确和灵活的金融管理软件，对公司的货币收支和资金流通进行精确管理。

对于币种的唯一要求，就是突破手工方式下人工成本和时间成本的限制，可根据需要采用多种货币计算。例如，运行功能货币和报告货币两套核算系统，按照经济事项发生当时的汇率即时折算入帐，以克服在会计报告时产生各种外币报表折算方法选择上的弊端，使报告的信息更加尽如人意。随着网上经济的兴起，货币的形式和本质都将发生变化。有形的金钱为数字化所代替，货币流通变为电流与数字运载着货币的形象价值在社会中流通。货币越来越抽象化，实际资产储备与货币总量之间的差距将继续扩大，最终建立起一套完全独立于实际资产的、抽象的全球货币供应系统。一种与其他所有货币一起实行汇率浮动的新型国际货币将会在网上出现，那时在网上所有的商务活动都可以采用这种货币单位，则"币种唯一"的要求就显得多余。欧元的诞生就是一个明显的先兆，而影响全球货币统一进程的主要因素是政治上的国家主权观念和经济上的安全意识。这种全球一致的浮动的电子价值单位是对货币计量假设的一种新的继承与发展。电子货币将成为未来企业记账的统一计量单位，资金流与信息流合二为一，货币真正成为观念的产物。

以上可见，网络经济的出现和发展对财务会计产生了极大影响，这很大程度上是由信息技术的发展对社会经济环境所产生的影响引起的；而信息技术的发展也为财务会计的创新提供了途径。电子联机实时报告系统的出现和运用，摆脱了会计基本假设的束缚。在任何时点上提供财务报告突破了持续经营假设和会计分期假设，对于那些处于不断分合之中的会计主体只需提供时点报告或非等距交易期间报告，就能够很好地克服会计主体仅设的缺陷；各个部门或大中企业若能够共同提供企业全方位的信息，必须突破单一货币计量的局限。

（二）网络时代的财务会计目标

会计目标一般是指财务会计目标，是不断发展变化的。美国会计界在二十世纪七八十年代形成了关于会计目标的两个具有代表性的流派，即受托责任学派和决策有用学派。

1. 受托责任学派的主要观点及局限性

在受托责任学派看来，由于社会资源（主要是资本）所有权和经营权的分离，资源的受托者就负有了对资源委托者的解释、说明其活动及结果的义务。因此，财务会计的目标就是向资源的提供者报告资源受托管理的情况。受托责任学派认为，为了有效地协调委托和受托的关系，客观、公正地反映受托责任的履行情况，首先，在会计信息质量方面应强调客观性，在会计确认上只确认企业实际已发生的经济事项；其次，在会计计量上，由于历史成本具有客观性和可验证性，因此坚持采用历史成本计量模式以有效反映受托责任的履行情况；最后，在会计报表方面，由于经营业绩是委托者最关心的一个方面，因此收益表的编制显得尤为重要。

在目前经济环境中，尽管受托责任普遍存在，在会计上反映或比较侧重这一责任的履行情况的反映也无可非议，但是，若将"认定和解除受托责任"作为会计理论研究的起点，至少有以下不妥之处。

第一，受托责任学派强调会计系统和会计制度的整体完整性，认为只有完善的会计系统和会计制度才能确保会计实务的正确性，但会计系统和会计制度内容复杂，保证两者的完善性这一提法比较抽象，一旦实务中出现问题，则难以确定问题的根源，造成众说纷纭、难以统一的局面。

第二，在会计处理上，受托责任学派强调客观性胜于相关性，因此要求采用历史成本计量模式。虽然历史成本模式有其自身的优势，但会计作为一门服务性的学科，应随时注意适应经济环境的变化，忽视市场的变化，只能使会计这门学科墨守成规，弱化其服务功能。

第三，在会计信息方面，受托责任学派很少会顾及资源委托者以外的信息需求，按照这一思想，会计人员往往难以体会潜在投资者的利益和要求，因而容易逐渐丧失完善会计信息的积极性，也难以进一步提高会计信息的质量。

2. 决策有用学派的主要观点及局限性

1964—1966年，美国会计学会发表了《基本会计理论报告》，初步提出了将会计信息的使用者、会计信息的用途、会计信息的质量要求和经济决策联系起来的会计目标思想。在报告中，会计的第一项具体目标被描述成：为了"做出关于利用有限资源的决策，包括确定重要的决策领域以及确定目的和目标"而提供有关的信息。

1978年，美国财务会计准则委员会在其《财务会计概念公告》中，对财务报表的目标做出了进一步的阐述，具体包括以下三点：

第一，财务报告应提供对现在和可能的投资者、债权人以及其他使用者做出合理的投资、信贷及类似决策有用的信息。

第二，财务报告应提供有助于现在和可能的投资者、债权人以及其他使用者评估销售、偿付到期证券或借款等的实得收入的金额、时间分布和不确定的信息。

第三，财务报告应能提供关于企业的经济资源、对这些经济资源的要求权（企业把资源转移给其他主体的责任及业主权益），以及使资源和对这些资源要求权发生变动的交易、事项及情况影响的信息。

概括来说，在决策有用学派看来，财务会计的目标就是向信息使用者提供有利于决策的会计信息，它强调会计信息的相关性和有用性。从会计确认方面来看，决策有用学派认为会计人员在财务上不仅应确认实际已发生的经济事项，还要确认那些虽然尚未发生但对企业已有影响的经济事项，以满足信息使用者决策的需要；从会计计量方面来看，决策有用学派认为会计报表应反映企业财务状况和经营成果的动态变化，在会计计量上主张以历史成本为主，并鼓励在物价变动情况下多种计量属性的并行；在会计报表方面，决策有用学派认为会计报表应尽量全面提供对决策有用的会计信息，由于会计信息使用者需求的多样性，所以，在会计报表上强调对资产负债表、损益表及现金流量表一视同仁，不存在对某种会计报表的特殊偏好。

网络这一工具的应用和普及使得财务会计目标的传统内容显然已落后于时代的发展，在网络时代财务会计目标的内容将在以下方面有所改进。第一，会计信息的使用者。传统财务会计目标仅注重现有投资者是一大缺陷，因为资本市场的发展使企业的股东结构日趋多元化，这就要求企业不但考虑现有股东获得信息的便利，更重要的是将企业推向潜在的投资者，吸引潜在股东的注意，以扩大企业的资本规模，增强其发展潜力。网络的应用使得潜在股东从企业获得信息成为比较简单的事，他们只需直接登录公司网络或相关搜索引擎进行搜索，即可查找到自己感兴趣的信息，而在传统形式下，必须找到公司财务报告和某些重要的证明等书面资料才能获取信息。因此潜在投资者必将成为网络时代会计信息使用者的一个非常重要的群体。第二，提供的会计信息。网络时代的财务会计目标更倾向于决策有用学派，由于潜在投资者的增多，会计信息使用者更需要的是能为其提供决策依据的信息，进而决定是否采取某一行动或决策。

（三）网络时代的财务会计确认问题

目前，在各国财务会计实务中，企业会计核算以权责发生制为确认基础。所谓权责发生制，是以收入与费用的归属作为标准来确认本期的收入与费用，进而计算出利润，而不管其是否在本期收到或支出现金。但是，近年来世界经济局势发生了巨大的变化，如大衍生金融工具的出现，大量高新技术的应用，以及信息技术尤其是网络技术的快速发展，标志着世界经济正逐步从工业经济时代迈向知识经济时代。经济的快速发展使会计环境发生了深刻的变化。随着经济的发展以及经济环境的改变，权责发生制会计的缺陷日益显现出来，主要表现在以下几个方面：

第一，权责发生制原则要求收入与费用相配比，以便正确计算企业的利润。这要求会计人员必须分期确认、计算和分配收入及费用。但是由于在这一过程中可供选择的方法太多，会计人员在存货计价、费用摊配、计提折旧等方面要采用一系列主观估计和判断的方法，造成损益计算的随意性极大，使得损益信息严重失真。

第二，权责发生制下的传统会计最终决定的是净利润而不是现金流量。然而，在某种程度上，现金与现金流量比会计利润更重要，特别是在金融风险日益加剧的今天。因为在市场经济条件下，企业现金流量状况在很大程度上影响着企业的生存与发展。即便企业盈利，若没有足够的现金，也无法顺利实施其投资计划，从而阻碍企业的进一步发展；若不能偿还到期债务，甚至可能导致破产。

第三，采用权责发生制，对于实现财务会计过去公认的目标——"向所有者报告资源的经管责任或经营责任"是很必要的。但是，经济环境的变化使财务会计的目标也发生了变化：会作为一个信息系统向人们提供有用的信息，这已经成为人们的共识。实践证明，信息使用者进行决策时，最相关的信息是现金流量的信息，特别是未来现金流量的信息。但是，根据权责发生制原则，只能计算过去的损益，这样无疑难以满足实际的需要。

第四，根据权责发生制计算的损益只反映经营损益，而不包括持产利得，这不仅使传统损益概念在反映企业绩效方面过于狭隘，而且也使企业的损益反映不实，这样既不利于对企业业绩做出评价，也不利于信息使用者做出全面而正确的决策。

第五，权责发生制反映的是交易观，即在会计系统中只处理与反映那些对企业的经济利益确实产生了影响的交易或事项，而对非交易事项不予处理与反映。这使一些已形成的权利或义务，由于没有相应的交易活动，在会计上无法确认，最典型的是自创商誉问题。自创商誉因为没有直接相关的某一笔或几笔经济业务，在会计上一直不予核算。还有近年来大量兴起的衍生金融工具。它以高风险、高报酬的特点对企业产生极大的影响。企业在持有衍生金融工具期间，可能承受各种高风险与高报酬的变化，但是由于在外没有明确的市场交易行为发生，基于传统的、以交易行为的发生为依据的权责发生制，对这种市场风险与报酬的变化不予反映，这显然会导致会计信息的严重失真。而且权责发生制原则立足于过去的交易事项，对未来趋势的信息不予反映，这样无疑难以满足信息使用者对信息的需要。

第六，提出和接受权责发生制计量资产负债表和损益表项目的根据是，它们可以为计量企业的效率提供有用的度量，并可为预测企业未来活动和利润分配提供相关信息。由于权责发生制下的分配程序和历史成本计价所造成的弊端，在复杂的经济环境下，传统的会计方法能否达到上述目的很值得怀疑。而且，传统会计方法下所确定的净收益也有缺陷，如，对费用的估计不足而使利润虚增，导致企业实际税负过重和超常利润分配，进而使得后续经营乏力，风险加大；以取得收款权力作为收入实现的标志，低估坏账的影响，使企业虚收实税，负担过重等。仅以净利润来预测利润分配也存在明显的缺陷，因为利润分配决策必须考虑很多的其他因素，如企业是否有足够的现金、企业的发展计划与融资能力等，而且利润计算的主观性也使这种预测不可避免地带有很大的偏见。

第七，权责发生制会计以历史成本原则为基础，然而目前历史成本备受批判，其基础已经发生动摇，主要表现以下四点。其一，不切实际的币值稳定假设动摇了历史成本的计价基础，币值变动造成的历史成本差异丧失了会计信息的可比性。其二，历史成本会计由于很少考虑实际价值的变化，使资产价值数据严重失真。其三，过去注重资产的可验证性使得许多重要的数据无法得到反映。其四，忽视使用者的信息需求，使信息的有用性不断下降。

第八，权责发生制会计以会计分期假设为前提。会计分期假设在即将到来的知识经济时代也受到强烈的冲击，面临着严峻的挑战。

为了适应未来社会经济发展的需要，变革权责发生制，实行现金流动制，这是未来会计发展的必然趋势。现金流动制是以收付实现制为基础，在收付实现制与资产负债观的基础上发展起来的。它从盘存制思想出发，只确认和处理期初与期末的净资产的现金流量，在报告企业效益时以现实发生的或预期可能发生的现金流入或现金流出为标准，以反映企业实际承担的风险与报酬。

第二节　网络化财务会计管理模式的创新发展

伴随着时代的递进，信息化已成为人们日常生活中较为热门的话题之一，我国也开始迈入信息化时期，此时国内企业要灵活运用信息变革，给企业的各项活动带来便捷。企业要加强对会计信息化的建设，才能加快完成企业财务与管理的一致性，给予企业决策者较为合理、恰当、正确的信息，增强企业的应变能力，减少不必要的风险因素；能够更有效地提升企业财务会计管理能力，使企业在竞争越演越烈的经济社会保留自身的一席之地。

就当前信息技术的发展现状来看，其影响力是毋庸置疑的，经过大量的实践证明，信息技术逐渐在众多行业推广应用，并且取得了较为可观的成效。尤其是在企业的财务管理中，应用信息化技术具有十分深远的影响，具体表现在以下几个方面。其一，信息化时代背景下,现代企业财务会计管理活动迫切地需要改革和完善。面对激烈的市场竞争,企业财务会计管理工作的要求发生了改变,逐渐暴露出一系列问题有待解决和完善,相应地需要对财务会计管理进行改革;其二,信息技术在企业财务会计管理中的应用,能够有效解决以往财务会计管理中存在的问题,以多样化的手段来满足财务会计管理要求,提升管理成效。亦可以说,两者相互作用、相互影响,共同推进信息技术的广泛应用,加强对其研究是十分必要的。

一、网络化对企业财务会计管理的影响

(一)信息技术对现代企业财务会计管理理论的影响

1. 网络环境下企业财务会计管理模式的成长近况

随着我国信息技术的应用与发展,国内企业的信息化技术应用已经逐渐衍变成一种全新的商业化运作模式,企业单位在运作过程中已经逐渐将触角延伸到财务会计管理活动的各个领域。例如,财务会计的存储方法已经逐渐朝着无纸化的方向发展,如何在网络环境下实现企业财务会计管理模式的最优化发展,逐渐成为我国当代企业需要重点关注的内容。

网络协同效应为我国各类企业在网络环境下进行财务会计管理工作的主要展现。网络的最大功效是对物流与资金流的整合与利用,在企业财务会计管理过程中,企业一方面会通过网络环境获取信息,另一方面还可以将信息数据加以整合,在企业内部实现数据信息的"共享",充分提升企业物流、资金流与信息流的运作和利用效率,以此形成良好的网络协同效应,从而使企业运营和发展更加迅速。网络互补效应是为企业财务会计管理工作创新的具体展现。按照资源基础理论的见解进行研究,企业之所以能够盈利,是因为其所掌握的稀缺资源,这些稀缺资源能够帮助企业生产出成本很低但价值很高的产品,以这些稀缺资源为依托,企业才能实现高度的资源运用与开发。在我国现阶段的网络环境中,企业财务会计管理工作更需要积极借鉴网络互补效应,使企业能够在运营过程中以网络资源为依托,实现各种类型产品的高效率运营,充分提升企业的资源共享能力,帮助企业实现快速发展。然而,我国部分企业在网络环境下的财务会计管理工作中频频出现问题,受资源与成本等诸多因素的干扰与限制,在传统运营模式中通常都会表现出以职能为核心的组织架构,这些单一性的组织架构往往会极大地限制企业网络协同与网络互补模式的应用,致使企业的网络协同效应与网络互补效应在实践环节中不能发挥出实际作用,进而导致企业稀缺资源的利用率大大降低,严重削弱企业财务会计管理工作的有效性,更对企业的运营与发展造成诸多不利影响。

2. 信息技术对现代企业财务会计管理理论的影响分析

财务会计管理理论最初诞生在西方,前后经历了多个发展阶段,逐渐形成现在的理论框架,其原本核心内容也发生了本质的改变。现代财务会计管理学理论主要是诞生于

20世纪50年代，较之传统会计理论而言，现代财务会计管理理论尚未形成完整、统一的财务会计管理理论框架，其中仍然存在着一系列问题，有待完善和解决。总的说来，财务会计管理理论中主要包括财务会计目标、财务会计对象以及财务会计职能等。尤其是在当前信息化时代背景下，财务会计管理理论受到深远的影响，主要表现在以下几个方面。

（1）对财务会计管理目标的影响

一般来讲，对于财务会计管理目标而言，主要可以分为四种，包括利润最大化、股份盈余最大化、股东权益最大化等。在信息化时代背景下，为了实现企业价值最大化，加强企业财务会计管理是十分有必要的，这是由于企业是其他利益相关者的集合体，企业的经营管理主要是为了谋求长远生存和发展，占据更大市场份额。尤其是在信息时代背景下，市场竞争愈加激烈，企业之间的联系也越来越密切，电子商务成为越来越多企业的首选，其主要是将企业看作是价值链中的一个点，并非是单纯追求企业或者个人利益最大化，这样对价值链条其他节点影响不大，对现代企业长远生存和发展产生不可估量的影响。所以，只有明确现代企业价值最大化财务管理目标，才能实现利益相关者的共赢，促进企业长远发展。

（2）对财务会计管理对象的影响

财务会计管理对象主要是针对企业资金和资金流动情况，资金流转的起点和重点都是以现金的形式展现，而其他企业资产则是现金的转化形式。在当前信息时代背景下，企业财务会计管理对象并未发生本质的变化，只不过是单一地拓宽了财务会计管理对象范畴，具体主要表现在以下几个方面。其一，现金概念范畴扩大。在信息时代背景下，一些网上银行以及电子货币的出现，大大拓宽了现金的概念，加之一些网络无形资产的出现，同样在不同程度上拓宽了现金概念。其二，现金流转高效率。在当前互联网大面积普及的背景下，现金和一些无形资产流转速度加快，但是相应地企业也承担着大量的安全风险，所以企业要加强企业财务会计管理，防止企业资产受到安全风险的影响。

（3）对财务会计管理职能的影响

信息技术自其诞生之日起就受到了国内外专家学者的广泛关注，其主要是基于互联网衍生出来的一种先进技术，对于社会进步以及时代发展有着深远的影响，信息技术在企业财务会计管理中的应用，能够有效强化财务会计管理职能，也就是现代企业的财务决策职能和控制职能，其中财务决策职能主要是结合现代企业经穴管理环境来制定需要实现的目标方向，选择合理的方法与正确的财务目标方案，有序地开展工作。财务决策中包括投资、筹资以及收益等三方面内容，在当前信息时代背景下，财务决策面临着严峻的挑战，相应地承担着大量的财务风险。在企业战略决策方面，最主要的参考依据就是财务信息，同时需要信息技术的支持，以此来转变以往感性认知的决策，选择更为合理的科学决策方法。财务控制是指在重大管理决策过程中，通过对比和分析，及时有效地对其中存在的问题进行完善，这样有助于进一步强化控制职能，确保财务会计管理活动能够在严格的管控中执行，保证财务信息质量。

此外，由于信息技术在现代企业财务会计管理中的广泛应用，财务会计管理职能得以延伸，具体包括财务协调职能和财务沟通职能。尤其是在信息化时代背景下，现代企业做出任何一个决策都需要考虑到内部各个部门的实际需求，以及对企业未来发展的影响，涉及不同部门的职责，单独存在的财务决策是很难满足企业经营管理需求的，所以，在内部财务会计管理工作中，现代企业需要选择合理的手段来协调各个部门之间的沟通和交流，确保财务会计管理工作能够充分发挥其原有职能。

（二）信息技术对企业财务会计管理方法学的影响

系统工程思想以及方法论在20世纪70年代传入我国，经过几十年的完善和创新，逐渐取得了较为坚实的理论基础。其中系统论主要是对系统特征和规律进行系统研究，系统论强调从全局出发，分析系统和组成部分之间的联系。财务会计管理作为一种辅助决策的系统，在开展工作中需要结合实际情况选择合理的财务会计管理方法，主要包括财务预测方法、决策方法以及分析方法等。在后来的很长一段时间，对于财务会计管理的研究侧重于单一指标获得的决策模型应用研究，研究方向出现偏差。传统财务会计管理方法强调财务会计管理的独立性，在面对问题时企业往往做出更具偶然性的决策。在信息化时代背景下，现代企业要能够结合系统论的观点开展财务会计活动，进行财务会计决策和控制，规避侧重某一决策，应从整体角度入手，考量全局整体的优化。

（三）信息技术对企业财务会计管理实务的影响

1. 对财务会计管理内容的影响

就现代化企业经营发展现状来看，企业主要理财活动表现在投资活动、筹资活动以及收益活动，并将其作为财务会计管理的主要内容。在信息化环境下，这方面的财务会计活动仍然是主要内容，但是在一定程度上内容有所拓展，具体表现在以下几个方面：其一，现代企业应用信息技术，逐渐形成多个价值链条，企业不再是价值链条上唯一的主体，而是价值链上的一个节点，管理决策更加趋向于整体的利益需求。其二，信息技术的发展丰富了管理内容，如企业预算管理、资金集中管理等内容。其三，信息技术的应用促使企业相关利益者之间的信息更加充分地共享，合作关系更加密切，财务会计管理范围得到了极大的拓展。

2. 对财务会计决策过程的影响

在现代财务会计决策活动开展中，企业主要是针对决策项目进行资料收集、活动设计以及活动开展，并对活动开展成效进行评价和分析。在信息化时代背景下，上述流程发生了本质的改变，具体表现在以下几个方面。其一，情报活动不再是单一的数据搜集，而是对其各方面影响因素进行分析，评估风险系数。风险评估工作首先需要对决策目标的风险进行深入分析，结合各方面影响因素，明确可实现的目标，有效整合、利用拥有的资源，借助信息化平台，收集并筛选大量数据信息，提炼出对决策有用的数据信息。其二，传统设计过程不再是对方案的选择，而是将这一过程转变为依靠信息技术建立财务会计管理信息模型，来满足财务会计管理活动需求。其三，应用信息化技术进行选择方案的优化，有助于充分发挥计算机原有的作用，实现决策最优化，促使财务会计决策更加切实可行。

（四）信息技术对企业财务会计管理工具的影响

在现代企业财务会计管理工作中应用信息技术，能够有效提高计算机数据处理性能，完成一些复杂的数据计算和分析，有助于充分发挥信息技术原有作用，辅助财务会计管理活动有序开展。数据仓库技术的应用，改变了传统决策模式，主要是将决策活动的相关数据信息收集整理，以此作为财务会计管理决策的参考依据，能够更有效地推动财务会计管理活动有序开展，提高财务会计决策成效。此外，现代企业财务会计管理活动应用信息化技术，对于网络环境要求较高，网络环境直接影响财务会计管理活动的开展成效。传统财务会计管理手段滞后，已经无法满足现代企业财务会计管理工作需求，所以采用信息技术，依托于网络基础，能够实现财务会计决策方案最优化。

在当前全球一体化趋势愈加深入的时代背景下，市场竞争愈加激烈，现代企业为了谋求长远发展，占据更大市场份额，加强自身财务会计管理是十分有必要的，应用信息化技术，依托互联网，能够有效降低财务会计管理中存在的风险系数，进一步提升财务管理工作成效。与此同时，在财务会计管理活动中应用信息技术，能够对复杂、大量的数据进行计算，辅助财务会计管理活动开展，为企业财务会计决策提供更为充分的参考依据，提高财务会计管理成效。可以说，现代企业在激烈的市场竞争中，为了谋求长远发展，降低财务风险系数，应用信息化技术是必然选择，对于企业未来生存和发展，提高市场竞争力有着深远的影响。

二、网络环境下企业财务会计管理模式存在的不足与创新措施

（一）网络环境下企业财务会计管理模式存在的不足

网络既给财务会计管理工作带来许多便利，但也带来了许多不利影响，所以企业在财务会计管理方面还面临着一系列的问题。

1. 部门防备能力与意识较弱

会计的信息安全关联着整个企业的经营方向。在我国的部分企业中财务会计管理活动自身的监管与面对风险问题的防备能力，安全防备意识相对弱一些，这就导致财务会计人员在网络技术应用与研究的过程中频频出现问题。企业在面对突发紧急事件时，难以有效地对问题加以处理和解决，导致企业的财务会计管理工作规范性与可靠性大大降低。

2. 职员实践性较差

在网络环境下，国内很多企业单位过于注重网络技术的研发和利用，致使财务会计管理工作在时代发展环境中的可靠性与时效性大大降低；同时，部分企业对于财务信息资源没有做到高效利用，导致企业财务会计管理工作在实践环节缺乏必要的数据支持，对企业财会会计管理工作造成了相当大的影响。

3. 工作可行性和实效性较低

目前，我国财务会计管理大多是以资金管理为主，很多企业单位在运营过程中，仍旧保留传统的财务会计管理方式，这使得企业财务会计管理工作的实效性大大地降低，在网络环境高速发展的当下，更是给企业的运营与成长造成严重影响；企业财务会计管理工作难以做到与时俱进，这在很大程度上削弱了企业财务管理的可行性，对企业的各项生产与运营发展造成不利影响。

（二）企业财务会计管理模式在网络环境中创新的具体措施

1. 提高企业财务会计的安全防范能力

财务会计网络化的发展与普及，往往会导致企业单位在运营过程中面临诸多新的风险与挑战。为了更好地促进企业单位的运营与发展，帮助企业适应市场环境，企业管理部门就应当充分提高自身的安全防范能力，将网络环境下安全风险防备作为企业财务会计管理工作开展的重心。同时，企业单位还应在日常工作中对财务会计人员进行严格要求，使财务会计人员在实践工作中及时对各项重要数据信息进行备份，并且将纸质文件及时转换为信息化数据文件并加以保密储存，定期设置各类防护系统，降低安全风险问题对财务会计管理工作造成的影响。

2. 积极创新企业财务会计的管理方法

财务会计网络化的快速发展，使我国企业的内部控制变得更加多样化，企业实现内部控制也相应变得更加复杂，因此，我国企业在运营阶段，理应积极创新财务会计管理方法，在网络环境下实现企业的财务会计信息化创新，以此促进企业的运营与成长。在创新企业财务会计管理工作的实践环节，企业技术单位应充分加强网络技术与计算机技术的研发，将企业财务预测系统、经济动态模拟系统、风险决策系统等技术系统归纳总结，以此创设完备的计算机管理制度；企业在构建数据化、信息化评估指标过程中，应将知识资产转化率、资产盈利率、知识资产的保值和增值率等重要数据信息全部包含到其中，形成企业单位综合评估体系；在改进企业财务的信息资源过程中，企业单位应将网络管理方法、财务再造管理方法、柔性管理方法等重要资源管理方式综合应用，针对不同问题进行相应的优化处理，以此提升企业的财务信息资源使用效率，促进企业的整体运营与成长。

3. 充分提升企业财务会计的管理层次

针对我国部分企业在财务会计的管理工作中实效性较低的情况，提升企业财务会计管理的层次，对企业的运营与成长具有重要意义。在提升企业财务会计管理层次的过程中，企业管理部门首先需要在企业内部营造良好的管理环境，结合网络信息化技术的高效应用情况，充分加强企业的跨级审计工作，确保企业在运营环节能够获得足够的利益。此外，企业管理部门还需要对内部控制环境进行各项优化与改造，建立全新的财务项目管理制度，不定期对企业内部的各项业务进行审计，确保企业的审计工作得以有效的开展，从而促进企业财务会计管理工作的优化与提高。

随着我国信息化网络技术的普及，网络提高了财务管理工作的效率，但也带来了许多弊端，所以国内企业在运营过程中理应充分加强自身财务会计管理工作，通过优化与改革，使企业财务会计管理模式可以更好地帮助企业解决风险问题，从而使企业在网络环境中的健康发展有所保障。

第十章　新经济环境背景下企业财务会计管理的信息化发展

随着时代的发展，建设网络强国、推动信息化建设已经成为国家建设以及各个行业、领域发展的重要任务，对于企业财务管理来说也是如此。在全新的经济背景下，必须加强并完善企业财务会计管理信息化建设，以使企业跟上时代的脚步、实现更好的财务管理、实现更好的自身发展。

第一节　信息技术对财务管理的影响

一、网络信息技术对企业经营环境的影响

近年来，网络信息技术不断发展并得到了普及应用，对各行各业都产生了重大影响，同样对人们的思维方式和生活习惯也产生了影响，也对原有的经济形态产生了一定影响。虽然商业的本质不会发生变化，但是网络信息技术会成为催化剂，产业价值链的各个环节，以及企业经营各个层面都有可能被网络信息技术改变。

（一）网络信息技术转变了人们的价值观念和行为模式

互联网作为一个信息流动的平台，会逐渐形成一种固有的文化属性。互联网作为人们长期浸润其中的虚拟社会，形成了独有的网络伦理文化特征，具有虚拟性、匿名性、快捷性、开放性等特点。互联网提供的资源在空间上重塑了人们的活动场所，在很大程度上改变了人们的生活方式和行为模式。

（二）网络信息技术改变了人们的生活方式

互联网是一个全球性论坛组织形式，世界各地数以亿计的人们可以利用互联网进行信息交流和资源共享。电脑网络融入人们的私人生活和公共生活领域，使人们的生活方式出现了崭新的形式，包括购物方式、阅读方式、学习方式、工作方式等。

（三）网络信息技术重构社会结构

互联网促进了社会利益结构多元化的发展，改变了原有的社会分层结构，导致社会群体的关系更加复杂。传统社会结构中社会各要素垂直的结构形态发生了变化，网络社会结构不再以传统意义上的社会结构形态进行分层，而是重新依据兴趣、爱好等方式进行重组。

（四）网络信息技术模糊了学科边界

信息借助互联网以前所未有的广度和深度流动起来，行业壁垒在信息洪流冲击之下变得无比脆弱，行业融合、领域交互成为新趋势，过去小范围家庭、组织内部的知识传递，变成了现在无国界的网络社交互动。不同思想的交流碰撞，在学科边缘、行业边界之上不断摩擦出创新的火花。未来，随着互联网普及，将会涌现出越来越多的"跨界人"。

（五）网络发展带来的产业痛点

随着网络和信息技术的不断发展，商业模式从消费互联网时代的眼球经济发展到产业互联网时代的价值经济，但无论最后采取什么样的商业工具和商业模式，最重要的还是生产商能否提供更好的品质、性价比和服务体验问题。就目前发展而言，我国的产业互联网还存在着以下痛点，痛点之处就是最好的商业机会所在。

1. 信息安全和支付安全问题急需解决

互联网的连接与聚合能力提升，对人类社会的影响巨大，网络信息技术近年来也不断发展，但是互联网各个方面存在的安全隐患也与日俱增。这些问题如果不能及时解决，一方面会对互联网造成巨大的破坏，另一方面也会影响用户对互联网的信心。网络安全主要集中在信息安全与网络支付安全两个方面。

2. 网络基础设施建设急需完善

（1）加强建设数据基础设施

应加大政府对互联网数据资产管理的重视程度与力度，主要是适度的合理开放，条件成熟时可设立数据资产交易所机制，促进数据资产的交易。

（2）加强建设网络基础设施

对于网络基础设施，主要是网络的进一步普及和网速的提高。我国的宽带网络速度与发达国家相比还非常落后，应当改善与提升。此外，与中国社会的二元结构相似，中国的互联网也呈现出巨大的城乡差异，据中国互联网络信息中心数据，截至2022年6月，我国城镇网民数量占比达到72.1%，而农村网民仅占27.9%。农村网络基础设施亟待改进与提升。

（3）建立并完善网络统一标准

对于互联网标准接口的基础设施工作而言，重要性在于让大家研发的产品能互相兼容，相互适配。因此，应建立统一的标准，促进开放与协作。

我国在基础设施建设方面投入很大，在拉动我国经济增长的同时也对改善我国投资环境起到巨大的促进作用，但是在互联网基础设施投入方面，还不够重视，今后应加大该方面的投入。

二、信息技术对企业财务管理的影响

近年来，随着信息技术的发展，企业管理的各个环节都受到了影响，作为企业管理核心的财务管理也受到了一定影响，这些影响主要体现在两个方面。第一，信息技术的发展使财务管理面临的环境发生了变化，市场竞争也愈加激烈，知识逐渐成为企业最有力的竞争因素，企业管理面临的需求、需要解决的问题、解决问题的条件和方法都随之发生变化，在这样的深刻变革下，企业财务管理的模式也相应地发生了变化，随之而来的就是企业财务管理的内容、范围和方法的变化。第二，信息技术的飞速发展为企业财务管理提供了更广阔的平台，随着信息技术的发展和成熟，财务管理面临的问题有了更多的解决途径，企业可以选择的财务管理手段也更为多样化。

（一）信息技术对企业财务管理实务的影响

财务管理实务指的是应用财务管理理论、实现财务决策与财务控制的全过程。信息技术对财务管理实务的影响体现在对财务控制手段、财务决策过程和财务管理内容的影响三个方面。

1. 对财务控制手段的影响

传统的企业财务管理是一个较长的过程，要经历"记录—汇总—分析—评价—反馈—修正"各个环节，控制过程相对于业务过程有一定的滞后，这就导致企业财务管理职能不能充分发挥。随着信息技术的发展，企业财务管理的控制程序可以与业务处理程序集成，财务管理可以实现实时控制。

2. 对财务决策过程的影响

（1）情报活动发生的变化

情报活动不再是单纯搜集决策所需的数据，而是经历"风险评估—约束条件评估—数据获取"三个阶段。风险评估是对决策目标及实现决策目标的风险进行合理的评估。约束条件评估则是确定实现该决策目标所受到的各种外部环境的制约，明确为了实现该目标，可以使用的资源有哪些？数据获取则避免了手工数据的整理过程，借助于信息化平台，可以大量获取所需的数据，并依靠数据仓库技术，直接获取有价值、支持决策的数据。

（2）设计活动发生的变化

传统的设计活动是指创造、制定和分析可能采取的方案。而在信息化环境下，这一过程转变为依靠工具软件或财务管理信息系统建立决策模型的过程。

（3）抉择活动发生的变化

抉择活动是指从众多的备选方案中，按照一定标准选择最优的方案。这一过程在计算机环境下可以得到最大限度的优化，利用计算机强大的计算能力，可以模拟方案的执行情况，从而实现最优化决策，决策的科学性大大提高。

（4）审查活动发生的变化

审查阶段要对决策进行评价，不断发现问题并修正决策。在信息化环境下，这一过程的执行提前到决策执行环节，也就是在决策执行过程中，同时完成对执行情况的跟踪、记录和反馈。

3. 对传统财务管理内容的影响

对企业个体而言，其理财活动主要体现在三个方面，即筹资活动、投资活动和收益活动。相应地，也形成了企业财务管理的主要内容。在信息技术环境下，它们仍然是财务管理的主要内容，但信息技术扩展了财务管理的内容，主要表现在以下三个方面。

（1）信息技术促进了企业与相关利益者、银行、税务部门、金融市场之间的信息沟通，财务管理的范围也从企业扩展到相关的利益群体，如税收管理、银行结算管理等也成为财务管理活动中重要的一环。

（2）信息技术的发展促进了新的管理内容的产生，如企业全面预算管理、资金集中管理、价值链物流管理等。

（3）现代企业在信息技术的支持下，形成了连接多个企业的价值链。在完成筹资、投资和收益决策时，企业不再是一个孤立的决策单元，而是价值链上整体决策的一个环节，因此，相关决策将更多地面向价值链整体最优。

（二）信息技术对企业财务管理基础理论的影响

1. 信息技术对财务管理职能的影响

信息技术的发展和成熟强化了财务管理的基本职能，即财务决策职能和财务控制职能。财务决策职能是指在充分考虑企业环境和目标的前提下，选择并实施科学方法，确定适合企业的最佳财务目标。在企业财务管理实践中，筹资、投资和收益分配是财务决策的三个基本方面。信息技术的发展引起了财务决策环境的变革，导致企业进行财务决策时会面临更大风险。在信息化环境下，企业进行各项决策活动都要有信息技术的支持，以使决策从感性逐渐转化为理性。财务控制是指在决策执行过程中，通过比较、判断和分析，监督执行过程，并及时做出修正的过程。随着信息技术的发展，企业财务控制职能得到了强化，控制范围得到了扩展，当前的财务控制可以覆盖企业的各个层面；控制手段借助于信息化平台进行，从事后控制逐渐转化为事前、事中控制。

信息技术不仅强化了财务管理的基本职能，还衍生出派生职能，主要是财务管理的协调职能和沟通职能。在信息技术环境下，企业做出的任何一个决策都可能涉及多个部门和领域，因此必须在财务决策方面做出改变，要尽可能满足企业生产经营提出的要求。例如，企业制订生产计划时要考虑自身的财务计划，保证二者可以相互配合。也就是说，随着部门间横向联系的加剧，必须要有适当的手段实现部门间、各业务流程间相互协调和沟通的能力，财务管理将更多地承担起这方面的职能。

2.信息技术对财务管理对象的影响

财务管理的对象是资金及其流转。资金流转的起点和终点都是现金,其他的资产都是现金在流转中的转化形式,因此,财务管理的对象也可以说是现金及其流转。信息技术环境下,财务管理的对象并没有发生本质变化,影响主要表现在以下两个方面。

(1)现金流转高速运行。网络环境下,现金及相关资产的流转速度加快,面临的风险加剧,必须要有合理的控制系统保证企业现金资产的安全和合理配置。

(2)现金概念的扩展。在信息技术环境下,网上银行,特别是电子货币的出现极大地扩展了现金的概念。此外,网络无形资产、虚拟资产的出现,也扩展了现金的转化形式。

3.信息技术对企业财务管理目标的影响

财务管理最具有代表性的目标包括利润最大化、每股盈余最大化、股东权益最大化和企业价值最大化。在信息化环境下,以企业价值最大化作为企业财务管理的目标是必然的选择。这是因为企业是各方面利益相关者契约关系的总和。企业的目标是生存、发展和获利。在信息技术的推动下,电子商务开始普及,企业变成了多条价值链上的节点,单纯追求个体企业的利润最大化或股东权益最大化并不能提升整个价值链的价值,反而会影响企业的长期发展和获利。只有确定企业价值最大化的财务管理目标,才可能实现企业相关利益者整体利益的共赢。

(三)信息技术对企业财务管理工具的影响

传统的财务管理主要依靠手工完成各项财务管理工作,财务管理处于较低水平。信息技术极大地丰富了财务管理手段,促进了财务管理在企业中的应用。这一影响主要体现在以下三个方面。

1.网络技术提供更好的解决方案

网络技术不仅扩展了财务管理的内容,而且为财务管理提供了新的手段。传统财务管理方式无法实现的集中控制、实时控制,现在都可以依托网络实现。分布式计算技术的应用,为财务决策提供了新的解决方案。

2.数据仓库技术提高决策效率和准确性

数据仓库的广泛应用改变了传统的决策模式。数据仓库是一种面向决策主题、由多数据源集成、拥有当前及历史终结数据的数据库系统。利用数据仓库技术可以有效地支持财务决策行为,提高决策效率和决策的准确度。

3.计算机技术提高数据处理能力

计算机的普遍应用提高了财务管理活动中的数据处理能力。利用计算机可以帮助用户完成较为复杂的计算过程,处理海量数据。大量工具软件的出现,可以帮助用户轻松完成数据计算、数据统计、数据分析、辅助决策等任务。

（四）信息技术对企业财务管理方法学的影响

1. 简单决策模型向复杂决策模型的转变

传统的财务预测、决策、控制和分析方法受手工计算的限制，只能采用简单的数学计算方法。在信息化环境下，更多先进的方法被引入到财务管理活动中来，如运筹学方法、多元统计学方法、计量经济学方法，甚至包括图论、人工智能的一些方法也被广泛使用。

2. 定性分析向定量分析和定性分析相结合转变

传统的财务管理过程中，虽然使用过定量分析，但没有得到广泛应用。主要原因有两个：一是计算工具的落后，无法满足复杂的数学计算或统计分析，同时缺乏工具软件的支持，使得计算过程难以掌握。二是缺乏数据库管理系统的支持，定量分析所需的基础数据缺乏必要的来源或是选择的样本过小，致使得出的结论产生误差。信息化环境下，数据库管理系统的广泛建立，特别是相关业务处理信息系统的成熟，为财务管理定量分析提供了充分的基础数据。同时，普通员工利用工具软件也可以轻松地完成各项统计、计算工作，定量分析不再是专业人员才能完成的任务。

3. 偶然性决策向财务管理系统化的转变

系统论、控制论和信息论是第二次世界大战后崛起的具有综合特性的横向学科之一。系统及系统工程的思想、方法论和技术在20世纪70年代末传入我国，目前流行的新三论，即耗散结构论、协同论和突变论都是系统论的进一步发展。系统论是研究客观现实系统共同的本质特征、原理和规律的学科。系统论的核心思想是从整体出发，研究系统与系统、系统与组成部分及系统与环境之间的普遍联系。系统是系统论中一个最基本的概念。

财务管理也是一种支持和辅助决策的系统，企业财务管理方法是指企业在财务管理中所使用的各种业务手段。目前主要有财务预测方法、财务决策方法、财务分析方法、财务控制方法等。在很长一段时间里，财务管理缺乏系统的观点进行分析和设计，往往只侧重于某一指标的获得或独立决策模型的应用。传统的财务管理方法面向独立的财务管理过程，缺乏系统性，需要解决的主要问题是临时性、偶然性的决策问题。在信息化环境下，要求按照系统的观点认识和对待财务决策及财务控制，即做出任何一项决策时，不能仅考虑单项决策最优，而应该更多地考虑系统最优；财务控制不仅考虑对某个业务处理环节的控制，而且要按照系统控制的要求，从系统整体目标出发，自上而下，层层分解，考虑控制的影响深度和宽度。

第二节　会计信息化对企业财务管理的重要性分析

信息时代，在企业的财务管理工作中，信息技术发挥着重要的作用。企业的经营活动范围不断扩大化，同时面对多方面的竞争，在财务管理工作中所存在的弊端不断出现。这就需要采取有效的措施解决，推进企业更好地发展。本节针对会计信息化对企业财务管理的重要性展开研究。

企业的财务管理工作中引入信息技术，不仅提高了管理质量，也相应地提高了管理效率，会计环境也有所改善。企业财务管理中实行信息化管理，是适应当前信息环境的需要，同时也是提高企业竞争力的关键。在这个网络时代，各种财务软件在企业的信息化管理中得到应用，对企业的可持续发展起到了促进作用。

一、会计信息化管理对企业财务管理工作的重要性

（一）会计信息化管理促进企业财务管理工作更加完善

企业财务管理工作中，会计信息化管理是非常重要的。对相关的问题进行研究，从企业的管理实际出发提出可行性方案，这是企业会计信息化管理中的基础性工作，指导企业财务管理工作更加完善。会计信息化管理是具有战略意义的，在信息化管理的进程中，技术不断升级、管理内容不断优化，而且实现了动态化管理，使得会计信息更加准确可靠，为企业的全方位管理提供有价值的参考依据。

从企业内部管理的角度而言，实行会计信息化管理，内部管理效率就会相应地提高，会计团队的职业素质也会不断提高，而且能够树立战略意识。应用计算机软件实施财务管理，可以实现管理精细化。

（二）会计信息化管理使得企业财务管理效能充分发挥

企业财务管理中，会计信息化管理促使管理水平提高，对企业的发展起到了一定的促进作用。企业财务管理的质量关乎到整个企业的运行，资金的有效利用可以降低成本、提高经济利润。发挥会计信息化管理的作用，提高信息化管理的比例，可以使财务管理成为企业发展的强大推动力。

二、企业信息化管理现状

（一）企业信息化管理没有从专业角度出发对管理系统予以设计

从当前的企业管理状况来看，虽然已经引进了信息技术，提高了管理效率，但是，并没有将会计工作与信息技术充分融合。企业的会计人员虽然专业能力强，对会计信息管理有所掌握，但是，由于信息技术操作能力不够专业化，加之没有从专业角度对财务管理系统予以设计，导致在会计信息管理中对于网络信息技术不能合理使用。即使会计

人员有能力使用计算机网络提升财务管理能力，但是在计算机操作中没有树立安全防范意识，设计的密码非常简单，甚至没有对操作软件设计密码，导致信息安全无法保证。

（二）企业信息化管理中没有与会计信息化有机结合

在企业的财务管理实施信息化管理，并不是将信息技术停留在会计管理上，而是要实现业务生产与财务管理的一体化，将企业的资金流、信息流以及物流建立关联性，实行统一管理。但是，从当前的企业会计管理情况来看，由于资金运行不够顺畅，财务管理人员的管理意识不强，且计算机技术水平不高，导致会计信息化管理与业务生产之间脱节，财务软件在企业内部管理中不能很好地发挥作用。

三、企业信息化管理过程中存在的不足

（一）企业管理人员不重视会计信息化的作用

会计信息化建设对于企业来说是一项非常重大且复杂的工程，不仅会革新企业生产组织形式、重新分配管理层权力格局，同时还会改变企业的资金运作模式以及经营管理模式。因此，在会计信息化管理的应用过程中，很少有人会积极地投入信息化建设当中，大部分人都安于现状；还有的企业领导层只注重眼前利益，缺乏长远的规划，认为当前市场环境好，只要有产量就会产生效益，没有认识到未来市场存在的风险，没有认识到会计信息化对企业在国际、国内市场中的抗风险能力以及竞争的提升。

（二）缺乏相关人才以及系统设计

就目前我国的企业状况来看，具备相应的财会知识，同时又具备计算机知识的人非常少，导致了网络信息技术形同虚设，财务人员难以通过计算机网络来提升财务管理能力。有的企业就算财务人员懂得基础的计算机操作，但是也缺乏安全防范意识，对电脑操作不设置密码或密码非常简单，使得会计信息化难以在安全的网络环境当中运行。

（三）缺乏先进的信息化管理软件

在信息化管理软件的设计过程中，需要使其符合企业实际以及管理理念。如今，我国大部分的企业所使用的管理软件基本没有什么差别，根本没有充分考虑到企业的实际需要。企业当中所使用的管理软件大致可分为两种：一种是国内研发；另一种是国外研发。这两种财会管理软件都具备自身的优势，同时也存在不足。

（四）难以有机结合企业信息化与会计信息化

在企业中实施会计信息化管理主要是为了实现生产、业务以及财务的一体化，实现资金流、信息流以及物流的统一，这就需要业务信息与财务信息一体化。但是，一些企业因为资金短缺、管理意识不到位、人员缺乏以及业务链脱节等使得财务软件没有在企业内全部普及，不能共享业务数据和财务数据，使得纵向上难以与供应商、客户沟通，横向上难以与税务、银行等部门信息共享，而且也难以很好地连接企业内部的业务部门，不能实现业务和财务的一体化，进而对会计信息化的实行产生阻碍。

四、会计信息化管理问题的解决措施

（一）会计信息化管理要注重专业人才的培养

在会计信息化管理中，要将信息技术与会计工作相结合。要保证管理质量，有关管理人员就要提高计算机技术操作能力，会计人员也要提高软件操作能力，具备会计业务管理能力的同时，还要精通计算机维护技能，能够在实际工作中应用计算机软件知识解决问题。企业要重视财务管理人员的信息技术应用能力的培养，定期组织培训，请专家对计算机网络知识和财务会计知识进行讲解，并结合企业财会信息管理工作组织讨论，帮助财务管理人员解决实质性的问题。

（二）会计信息化管理没有对信息化管理软件进行研发

不同的企业，在财务管理上存在不同理解，对于财务管理软件的设计要求也有所不同。这就需要企业根据自身的需要研发财务管理软件，将管理理念渗入到设计工作中。企业可以与财务软件研究单位建立合作关系，将企业对于财务软件的要求提出来，请财务软件研究单位为企业"量身定做"设计软件，使得财务管理软件在企业中能够切实发挥作用，并将自身的优势发挥出来，提高企业的财务管理效能。

（三）会计信息化管理实现会计信息化的同时要强化内部控制工作

在企业强化会计信息化管理中，对于组织管理工作要不断完善，做好内部控制工作。在具体的工作中，需要在企业的工作环境中实施会计信息化管理，在信息传递中还要将内部控制落实到位，并且将内部控制工作与信息技术融合，构建内部信息管理流程，还要将配套的风险评估机制建立起来。在具体的工作中，企业对于内部控制工作还要做出调整，结合使用信息技术实现自动化内部控制，提高控制质量，保证会计信息化质量。

第三节 财务管理信息系统的建设

一、财务管理信息系统的基本概念

（一）财务管理信息系统的定义

按照管理信息系统的划分方式，可以将传统的信息系统分为 TPS（事务处理系统）、MIS（管理信息系统）、DSS（决策支持系统）和 AI/ES（人工智能/专家系统）四个层次。

TPS 完成企业活动基本事件的信息记录和存储，MIS 系统完成信息的整理、合并和简单的分析，DSS 系统负责面向企业高层提供辅助决策的相关信息，而 AI/ES 系统则根据所掌握的信息及时做出反馈并进行管理和控制。完整的财务管理信息化实际上实现了 DSS 系统和 AUES 系统在财务管理方面的有机集成，不仅要求根据 MIS 系统提供的数据生成辅助决策的信息，更要求通过系统控制实现对财务的管理和控制过程的集成。

当前理论界并没有对财务管理信息系统的定义形成统一的认识和说法。从系统论的角度出发，财务管理信息系统的定义应该包括财务管理信息系统的功能、财务管理信息系统的构成要素和财务管理信息系统的目标。

第一，财务管理信息系统的功能可以概括为财务决策和财务控制两个方面，这也是现代财务管理活动最基本的职能，其他的职能都可以理解为上述两个职能的派生。

第二，财务管理信息系统的构成要素包括信息技术、数据、模型、方法、决策者和决策环境。

第三，财务管理信息系统的目标服从于企业财务管理的目标，即企业价值最大化。但财务管理信息系统对企业价值最大化目标的支持是通过决策支持来体现的，因此，可以将财务管理信息系统的目标定位于支持实现企业价值最大化的决策活动。与传统的信息系统不同的是，财务管理信息系统的终极目标不是单纯地提供信息，而是支持决策活动和控制过程。

按照以上分析，可以对财务管理信息系统下这样的定义——基于信息技术和管理控制环境，以支持实现企业价值最大化的财务决策活动为目标，由决策者主导，获取决策所需数据，应用数学方法构建决策模型，完成财务决策过程，并将决策转化为财务控制，并对业务活动加以控制的管理信息系统。

在很长一段时间中，财务管理信息系统都没有得到明确的认识，提出的"理财电算化"概念的实质就是利用工具软件建立财务管理分析模型。"理财电算化"概念还容易产生误解，让人以为财务管理的信息化过程仅仅代表计算机在财务管理中的应用。财务管理信息系统概念的提出有助于澄清上述较为偏颇的概念，从而按照系统论的思想构建财务管理信息系统。而且，随着信息化水平的逐渐提高，建立完善财务管理信息系统的条件已经成熟。

（二）财务管理信息系统的特点

从财务管理信息系统的定义可以看出，财务管理信息系统的特点主要表现在以下几个方面。

1. 开放性和灵活性

为了适应企业多变的决策环境和不同的财务管理模式，财务管理信息系统必须具有高度的开放性和灵活性。具体表现在：第一，财务管理信息系统应支持异构网络和不同的数据库管理系统；第二，允许用户自定义决策过程和控制流程，实现企业财务管理的流程重组和构建；第三，具有较强的可扩展性和可维护性，支持动态财务管理过程。

2. 决策者主导性

在较为低端的信息系统中，如事务处理系统可以实现高度的自动化处理。但在财务管理信息系统中，由于其面向企业高层服务，决策活动中不可避免地存在大量的分析、比较和智能化的处理过程，因此，决策者须是财务管理信息系统的主导。同时，财务管理信息系统是以用户需求为驱动，所以要将信息系统的主导权交给信息需求者。

3. 动态性

财务管理活动取决于财务管理环境，而管理环境是不断发展变化的。企业战略的不同决定着企业财务决策和控制策略存在着较大差异，比如，市场领导者和市场追随者会选择不同的企业战略，进而影响企业财务管理决策和控制策略。因此，财务管理信息系统必须是一个动态的系统，必须随着企业的成长与财务管理环境的变化而不断发展和完善。

4. 与其他管理信息系统联系紧密

必须要明确财务管理信息系统是企业信息化系统的重要组成部分。财务管理信息系统具有较高的综合性。财务决策所需的基础数据包括近期数据和历史数据均来自相关的信息系统，财务管理信息系统必须实现与其他业务信息系统的集成或数据共享；另外，财务控制的执行依靠各业务子系统来处理完成，必须有足够的能力保证财务计划、指标、预算和各项控制措施"嵌入"信息系统，并最终发挥实际的控制作用。

（三）财务管理信息系统的基本运行模式

财务管理信息系统运行的基本模式包括财务管理决策环境分析、财务管理决策制定过程、财务管理决策实施过程和财务管理控制评价过程，它们基于一定的企业环境和信息技术环境，并相互联系形成基本的财务管理信息系统运行模式。

1. 第一阶段：财务管理决策环境分析

决策环境分析阶段主要完成财务决策风险评估，确定决策目标，并明确财务决策所面临的约束条件，识别达到决策目的的关键步骤。这一阶段是财务决策的准备阶段。在信息系统环境下，借助于信息技术平台，可以获得相应的信息，并把这些信息引入决策过程。

2. 第二阶段：财务管理决策制定

决策制定阶段完成决策模型的构建过程，并通过决策模型调用模型计算方法，获取决策所需的数据，在众多的方案中，通过模型比较分析，确定最佳的解决方案，并根据方案生成计划、指标和控制标准。

3. 第三阶段：财务管理决策实施

决策执行阶段完成编制预算和配置资源，随时记录实施过程，包括执行进度、预算执行和资源消耗情况，并进行反馈和比较。

4. 第四阶段：财务管理控制评价

在控制评价阶段，若评价结果与预期控制指标有偏差，则应分析该偏差产生的原因，若属于系统误差，则需考虑执行计划编制是否有误；若不属于系统误差，则需要调整具体的执行过程；通过进一步判断属于决策失误，则需要重新进行决策；若决策正确，而执行仍然存在偏差，则需要对决策环境重新评估。

在实际的财务管理信息系统中，第三阶段和第四阶段往往集成于具体的业务处理系统中，财务管理信息系统具备与业务处理系统的数据接口或共享的集成化控制平台，从而保证了财务管理信息系统职能的发挥。

二、按体系构建网络财务管理系统

（一）网络财务的实施

1. 网络财务的法律基础

网络财务的诞生和发展除了要有一定的技术基础外，一些相关法规的制定也为其实施提供了广阔的发展空间。财政部颁发的《会计电算化工作规范》中明确指出：有一定硬件基础和技术力量的单位，都要充分利用现有的计算机设备建立计算机网络，做到信息资源共享和会计数据实时处理。有了法律的明文规定，网络财务的安全和权限问题将得到大幅度改善。此外，《会计法》对各行业和各地域会计制度进行了统一。对于跨地域的大型企业来说，不同地域会计准则的一致性将成为网络财务发挥极大作用的关键因素。网络财务是个新生事物，针对如何具体在网络财务的程序和方法上操作、如何实施内部控制、如何提供财务报告、怎样保障财务信息真实性等一系列问题，还没有相应的法规予以规范，理论界和实业界也都处于探索阶段。

综上所述，网络财务是对企业财务管理的延伸发展，是一门新兴学科，对传统财务管理提出了世纪性的挑战，是推动我国经济发展的强劲动力。

2. 网络财务的实施途径

（1）网络财务软件

网络财务软件是指基于网络计算技术，以整合实现电子商务为目标，能够提供互联网环境下财务管理模式、财会工作方式及其各项功能的财务管理软件系统。

（2）网上理财服务

网上理财服务是指具备数据安全保密机制，以专营网站方式在网上提供的专业理财服务。网上理财服务具体体现在网上自助式软件的应用，它是ASP(Active Sever Page)活动服务主页的一种重要服务方式。

3. 网络财务的实施方案

首先，根据自身的实际情况进行需求分析，确定到底要利用网络财务系统完成哪些工作。其次，根据企业需求进行网络方案设计，目前常用的高速网络技术有快速以太网、FDDI分布式光纤数据接口、ATM异步传输模式、千兆位以太网。网络财务还是一个新兴的领域，其在实际中没有固定的模式，故要依据企业的不同情况"量体裁衣"。

（二）网络财务安全

只有保证网络系统的安全才能以此为基础促进网络财务的不断发展和完善。网络财务使原来的单一会计电算化系统变成一个开放的系统，而会计业务的特点又要求其中的许多数据对外保密，因此，安全就成为网络财务中备受用户关注的问题。由于财务涉及资金和公司机密等，任何一点泄露都可能导致大量资金流失，所以应对其传递手段和储存工具要求严格，要从技术和法律上为它创造一个安全的环境，抵抗来自系统内外的各种干扰和威胁。如在技术上加强对网上输入、输出和传输信息的合法性、正确性控制，在企业内部网与外部公共网之间建立防火墙，并对外部访问实行多层认证；在网络系统中积极采用反病毒技术；在系统的运行与维护过程中高度重视计算机病毒的防范，以及采取相应的技术手段与措施；及时做好备份工作。备份是防止网络财务系统意外事故最基本、最有效的手段，包括硬件备份、系统备份、财务软件系统备份和数据备份四个层次。发展适合网络财务的新技术是网络财务发展的基础。

从立法角度来说，为了保证网络财务安全应该建立健全电子商务法律法规，规范网上交易、支付、核算行为，并制定网络财务准则。此外还必须有第三方对安全进行确认，即建立网络安全审计制度，由专家对安全性做出相应评价。

（三）网络财务系统

信息技术不断发展，以此为基础建立起了财务系统，当前企业需要借助这一系统才可以完成财务信息的处理，而财务系统的特定目标和功能的实现要靠一定的会计数据处理技术的运用。随着科学技术的进步，特别是计算机的出现，促使会计数据处理技术不断发展变化，经历了从手工处理到机械处理再到计算机处理的发展过程，因而财务系统也经历了从手工财务系统到机械化财务系统再到电算化财务系统的发展过程。

电算化财务系统可以很大程度上提高会计效率。具体来说，电算化财务系统就是指以计算机为主的当代电子信息处理技术为基础，充分利用电子计算机快速、准确地处理数据的特性，用计算机代替手工进行会计数据处理并进行分析、预测和决策的财务信息系统。

20世纪70年代末，我国财会工作者将计算机应用于会计工作，并由此提出了"会计电算化"这一具有中国特色的会计术语，其实质就是电算化财务系统。需要指出的是，当时的电算化财务系统仅仅只是将人、纸质凭证、算盘等构成手工财务系统的要素改变成了人、磁介质数据、计算机等，用计算机代替了人脑的计算、储存，并没有突破财务部门内部的范围，没有实现与其他部门及企业的连接，还是一种封闭式的工作方式，信息孤岛问题较为突出。从20世纪90年代开始，一方面计算机技术从单机逐渐向局域网及互联网方向发展；另一方面，企业不再满足于电算化核算，而是希望进一步实现财务控制、管理和决策支持的计算机化，网络财务系统也就应运而生了。

随着网络的不断发展，电算化财务系统也得到了一定发展，以此为基础形成了网络财务系统，该系统是基于电子商务背景，以网络计算技术为依托，集成先进管理思想和理念，以人为主导，充分利用计算机硬件、软件、网络基础设施和设备，进行经济业务数据的收集、传输、加工、存储、更新和维护，全面实现各项会计核算及财务管理职能的计算机系统。一方面，网络财务系统对外可安全、高效、便捷地实现电子货币支付、电子转账计算和与之相关的财务业务电子化，对内可有效地实施网络财务监控和管理系统。另一方面，网络财务系统是一个可对物流、资金流和信息流进行集成化管理的大型应用软件系统。

网络财务系统是一个人机系统，不但需要硬件设备和软件的支持，还需要人按照一定的规程对数据进行各种操作。网络财务系统的构成要素与电算化财务系统相同，包括硬件、软件、人员、数据和规程，只是在具体内容上更为丰富。

1. 数据

网络财务系统的数据来自企业内、外部的多个渠道，包括外部环境数据，如宏观经济数据、消费者偏好数据等；外部交易数据，即企业与其他企业或个人发生的经济业务，如采购业务和销售业务；内部业务数据，如发放工资、产成品入库等；会计核算数据，如往来业务核算、成本核算、期间费用核算等。

2. 硬件和软件

网络财务系统主要由服务器、工作站、移动终端及其他办公设备通过网络通信设备联网组成，这些设备就是系统硬件。而网络财务系统的硬件要发挥作用，必须要有一套与硬件设备匹配的软件支持。网络财务系统的软件包括系统软件和应用软件。系统软件是指管理、监控和维护计算机资源的软件，包括操作系统软件、通信软件、数据库管理软件和系统实用软件等；应用软件是指为了解决用户的实际问题而设计的软件，如通用网络财务软件和专用网络财务软件。

3. 规程

网络财务系统的规程包括两类：一类是政府的法令、条例等；另一类是维持系统正常运转所必需的各项规章制度，如岗位责任制度、操作管理制度、软硬件维护制度、安全保密制度等。

4. 人员

网络财务系统的核心人员包括两类：一类是系统开发人员，系统分析员、系统设计员、系统编程和测试人员等；另一类是系统的使用人员，系统管理员、系统维护人员及系统操作人员等。除此之外，向系统提供信息的各种人员，如供应商、客户、政府主管部门人员及分析师等也是网络财务系统不可缺少的运行要素。

（四）网络财务信息系统

1. 网络财务信息系统的构成

网络财务信息系统是以信息技术为支持、人机结合的系统，该系统不仅需要计算机硬件、软件、网络通信设备的支持，还需要人在一定的规程下充分利用它们进行各项操作。因此，网络财务信息系统的主要构成要素包括硬件、软件、人员、数据和规程。

按照网络财务信息系统的功能，可以将其划分为会计核算系统、财务管理信息系统和财务决策信息系统三个层次。我国目前应用的财务软件大都处于会计核算系统这个层次。

2. **网络财务信息系统的主要特点**

（1）强大的远程处理能力。网络财务软件从设计到开发应用都定位在网络环境的基础上，使跨地区和跨国界的财务核算、审计、管理和贸易成为可能。同时，网络化管理将使企业的各种财务信息得到快速便捷的反映，最终实现财务信息的动态实时处理、财务的集中式管理以及便捷的远程报账、远程报表、远程查询和审计。

（2）高效率的集中式管理。互联网的出现，使财务信息集中式管理成为可能。

（3）与现代信息技术的高度融合。按信息处理的要求，网络财务信息系统充分利用现代信息技术，对企业的会计工作流程、方式和方法进行了重新构建，以适应企业瞬息万变的管理要求。

（4）高度实时化的动态核算系统。传统会计是一个静态的、事后反映型的核算系统。而网络财务的发展将改变这一历史，变传统的事后静态核算为高度实时化的动态核算。

（5）与业务管理系统的高度协同。包括与企业内部的协同、与供应链的协同、与社会相关部门的协同，如网上银行、网上保险、网上报税等。

3. **网络财务信息使用者的需求**

在网络环境下，信息使用者对会计信息提出了新的需求。网络财务信息系统应能满足信息使用者的以下需求：

（1）信息可定制性。系统可以根据信息使用者的要求，从不同的角度提供个性化的财务信息。

（2）信息实时性。系统能根据信息使用者的要求实时披露财务信息。

（3）信息共享性。通过网络获取财务信息，可使财务信息的再利用更加方便，可提高信息利用效率，减少信息不对称性。

（4）信息多样性。网络财务信息系统在内容上应能提供财务的和非财务的、定量的和定性的使用者想知道的信息；在计量属性上，应从单一的历史成本计量属性到历史成本、现行成本、可变现净值等多重计量属性并存；在列表形式上，应从单一信息媒体到文、图、音、像等多种信息媒体并存。

（五）**网络财务报告**

1. **网络财务报告的内涵及层次**

网络财务报告的内涵处于动态变化状态，会随着环境变化和技术发展而不断变动。在现有技术条件下，网络财务报告是指企业通过网络披露企业各项经营业务与财务信息，并将反映企业各种生产经营活动和事项的财务报告存储在可供使用者随时查阅的数据库中，供使用者查询企业的财务状况、经营成果、现金流量及其他重要事项。网络财务报告分为以下三个层次：

（1）按需定制的财务报告。这是网络财务报告的高级阶段，指以披露通用目的财务报告为基准，进一步披露企业经过编码的经济事项源数据。可根据用户的选择自动定制用户所需的财务报告。随着 XBRL 分类体系构建完毕，经过测试并广泛投入使用，定制报告模式也成了现实。

（2）实时财务报告。指整个会计循环通过网络自动完成，从原始数据录入、数据处理到生成财务报告，都通过联网的计算机来完成。在这一阶段，用户可获取实时报告信息。

（3）在线财务报告。在线财务报告是指企业在国际互联网上设置网站，向信息使用者提供定期更新的财务报告。

2. 网络财务报告的新模式 XBRL

XBRL 就是可扩展财务报告语言，是一种全新的云语言，基于可扩展标记语言（XML）框架，专门为公司编制和发布网络财务报告而服务。有了 XBRL 就能够实现按需定制财务报告的目标，也能整合财务信息供应链上各方的利益。微软是第一家以 XBRL 格式进行财务报告的高科技公司。使用者可以通过 XBRL 在线数据库进行数据分析。目前，我国深圳证券交易所和上海证券交易所已经开始使用 XBRL 格式进行财务报告的编制。在两大证券交易所网站上，信息使用者可以直接获取多样化的财务报告，以及进行财务指标分析、数据查询、财务信息分析等，从而满足使用者多样化的需求。基于 XBRL 的网络财务报告具有以下几个显著特点：

（1）允许使用者跨系统平台传递和分析信息，降低信息重新输入的次数。

（2）以标准化的标记来描述和识别每个财务信息项目，即为每个财务项目定义标记，使财务报告的编报标准趋向统一。

（3）无须改变现存的会计规则，也无须公司额外披露超出现有会计规则要求的信息，只是改进了编制、分析与发布企业报告信息的流程。

（4）可以编制和发送各种不同格式的财务信息、交换与分析财务报表中所含的信息。

3. XBRL 网络财务报告的信息披露

按照财务信息披露的规则，XBRL 科学分解财务报告的内容，使其成为不同的数据元，再根据信息技术规则给数据元赋予唯一的数据标记，从而形成了标准化规范。以 XBRL 为基础，通过对网络财务报告信息进行标准化处理，可以将网络财务报告中不能自动读取的信息转换为一种可以自动读取的信息，大大方便了对信息的批量需求和批量利用。XBRL 网络财务报告的信息披露包括以下几个层次：

（1）第一层次对传统会计报表内容进行披露。包括资产负债表、损益表、现金流量表及其附注。

（2）第二层次对传统会计报表以外的财务报告进行披露。如设立专用报告专区，针对不同的使用者进行披露。考虑到不同类型使用者之间的信息差别，应有选择地和重点针对特定使用者披露特殊信息，提供内容（或时间）上有差别的报告。

（3）第三层次对一些在传统会计报表基础上扩展出来的信息进行披露。如对在企业的生存与发展中占举足轻重地位的智力资源信息或类似的知识资本进行披露；对不符合传统会计要素定义与确认的标准，且不具有实物形态的衍生金融工具信息进行披露。

（4）第四层次对一些非财务信息进行披露。非财务信息是指诸如企业背景、企业关联方信息、企业主要股东、债权人及企业管理人员配备的信息。为了增加企业信息的透明度、增加受托责任与诚信度，还要对具体的公司信息进行披露，如战略、计划、风险管理、薪酬政策等信息。

（5）第五层次主要是指对多媒体技术在公司网站上提供股东大会、董事会或其他重要会议现场纪实的录像或录音等信息的披露。在网站上进行多层次信息的披露，除了应提供当年的信息数据外，为了满足信息使用者的需要，还可以提供历史的数据，其内容也以多层次的信息模式为依据。

运用 XBRL 可以有效提高信息披露的透明度，解决信息不对称的情况，同时还可以在很大程度上提高财务报告信息处理的效率和能力。XBRL 的应用必将会给我国财务报告的披露带来历史性的变革，成为企业财务报告的发展趋势。

（六）网络财务成本控制

网络财务软件可全面归集成本数据，具有成本分析、成本核算、成本预测的功能，可以在很大程度上满足会计核算事前预测、事后核算分析的需要，还可以分别从总账、工资、固定资产、成本系统中取得各种成本费用数据。

成本管理模块可以从存货核算、工资管理、固定资产管理和总账中自动提取成本数据。每个成本的期间数据都会同步自动产生。在成本计划方面，可以编制全面的成本计划，待成本核算工作结束后，针对此计划的成本差异分析结果就会自动产生。在成本预测及分析方面，可以作出部门成本预测和产品成本预测。

（七）网络审计

随着信息技术的不断发展，财务信息存储的电子化和网络化、财会组织部门的扁平化以及内部控制形式的变化等使得对审计线索、审计技术、审计方法、审计手段、审计标准，以及对审计人员的知识结构、技能的要求发生了重大的变化。网络审计将成为在网络财务环境下进行审计工作的必然趋势。网络审计面对的企业内部环境集成化的信息系统，它的合理性、有效性、安全程度会直接影响到审计工作的质量和效率，如硬件设备的稳定性和兼容性、软件本身质量的高低以及对企业实际情况的适应性等。而这些又受技术和人为的诸多因素影响，即审计环境中的不确定因素增加了，从而增加了审计的风险。

利用网络通信系统，建立网络化的审计机制，可实现账簿文件的在线式随机审计，即管理层或审计机构可以通过网上授权提取被审单位的会计信息，审计经营单位财务数据的真实性和有效性。这种机制对各经营单位产生了严格的制约作用，可有效防范经营单位弄虚作假、推迟做账等。实现联机方式下的在线式随机审计，可加强监管力度，减少审计过程中人为因素的干扰，而且审计的时间地点可由审计人员随机决定，无须事先通知被审单位，大大降低了监管成本。网络审计在现阶段还只是起步阶段，对许多问题尚无很好的解决办法，如财务数据结构的不统一等，但网络审计是未来的发展方向。

第四节　利用Excel进行财务分析的步骤与模型

一、比率分析模型

比率分析是以资产负债表、利润表等财务报表作为主要依据，计算各项目的相关比率，以此为基础进行科学的比率分析。财务报表结构是由财务管理人员设计的，财务报表中数据应该从会计核算数据源中获取。在财务分析模型中要做的工作是从会计核算数据源获取财务报表分析数据，建立数据间的动态链接，进行数据采集以及利用这些数据进行比率分析等。

（一）数据源获取数据

财务报表分析所需的大部分数据是从会计核算数据源获取的。如财务报表中，"现金""应收账款""存货"等的年初、年末数据都可以从会计核算数据的总账中提取。

对于手工会计核算数据源，财务人员从总账中摘取所需的数据，并通过手工键入数据的方式，将数据添入财务报表。

对于电算化会计核算数据源，财务管理人员可以应用各种方法，直接在会计核算数据源的多个数据库中检索数据，并直接返回到财务报表分析模型中，为财务分析服务。

（二）比率分析模型的设计

比率分析模型设计是以财务报表中的数据为依据，建立一系列比率分析公式，得出一系列财务比率，以此揭示企业财务状况。

1. 第一步：开始准备工作

为了使用方便，可以将财务报表工作簿中的此两表分别复制到财务分析模型工作簿中。具体办法是：打开"财务报表.xls"工作簿和"财务分析模型.xls"工作簿，选择资产负债表整个工作表，点击[复制]工具图标；再选择"财务分析模型.xls"工作簿中的工作表，点击[粘贴]工具图标，

则资产负债表就全部复制过来了。同理可以进行利润表的操作并将它们所在的工作表分别重新命名为"ZCFZB"及"LRB"。当然也可以不去复制，使用数据时再打开工作簿并将其变成活动窗口，以便随时选取数据。

2. 第二步：设计比率分析模型

一般来说，设计比率分析模型主要分三个步骤进行。首先，选用视图/工具栏中的

[窗体]工具栏，建立表头，选取分组框，并在表中画出，共做五个分组框，代表将要做的五类比率指标。其次，给出相应的名称，五个分组框的大小将由此类指标的数目多少而定。最后，在分组框内输入相应的指标名称。

3. 第三步：获取数据，进行分析

可以直接从资产负债表或利润表中获取相应的数据并进行分析。在众多的比率公式中，有一类比率公式，其中的分析数据可以直接从一张报表中得到。例如，流动比率＝流动资产／流动负债。在此公式中，流动资产、流动负债都可以从资产负债表中直接获取。Excel提供了丰富的公式定义方式，在此讨论两种定义方法。

（1）直接用单元定义公式

选择[插入]菜单的[名字]命令可以命名一个单元、一个单元区、常量值或公式，也可以改变或删除一个已有的名字。给单元取名，用名字定义公式，Excel自动根据名字找出其中的数据进行计算。这样使各种比率计算公式更加直观和容易理解。

应用名字定义公式比应用单元定义公式有以下优点：

①更加容易阅读、理解和记忆。

②每个工作簿可以共用一组名字。在某一张工作表上给单元格建立的名字在整个工作簿中使用，可以使比率分析模型公式定义更加方便。例如，为本工作表中的LRB工作表B3单元建立一个名字"主营业务收入"，就可以在比率分析模型的多个公式中直接使用"主营业务收入"这个名字，而不必在公式中输入"A212"作表的单元引用位置。

③公式定义不受工作表结构变化的影响。如果工作表结构有所变化，只需重新定义某单元的名字，其他所有使用该名字的公式都会自动更新。

（2）利用立体表进行计算

在众多的比率公式中，还有另一种比率公式，其中的分析数据一部分直接从一张表中得到，而另一部分分析数据要通过立体表计算得到。

Excel支持立体表的数据汇总计算，并且定义非常灵活方便。

立体表的数据汇总计算表示方法如下所示：

①表名1：表名N!引用单元。其中，表名1：表名N表示N张表，即N个平面；该表达式表示对N个单元的引用。

②SUM(表名1：表名N!引用单元1，表名1：表名N!引用单元2)。该表达式表示对N张表中的引用单元1和引用单元2求和，即对2N个单元求和。

③AVERAGE(表名1：表名N!引用单元1，表名1：表名N!引用单元2)。该表达式表示对N张表中的引用单元1和引用单元2求平均值，即对2N个单元求平均值。

二、趋势分析模型

（一）趋势分析的基本方法

趋势分析是财务管理中一种重要的分析方法。连续观察数年的财务报表和财务比率，比只看一期能了解到更多的情况，并能判别企业财务状况的发展变化趋势。趋势分析的方法有以下几种。

1. 图解法

图解法是将企业连续几期的财务数据或财务比率绘制成图形来进行分析。这种方法能比较直观地反映出企业财务状况的发展趋势，使分析者能够发现一些通过其他方法所不易发现的问题。

2. 定基百分比趋势法

定基百分比趋势法是首先选择一个基期，将基期报表上各项数额的指数均定为100，其他各年财务报表上的数据也均用指数表示，由此得出定基百分比的报表，可以查明各项目的变化趋势。

3. 结构百分比法

结构百分比法是把常规的财务报表换算成结构百分比报表，然后将不同年度的报表逐项比较，查明某一特定项目在不同年度间百分比的差额。

4. 多期比较财务报表法

多期比较财务报表法是把数年财务报表中相同的项目逐一进行对比。其目的是查明各项目增减变动的数额和幅度，分析造成这种变化的原因，判断这种变化对企业未来有什么影响。多期比较时，可以用前后各年每个项目的差额进行比较，也可以用百分比的变动进行比较，还可以计算出各期财务比率进行多期比较。比较的年数一般为 5 年。

（二）趋势分析模型的设计

趋势分析是企业进行财务报表分析时常采用的一种分析方法。趋势分析模型设计中，比较法、结构百分比法、定基百分比法，都要涉及数年财务报表数据。图形法不仅涉及数年财务报表数据，而且还要以此数据为依据建立分析图。因此，趋势分析设计主要考虑两个方面——各年历史数据的获取和绘制分析图。

1. 获取历史数据

建设趋势分析模型，首先需要收集各年的历史数据，利用 Excel 窗口之间的 [复制] 和 [粘贴] 命令，将各年历史数据汇集到趋势分析表中。一个工作簿中有多张工作表，但是在一个文本窗口的情况下，同时只能看到一张工作表。为了使用户能同时看到多张工作表，Excel 提供了多窗口功能。在 Excel 中，用户可以根据需要同时打开多个文本窗口。每个工作表都在自己的文本窗口中，但是只能对活动窗口中的工作表进行操作。活动文本窗口的标志是深色标题栏和深色边界线。为了方便对历史数据进行复制粘贴，可以应用 Excel 多窗口功能，开设两个文本窗口。如需要对工作表和工作表趋势分析工作表进行操作，可以将这两张工作表分别置于两个不同的文本窗口，这样就能方便、直观地将利润工作表的数据复制到趋势分析工作表中。

2. 绘制趋势分析图

利用 Excel 可以绘制种类繁多的图形，包括饼图、折线图、条形图、立体图等。正是因为 Excel 在图形功能上为人们提供了多种选择，才可以丰富财务分析的内容，并通过更直观的方式呈现分析结果。

参考文献

[1] 王庆萍.企业会计核算存在的问题分析及实施规范化管理的策略[J].中国外资，2012（04）：114.

[2] 王振江.浅谈规范企业会计核算制度措施[J].经济生活文摘（下半月），2011（08）：150.

[3] 明文婷.企业会计核算规范化管理探究[J].商情，2013（28）：18.

[4] 王文华.企业会计核算规范化管理措施[J].现代经济信息，2011（08）：158.

[5] 张英栋.企业会计核算规范化管理措施的探讨[J].中国商贸，2013（15）：40+42.

[6] 王庆萍.企业会计核算存在的问题分析及实施规范化管理的策略[J].中国外资，2012（07）：114.

[7] 刘玉廷.严格遵守会计准则 提供高质量财务报告 认真履行社会责任[J].中国农业会计，2010（04）：4-8.

[8] 陈杏.新企业会计准则对企业会计核算影响探析[J].现代商贸工业，2010（16）：226-227.

[9] 蔡玲艳.如何建立中小企业会计核算制度和流程[J].现代商业，2010（21）：222.

[10] 孙大川.关于完善现行企业会计核算制度的几点思考[J].现代企业教育，2010（18）：110.

[11] 王小冬.浅析企业会计核算体系的规范化[J].黑龙江科技信息，2010（18）：123.

[12] 张先治，项云，晏超.IFRS在全球范围内实施的经济后果——基于可比性视角的文献综述[J].会计之友，2015（10）：6-11.

[13] 杨越，初凤荣.论会计在公司治理结构框架下的作用[J].新经济，2015（14）：102-103.

[14] 周凌燕，林锦如.金融业XBRL格式财务报告网页呈现质量分析[J].集美大学学报（哲学社会科学版），2015（02）：59-66.

[15] 杨雪琴.新时期下国际会计趋同形势和我国企业会计准则国际趋同的策略选择[J].财经界，2015（12）：244.

[16] 周立宁，张鹏.事业单位会计与企业会计的趋同性研究——基于事业单位会计的改革[J].预算管理与会计，2014（11）：35-37.

[17] 刘霜宏.企业财会核算体系规范化分析[J].商业会计，2016（03）：91-92.

[18] 李建伟.企业财会核算体系规范化研究[J].会计师，2013（05）：18-19.

[19] 孟素华. 企业财会核算体系规范化探究 [J]. 时代金融, 2011（36）: 18+20.

[20] 刘山. 我国中小企业成本核算的现状及对策探究 [J]. 中国外资, 2012（13）: 59.

[21] 齐书民. 中小企业成本核算存在的问题及应对措施研究 [J]. 中国乡镇企业会计, 2012（05）: 142-143.

[22] 彭飞. 中小企业成本核算问题与对策 [J]. 中国乡镇企业会计, 2008（11）: 156-157.

[23] 薛荣贵. 中小企业成本核算中作业成本法的应用 [J]. 财会通讯, 2011（02）: 139-140.

[24] 周建兴. 简论我国中小企业成本核算现状及对策 [J]. 商场现代化, 2008（14）: 336-337.

[25] 祖君毅. 成本会计的发展趋势与对策 [J]. 现代会计, 2008（04）: 11-13.

[26] 刘玉华. 浅谈企业成本会计核算 [J]. 大众商务, 2010（04）: 147.

[27] 郭德成, 蔡京英. 对我国现代成本会计发展问题的思考 [J]. 中小企业管理与科技（上旬刊）, 2010（05）: 51.

[28] 张海军. 煤炭企业会计成本管理问题浅析 [J]. 中国经贸, 2011（20）: 250-251.

[29] 夏鑫, 曲玲. 煤炭企业成本管理近30年回顾与展望 [J]. 山东工商学院学报, 2010（03）: 23-28.

[30] 田野, 马斌. 基于模糊神经网络模型构建煤炭企业绩效评价体系研究 [J]. 生产力研究, 2009（1）: 54-95+98.

[31] 赵海龙. 基于煤炭企业成本构成的控制制度安排研究 [J]. 中国总会计师, 2010（09）: 85-88.

[32] 高双喜, 唐龙海. 基于属性分析与配比原则的煤炭"资源成本"会计处理探讨 [J]. 煤炭经济研究, 2008（09）: 52-53+60.